本书获北京外国语大学大中小学外语国家教材建设重点研究基地
（中国外语教材研究中心）资助

2024年

中国外语教材发展报告

北京外国语大学中国外语教材研究中心 著

外语教学与研究出版社
FOREIGN LANGUAGE TEACHING AND RESEARCH PRESS
北京 BEIJING

图书在版编目（CIP）数据

2024 年中国外语教材发展报告 / 北京外国语大学中国外语教材研究中心著.
北京 ：外语教学与研究出版社，2025．5．-- ISBN 978-7-5213-6273-2
Ⅰ. H3
中国国家版本馆 CIP 数据核字第 2025S1W391 号

2024 年中国外语教材发展报告
2024 NIAN ZHONGGUO WAIYU JIAOCAI FAZHAN BAOGAO

出 版 人　王　芳
责任编辑　毕　争
责任校对　高　婷
封面设计　郭　莹　梧桐影
出版发行　外语教学与研究出版社
社　　址　北京市西三环北路 19 号（100089）
网　　址　https://www.fltrp.com
印　　刷　北京九州迅驰传媒文化有限公司
开　　本　650 × 980　1/16
印　　张　16.5
字　　数　239 千字
版　　次　2025 年 5 月第 1 版
印　　次　2025 年 5 月第 1 次印刷
书　　号　ISBN 978-7-5213-6273-2
定　　价　66.90 元

如有图书采购需求，图书内容或印刷装订等问题，侵权、盗版书籍等线索，请拨打以下电话或关注官方服务号：
客服电话：400 898 7008
官方服务号：微信搜索并关注公众号“外研社官方服务号”
外研社购书网址：https://fltrp.tmall.com

物料号：362730001

前　言

教材是培根铸魂、启智增慧的重要载体，直接关系到人才培养的方向和质量，其内容和形式应该集中体现党和国家的意志。作为教育的根本问题，“培养什么人、怎样培养人、为谁培养人”事关中国特色社会主义事业兴旺发达、后继有人，事关国家与社会的长治久安，所谓“尺寸课本，国之大者”。进入新时代，中国对世界的全方位影响日益凸显，中国与世界的交流和互动日趋紧密，冲突与张力难以避免，世界需要了解真实、立体、全面的中国，中国也更需要有效的自我表达和自我构建。语言是人类理解、表达和构建意义的主要工具。外语，特别是英语，作为全球范围内最强大的符号资本，在跨文化、跨文明交流互动中占据举足轻重的地位，外语人才培养在国家发展战略、社会进步和经济文化交流中已经、正在并将继续发挥不可替代的作用。面对以中国式现代化全面推进中华民族伟大复兴的战略全局和世界百年未有之大变局，这种作用必将愈加凸显。如此，外语教材建设的战略属性、政治属性和民生属性也必将更加彰显。

在这一背景下，北京外国语大学中国外语教材研究中心（大中小学外语国家教材建设重点研究基地）策划编写“中国外语教材发展年度报告”系列丛书，旨在对我国外语教材建设与研究情况进行阶段性总结梳理，对外语教材建设与研究的趋势、问题与举措进行回顾与反思。由于我国外语教材种类繁多、内容丰富、形态创新，本报告将按年度对外语教材建设与研究的宏观形势、突出特点和主要成就进行整理分析，以及时探析经验与不足，启迪未来发展。

《2024年中国外语教材发展报告》共八章。第一章概述2024年我国外语教材发展的宏观形势、突出特点和主要成就，并展望未来发展方向。

第二章至第七章分别阐述中小学外语教材建设、职业院校外语教材建设、高等学校外语教材建设、外语数字教材建设及国际中文教材建设。每章主要内容包括相关政策、教材出版概况、教材使用案例和教师培训情况。第八章综述外语教材研究相关期刊发文、科研项目与学术会议情况，分析研究趋势和热点。全书编写框架体现教材编写、使用、研究一体化的教材建设理念，力求促进优质教材建设与应用，推动教材建设在理论与实践互动中创新发展。

“中国外语教材发展年度报告”系列丛书是北京外国语大学中国外语教材研究中心的重要研究成果，也是中心承担学术使命和社会责任，发挥引领、指导与服务功能的重要体现。我们期待能够通过报告强化坚持正确的教材建设方向、提高教材建设质量、加强教材建设研究，进而推动我国外语教育教学改革创新与发展。本系列丛书既可以为外语教材相关政策制定提供信息，为外语教材研究提供参考，也可以为外语教材的编写和出版提供借鉴。

北京外国语大学中国外语教材研究中心

2025年3月

目　录

第一章　总述 1

1.1　2024年我国外语教材发展的宏观形势 …… 2
1.2　2024年我国外语教材发展的突出特点 …… 5
1.3　2024年我国外语教材发展的主要成就 …… 8
1.4　我国外语教材发展展望 …… 14

第二章　中小学外语教材建设 18

2.1　中小学外语教材相关政策 …… 19
2.2　中小学外语教材出版概况 …… 23
2.2.1　义务教育英语教材 …… 23
2.2.2　高中英语教材 …… 30
2.2.3　中学多语言教材 …… 31
2.3　中小学外语教材使用案例 …… 35
2.3.1　中小学英语教材使用案例 …… 35
2.3.2　中学多语言教材使用案例 …… 48
2.4　中小学外语教材教师培训 …… 55
2.4.1　中小学英语教材教师培训 …… 55
2.4.2　中学多语言教材教师培训 …… 62

第三章　职业院校外语教材建设 68

3.1 职业院校外语教材相关政策 …… 69
3.2 职业院校外语教材出版概况 …… 69
3.2.1 职业院校英语教材 …… 70
3.2.2 职业院校多语言教材 …… 72
3.3 职业院校外语教材使用案例 …… 78
3.3.1 职业院校英语教材使用案例 …… 78
3.3.2 职业院校多语言教材使用案例 …… 82
3.4 职业院校外语教材教师培训 …… 84
3.4.1 中职外语教材教师培训 …… 84
3.4.2 高职外语教材教师培训 …… 87

第四章　高等学校英语教材建设 91

4.1 高等学校英语教材相关政策 …… 91
4.2 高等学校英语教材出版概况 …… 97
4.2.1 大学英语教材 …… 97
4.2.2 英语类专业教材 …… 104
4.3 高等学校英语教材使用案例 …… 114
4.3.1 北京邮电大学："数智赋能，新质教学"理念指导下的大学英语教学改革与创新 …… 114
4.3.2 苏州大学：依托智慧教材使用推进大学英语课程内涵建设、教师发展与人才培养 …… 115
4.3.3 哈尔滨工业大学：以卓越（EXCEL）教学理念为引领的研究生英语教学模式改革 …… 115

4.3.4 华北电力大学：多维并进，数智赋能，持续提升“三进”教学成效 …… 116
4.3.5 南京师范大学：课程思政与数字赋能双驱动，助力卓越外语人才培养 …… 118
4.4 高等学校英语教材教师培训 …… 119
4.4.1 全国性教师培训项目 …… 119
4.4.2 虚拟教研室 …… 121
4.4.3 教材编写与使用讲座 …… 123

第五章 高等学校多语言教材建设 124

5.1 高等学校多语言教材相关政策 …… 124
5.2 俄语教材 …… 126
5.2.1 俄语教材出版概况 …… 126
5.2.2 俄语教材使用案例 …… 131
5.2.3 俄语教材教师培训 …… 132
5.3 德语教材 …… 135
5.3.1 德语教材出版概况 …… 135
5.3.2 德语教材使用案例 …… 138
5.3.3 德语教材教师培训 …… 141
5.4 法语教材 …… 142
5.4.1 法语教材出版概况 …… 142
5.4.2 法语教材使用案例 …… 149
5.4.3 法语教材教师培训 …… 153
5.5 日语教材 …… 155
5.5.1 日语教材出版概况 …… 155
5.5.2 日语教材使用案例 …… 162

5.5.3 日语教材教师培训 167
5.6 西班牙语教材 172
5.6.1 西班牙语教材出版概况 172
5.6.2 西班牙语教材使用案例 175
5.6.3 西班牙语教材教师培训 177
5.7 阿拉伯语教材 178
5.7.1 阿拉伯语教材出版概况 178
5.7.2 阿拉伯语教材使用案例 179
5.7.3 阿拉伯语教材教师培训 180
5.8 非通用语种教材 181
5.8.1 非通用语种教材出版概况 181
5.8.2 非通用语种教材使用案例 185
5.8.3 非通用语种教材教师培训 187

第六章 外语数字教材建设 191

6.1 外语数字教材相关政策 191
6.2 外语数字教材出版概况 194
6.2.1 中小学外语数字教材 194
6.2.2 职业院校外语数字教材 196
6.2.3 高等学校外语数字教材 198
6.3 外语数字教材使用案例 204
6.3.1 南海实验小学：基于跨学科主题学习的小学英语教学实践 204
6.3.2 甘肃省静宁县第一中学：基于主题意义的高中英语课堂教学实践 205

6.3.3 深圳大学：数字赋能打造校本教材建设与应用新范式 …… 207
6.3.4 上海出版印刷高等专科学校：数实融合开启专门用途英语教学改革 …… 208
6.4 外语数字教材教师培训 …… 209
6.4.1 数字教材培训 …… 209
6.4.2 AIGC辅助教学创新提效系列工作坊 …… 210
6.4.3 外语教师数字素养与教学科研创新能力提升研修项目 …… 211

第七章 国际中文教材建设 212

7.1 国际中文教育相关政策 …… 213
7.2 国际中文纸质教材出版概况 …… 215
7.2.1 标准引领教材建设，提升中文教育整体质量 …… 216
7.2.2 中文融合职业教育，助力专业人才精准培育 …… 217
7.2.3 数智赋能中文教育，驱动教材建设深度变革 …… 218
7.2.4 服务国民教育体系，增强资源应用整体效能 …… 219
7.3 国际中文数字教材出版概况 …… 226
7.3.1 新形态教材 …… 226
7.3.2 数字课程 …… 227
7.3.3 数字应用 …… 228
7.4 国际中文教材使用案例 …… 228
7.4.1 面向阿拉伯国家和地区的中文教材：融合当地文化，服务学情需求 …… 228
7.4.2 突尼斯旅游行业中文口袋书：汇编职业指南，助力国际交流 …… 229

7.4.3 新时代中国国情概览：切合时代需求，关注读者体验 …… 230
7.4.4 聚焦预科教学培养目标："基础"结合"实践"，高效强化教学 …… 231
7.5 国际中文教材教师培训 …… 232
7.5.1 理论引领，教材驱动：产出导向，学用一体 …… 232
7.5.2 标准先行，深度研讨：职业中文，高质发展 …… 233
7.5.3 深化教研，创新教法：理解中国，沟通世界 …… 234
7.5.4 主题多元，精准解惑：服务教师，助力教学 …… 235

第八章 外语教材研究 237

8.1 期刊论文 …… 237
8.1.1 文章数量和来源期刊 …… 237
8.1.2 教材的语言和学段 …… 238
8.1.3 研究类别与主题 …… 238
8.1.4 2024年外语教材研究的特点 …… 243
8.2 科研项目 …… 246
8.3 会议交流 …… 249

附录1：2024年中国外语教材发展大事记 252

附录2：2024年外语类CSSCI期刊和北大核心期刊外语教材研究文章 253

第一章 总述

2024年是我国教育强国建设迈出关键步伐的重要一年。这一年，教育领域的多项重要会议和政策部署紧密围绕立德树人根本任务，聚焦教育强国建设目标，突出了教材建设的重要性，指明了教材建设落实国家事权的重要任务，为外语教材建设提供了坚实的政策基础和发展方向，推动外语教育在新时代背景下加速实现高质量发展，为培养具有国际视野、家国情怀和创新能力的高素质外语人才奠定了坚实基础。

外语教育对中国改革开放和国际化人才培养的重要作用不容忽视，而外语教材作为外语教育的核心载体，肩负着“培根铸魂、启智增慧”的重要使命，承载着外语教育开阔“国际视野”和厚植“家国情怀”的重要任务[1]。我国外语教材战线积极响应国家号召，以习近平新时代中国特色社会主义思想为指导，全面贯彻党的教育方针，主动服务国家发展战略全局，积极落实立德树人根本任务，在外语教育改革与教材建设方面探索创新，成果丰硕。

在基础教育领域，全面贯彻国家教育方针，坚持立德树人根本任务，融入习近平新时代中国特色社会主义思想的学习内容，注重教材内容的时代性和科学性，推动教材数字化建设，加强教材编审、出版、使用的全流

[1] 束定芳. 外语教材学：研究目标、内容与方法 [J].《外语界》，2024(4): 33–41.

程监管；在职业教育领域，教材建设紧密围绕构建职普融通、产教融合的职业教育体系，加快构建职业教育服务区域发展布局体系，通过打造一批高质量、产教融合特征明显的现代优质教材，提升职业教育教学质量，为国家和区域经济的高质量发展提供有力支撑；在高等教育领域，价值引领与内容创新相结合，形态创新与数智赋能相融合，服务“四新”建设与高质量教育体系，着力拔尖创新人才培养。

为贯彻落实党和国家有关教材工作的重要精神，及时总结我国外语教材发展成就，充分展现我国外语教材建设的新趋势与新变化，推动构建具有中国特色的高质量外语教材体系，北京外国语大学中国外语教材研究中心（大中小学外语国家教材建设重点研究基地）自2020年起，按年度发布《中国外语教材发展报告》。本章将从宏观形势、突出特点、主要成就以及未来展望等方面，对2024年我国外语教材建设工作发展进行全面梳理和分析，以期促进交流探讨，启迪未来发展。

1.1 2024年我国外语教材发展的宏观形势

2024年是我国教育领域在新时代背景下加速发展、深化改革的关键一年。外语教育领域及教材战线以习近平新时代中国特色社会主义思想为指导，全面贯彻党的教育方针，落实立德树人根本任务，加快建设高质量外语教材管理体系，加快推进外语教材数字化转型，为教育强国建设奠定坚实基础。

构建落实立德树人根本任务新生态新格局。1月11日—12日，2024年全国教育工作会议在北京召开。会议以习近平新时代中国特色社会主义思想为指导，深入学习贯彻习近平总书记关于教育的重要论述，总结工作，分析形势，安排部署全年教育工作。会议强调，要深刻领悟“两个确立”的决定性意义，坚持稳中求进、以进促稳、先立后破，锚定加快建成教育强国目标，聚焦推进中国式现代化，深刻认识教育强国建设的主攻方向和战略布局，增强历史主动，加快建设高质量教育体系，办好人民满意的教育，培养德智体美劳全面发展的社会主义建设者和接班人，为全面建设社会主义现代化国家、全面推进中华民族伟大复兴作出新的更大贡献。会议强调要“着力构建落实立德树人根本任务新生态新格局”，坚持不懈用习近平新时代中国特色社会主义思想铸魂育人，启动实施立德树人工程，全面提升新时代教材建设和管理水平，加快推进中国特色高质量教材体系建设，为教育强国建设提供有力支撑。2024年4月，教育部在国家教育行政学院启动了教材建设和管理国家级培训。该培训是国家教材委员会成立以来首次大规模、成体系、专业化的培训活动，旨在贯彻落实党的二十大精神，推动建设一支政治立场坚定、专业水平过硬、熟悉教材政策的教材工作队伍。教育部相关负责同志在培训中强调，教材战线要深入学习贯彻习近平总书记关于教材工作的重要指示精神，全力抓好教材建设国家事权落地、铸魂育人实效提升、服务国家战略、中国自主知识体系构建、教材治理体系完善、教材研究组织化实施等关键任务，全面提升新时代教材建设和管理水平。这些举措为外语教材建设与管理指明了方向，也为推动外语教材在落实立德树人根本任务中发挥更大作用提供了坚实的保障。

积极适应教材建设国家事权新形势新要求。2024年3月，2024年度全国教材工作会议在京召开，旨在深入学习领会习近平总书记关于教材工作的重要指示精神，总结经验，分析形势，部署推进2024年教材工作。会议强调了教材工作的重要性，指出教材战线要充分认识教材工作面临的新形势新要求，自觉把思想和行动统一到党中央决策部署上来，以更高的政治站位落实教材建设国家事权，为加快建设教育强国、推进中华民族伟大复兴作出新的更大贡献。会议肯定了教材战线在全面推进教材工作体系、制度体系、保障体系建设等方面取得的丰硕成果，同时也指出了要紧扣用习近平新时代中国特色社会主义思想铸魂育人主题主线，聚焦教育强国建设规划纲要重点任务，以建设中国特色高质量教材体系为目标，全面加强大中小学教材建设和管理。教材建设需要把牢方向，深入推进习近平新时代中国特色社会主义思想进课程教材；守好阵地，强化教材建设全过程监管；打造精品，加快中国特色高质量教材体系建设；形成合力，共同营造教材建设良好环境；狠抓落实，确保各项重点工作落地见效。会议对教材工作提出了明确的要求和方向，强调了教材建设在教育体系中的核心地位。在这一新形势和新要求下，外语教育，特别是外语教材建设，在培养具有国际视野、通晓国际规则、能够参与国际事务和国际竞争的国际化人才等方面承担着尤为重要的使命。

加快推进教育数字化转型新进程新突破。2024年，我国在教育数字化转型方面取得了显著进展，一系列重要会议的召开和文件的发布为教育数字化发展提供了明确的方向和有力的支撑。1月29日—31日，中华人民共和国教育部、中国联合国教科文组织全国委员会、上海市人民政府共同举办2024世界数字教育大会，并发布了《中国智慧教育发展报告（2023）》。3月，教育部办公厅发布《关于推荐国家特殊教育改革实验区的通知》，提出加强数字教育资源建设，推进特殊教育数字化、智能化转型发展。5月和6月，教育部办公厅分别印发《国家智慧教育平台数字教育资源入库出库管理规范》和《国家智慧教育平台数字教育资源内容审核规范》，明确了平台资源管理与内容审核的相关要求。12月27日，教育部召开2024年全国教育数字化工作总结会，围绕深入学习贯彻党的二十大和党的二十届三中全会精神及全国教育大会精神，总结国家教育数字化战略行动实施三年成效和经验，谋划未来三年教育数字化安排和重点举措。会上，教育部相关负责同志强调了教育数字化在教育强国建设中的关键作用，指出要坚持统筹谋划、突出重点，坚定不移奋力书写教育数字化高质量发展新篇章。他强调，教育数字化战略的新三年要实现数字教育机制化、常态化，提升教育管理人员数字化素养，推动观念转变，因地制宜、因校制宜推动数字化应用，支持前瞻性研究课题，贡献教育数字化的中国智慧，不断提升国际影响力。教育数字化在推动教育均衡发展、提升教育质量、培养数字时代人才等方面承担着尤为重要的使命，而新形态教材作为教育数字化的重要载体，对于提升教学效果、优化教育资源配置、培养学生的数字素养和创新能力具有不可替代的作用，是推动教育数字化转型的关键支撑。

1.2 2024年我国外语教材发展的突出特点

面对新兴科技的高速发展和教育强国建设的战略部署，在政策引领、教育改革需求以及数字化浪潮的推动下，我国外语教育紧密围绕立德树人根本任务，以服务国家重大战略为导向，教材战线不忘初心、务实推进、创新求变，体现出以下突出特点。

育人为本，推动“三进”工作走深走实。2024年是实施教育强国建设的开局之年。外语教材作为外语教学的核心依托，既是文化传承、创新与发展的关键载体，也是国家意志的集中体现，具有鲜明的意识形态属性。全国教育系统继续认真贯彻落实立德树人根本任务，坚持不懈用习近平新时代中国特色社会主义思想铸魂育人，全面推进习近平新时代中国特色社会主义思想进课程教材。依据全国教育大会重要精神，基础教育启动实施立德树人工程，以身心健康为突破点强化五育并举，深化教育提质扩优工程，巩固升华“双减”效果。教材建设工作需注重思政教育元素在教育全过程的融入，牢固树立育人为本、面向需求、内外联动的“大教材观”。教材编写工作需坚持思想性原则，充分体现外语课程的育人价值，发挥教材培根铸魂、启智增慧的积极作用。教材使用实践要系统融入习近平新时代中国特色社会主义思想的学习内容，强化中华优秀传统文化、革命文化和社会主义先进文化教育，铸牢中华民族共同体意识，突出核心素养的培养，并在教学实践中探讨如何通过创新设计提升教学育人价值。高等学校外语教材建设工作深度发挥用习近平新时代中国特色社会主义思想铸魂育人的作用，以深入推进《习近平谈治国理政》多语种版本进高校、进教材、进课堂（以下简称“三进”）为抓手，结合“理解当代中国”系列教材，聚焦课程体系与教学内容改革，实现学段专业全覆盖，促进全国院校学生对“理解当代中国”系列教材的全面学习，培养学生讲好中国故事、传播中国理念的素养，进而持续提升“三进”教学成效，推动“三进”工作走深走实。同时，各出版机构严格落实《习近平新时代中国特色社会主义思想进课程教材指南》，贯彻党的二十大精神，落实立德树人根本任务，积极推动《习近平总书记教育重要论述讲义》多语种版本的编写及出版工作；协助各级教育部门组织开展全国性教师培训项目，提升教师“三进”教学能力，提升高校外语教师育人能力，纵深推进“三进”工作。

强化统筹，健全教材建设与管理体系。我国外语教材建设已初步形成了体系更优化、管理更健全的大中小学教材建设和管理体系。党的二十大报告开宗明义地提出“教育、科技、人才是全面建设社会主义现代化国家的基础性、战略性支撑”，首次对教育、科技、人才工作进行专题部署和系统谋划。在此背景下，1月，国家教材委员会就加强教材建设和管理作出重要工作部署，落实部门、地方、学校、出版单位职责分工，健全教材使用监测、问题监督和处置、责任追究、引导激励等机制。同月召开的2024年全国教育工作会议及3月召开的2024年度全国教材工作会议均明确了全面加强大中小学教材建设和管理的任务目标。教材战线应准确把握教育的政治属性、人民属性、战略属性，切实加强教材建设和管理工作，促进教材建设服务国家重大战略和人才培养需求。外语教育，特别是外语教材建设工作者，要认真贯彻落实党中央、国务院决策部署，全面推进教材工作体系、制度体系、保障体系建设。国家教材委员会进一步强化对全国教材工作的指导和统筹，各地各校普遍加强工作体系建设，形成统筹为主、统分结合、上下贯通、多方联动的教材工作新格局。教材建设工作强调教材编审、出版、使用的全流程监管，落实教材“凡编必审”“凡选必审”的要求。2024年，国家教材委员会对根据《义务教育英语课程标准

（2022年版）》修订的英语国家课程教材继续进行多轮严格审核。自2024年秋季学期起，经过复审、复核、专项审核和出版稿审核的小学三年级和初中一年级起始册次修订版教材在全国各省（区、市）正式投入使用。同时，中小学、职业院校、高等学校教材和学校选用境外教材管理办法的颁布实施，对各级各类教材、教辅和进校园课外读物作出系统规范。教育部于2024年6月对现行使用的各套高中教材开展了专项排查，并要求各编写出版单位成立专项工作组开展自查，切实履行起教材编写出版单位的主体责任，进一步完善统一领导、分工负责的教材管理体制。另外，专业化教材工作队伍的不断壮大，为教材编审保障体系建设提供了有力支撑。国家教材建设重点研究基地的相继成立，吸引了大批优秀人才参与到教材建设工作中。4月，教育部启动教材建设和管理国家级培训，推动建设一支政治立场坚定、专业水平过硬、熟悉教材政策的教材工作队伍，以完善教材治理体系、组织化实施教材研究等关键任务为重要目标，全面提升新时代教材建设和管理水平。在教育部的引领下，各地各高校也相继开展了一系列的教材培训活动（如外语数字教材教师培训等）。同时，各地也系统地开展教材编审专家库筹建工作，加强教材编审保障体系建设。

多维赋能，推动外语教材数字化转型高质量发展。在数字化浪潮的推动下，外语教育领域的教材建设与发展呈现出鲜明的数字化转型特征。党的二十大报告提出了“推进教育数字化”重大战略部署，在此背景下，外语教材数字化转型成为外语教育发展的核心驱动力与关键突破口。2024年，一系列与外语数字教材建设相关的政策文件相继出台，如《国家智慧教育平台数字教育资源入库出库管理规范》《国家智慧教育平台数字教育资源内容审核规范》等，为数字教材的建设、审核、管理提供了明确的依据和支撑，这也标志着外语数字教材建设迈入了更加规范化、系统化的新阶段。政策层面的强力支持，明确了外语数字教材在教育体系中的重要地位，为教材数字化建设提供了清晰的指引，推动了教材与数字技术的深度融合，为外语教育的转型升级筑牢根基。通过技术赋能，引入人工智能、大数据、虚拟现实等前沿技术，外语教材实现了从传统“人—资源—环境”模式向超强交互模式的转变。这些技术不仅增强了教学效果，更解决了外语教育中的堵点和痛点问题：线上线下融合的新形态教材、纸数深度融合的教学模式，以及智能化、数据化的教学平台，为外语教学提供了更加灵活、高效的教学资源；技术的创新，使个性化学习路径、实时反馈和沉浸式体验成为可能，不仅满足了不同学段和学习场景的需求，更推动了教学模式从单一的课堂讲授向多元化、个性化教学的转变。同时，“理解当代中国”系列教材部分单册数字教材的推出，促进了课程思政与文化传承融入外语教育教学，使外语数字教材在传授知识的同时，承担起价值塑造和文化自信培养的重要使命。合理配比的中外文化内容，引导学生用外语讲好中国故事，使学生在提升语言能力的同时，培养家国情怀和国际视野，塑造正确的世界观、人生观和价值观。2024年，我国外语教材数字化转型紧跟政策引领、善用技术赋能、创新教材形态、融入育人理念，为培养适应数字时代的高素质外语人才奠定了坚实基础。

1.3　2024年我国外语教材发展的主要成就

2024年，在国家全面部署、系统谋划与统筹管理的形势下，我国外语教育领域的各教学、科研与出版机构在教材建设、教材使用、教材出版、教材管理、教材研究等方面取得了诸多创新和关键成果。

在教材建设方面，把牢方向服务国家重大战略。2024年，教材战线认真贯彻落实党中央、国务院决策部署，以高度的政治责任感和历史使命感，全面加强工作体系建设，深入推进习近平新时代中国特色社会主义思想进课程教材，强化教材建设全过程监管，加快中国特色高品质教材体系建设，共同营造教材建设良好环境。中小学外语教材建设全面贯彻国家教育方针，着眼于培养德智体美劳全面发展的社会主义建设者和接班人，在教材中系统融入习近平新时代中国特色社会主义思想，强化中华优秀传统文化、革命文化和社会主义先进文化教育。6月，教育部针对现行中小学外语类教材进行了全面细致的审读和专项排查，重点核查教材的政治方向是否正确、内容是否科学严谨、价值导向是否积极，确保教材内容具有权威性和规范性。7月，教育部办公厅印发《2024年义务教育国家课程教学用书目录（根据2022年版课程标准修订）》，日语、俄语义务教育阶段教材陆续出版，德语、法语、西班牙语教材列入中学教育阶段国家课程教学用书目录，符合新课标精神的多语言教材建设取得突破性进展。2024年秋季学期开始，小学三年级和初中一年级起始册次修订版教材在全国各省（区、市）正式投入使用。修订版小学和初中英语教材深入贯彻落实党的教育方针，坚持德育为先，坚持思想性原则，充分体现外语课程的育人价值，发挥教材培根铸魂、启智增慧的积极作用。

通过系统践行课程思政，全面强化教材的育人功能，高等学校外语教材建设工作者以科技发展、国家战略需求为牵引，立足教育强国建设发展全局，在教材中丰富中华文化元素，加强价值引领，践行思政育人。外语教学与研究出版社（以下简称“外研社”）修订出版的《新视野大学英语 视听说教程》（第四版）和《新标准大学英语 视听说教程》（第三版）中增设了中国板块，以时新、生动的素材展现可信、可爱、可敬的中国形象，结合多样的视听与口语活动，帮助学生传播好中国声音。高等教育出版社（以下简称“高教社”）修订出版的《新大学英语 视听说教程》（第二版）和《大学创新英语 综合教程》（第二版）深入贯彻党的二十大关于加快建设高质量教育体系的精神，多维融合语言与文化、知识与价值、本土与世界，以润物无声的方式落实课程思政建设要求。

在教材使用方面，注重实效推动外语教育创新发展。2024年，我国各学段外语教材使用呈现出多样化、创新性和实践性的核心特点。在多样化方面，教材不仅涵盖了英语、俄语、德语、法语、日语、西班牙语和阿拉伯语等多种语言，还根据不同学段、不同专业需求，提供了丰富的教学内容和形式。多样化的教材为不同层次和背景的学生提供了丰富的学习资源，满足了多样化的教与学需求，同时也促进了教师的专业发展和教学创新。教学资源的多样化更体现在不同侧重的教材内容及其活动设计与实际生活和应用的深度融合之中。《新启航英语》注重以语篇和主题语境为依托，将英语教学与生活实际相结合，培养学生的核心素养，而面向职业院校的《致用日语综合教程》则注重“工学结合”，强调语言知识与实际应用的融合。在创新性方面，教材的编写和使用紧密结合现代教育理念与技术手段。通过引入现代教育技术和理念，数字化教材的使用能够更好地服务教学，推动教育公平的实现，为培养创新型人才提供有力支持。《新标准大学英语》（第三版）结合教材使用学校的学科特色，采用“数智赋能”的教学模式，通过U校园智慧教学云平台AI版（以下简称“U校园AI版”）等智能工具，实现课前预习、课堂互动和课后评价的全流程数字化教学。这种创新不仅提升了教学效率，还激发了学生的学习兴趣和主动性。广东实验中学深圳学校利用生成式人工智能辅助情境创设，通过生成热身歌曲、数字人互动等方式，为学生提供沉浸式学习体验，有效促进了学生的深度学习。在实践性方面，教材使用过程注重培养学生解决实际问题的能力。这不仅体现在教材内容的设计上，更贯穿于教学活动的实施过程中，在传授知识的同时更注重学生能力的培养，在实践中提升语言能力、思维品质、合作能力和创新能力。大连市甘井子区锦华小学基于项目化学习理念，结合教材内容开展英语单元综合实践活动。在“发现我身边的色彩”项目中，学生通过观察、讨论、绘画和汇报等环节，将英语学习与实际生活紧密结合，提升了语言能力、思维品质和合作能力。此外，北京外国语大学的“高级西班牙语”课程采用线上线下结合的教学方法，通过翻转课堂和任务驱动教学法，最大限度挖掘教材各部分的内容，引导学生进行自主探究和实践，提高了学生的综合语言运用能力。

在教材出版方面，多措并举助力外语教育转型升级。2024年，外语教材出版在政策引领、技术赋能和市场需求的驱动下，取得了显著成果，为不同学段和学习需求提供了丰富多样的教材资源，推动外语教育高质量发展。各学段教材出版工作紧密围绕党的教育政策和国家教育方针，全面贯彻立德树人根本任务，将思想政治教育有机融入教材内容，同时通过专项排查和修订，确保教材内容的科学性和规范性。2024年秋季学期启用的新修订版英语教材全面融入了社会主义核心价值观和中华优秀传统文化内容，通过主题式学习和实践活动，引导学生树立正确的价值观。职业教育阶段教材《商务日语写作》不仅注重语言技能的培养，还通过商务场景设计融入思政元素，培养学生的职业素养和跨文化交际能力。此外，教材出版工作注重加速数字化转型，深度融合人工智能、大数据、虚拟现实等前沿技术，推动教材从传统形态向智能化、交互式、线上线下融合的新形态转变，提升教学效果和学习体验。外研社出版的《新视野大学英语 视听说教程》（第四版）依托U校园AI版，开发了智能口语陪练、AI助教等功能，为学生提供个性化的学习体验。在国际中文教育领域，外研社出版的《新时代汉语口语》系列教材通过数字课程开发，实现了从纸质教材到灵活性、互动性更强的数字产品的转变，可满足全球多元学习者的需求。外研社面向大学英语和国际中文教育出版的《新视野大学英语 视听说教程》《新时代汉语口语》等教材，通过智能平台的搭建和数字课程的开发，为学生提供个性化的学习体验，满足多元学习需求。教材出版的多措并举也体现在纸质教材与数字资源的深度融合上，通过配套的数字平台、APP和在线课程，为师生提供丰富的学习资源和个性化学习路径，促进教育公平和资源共享。中小学预备级英语教材在出版时，不仅提供纸质教材，还配套了大量的数字资源，如课文动画视频、汉字书写活动纸、H5交互游戏等，支持线上线下混合式教学。上海外语教育出版社（以下简称“外教社”）出版的《新思路英语专业系列教材 综合教程》基于WE Learn APP开发了配套数字课程，提供课文梗概、词汇详解、单元测试等资源，并配备便捷的教学管理功能和形成性评价体系，方便教师开展线上线下融合教学。教材出版还呈现出多语种与跨学科融合的特色，涵盖英语教材和多语种教材出版，同时注重满足不同专业领域和各种学习需求，为培养复合型国际化人才提供支持。《高铁客运日语》结合铁路客运服务工作流程，将语言学习与职业技能培养紧密结合；外研社出版的《“一带一路”国家跨文化商务交际教程》（第二版）聚焦“一带一路”共建国家，涵盖商务礼仪、文化价值观等内容，助力培养跨文化商务能力。此外，本年度出版的国际中文教材注重国际视野和文化传播能力培养，通过加入中国文化元素和国际交流案例，助力学生用外语讲好中国故事，提升国际传播能力。其中，外研社出版的《我们和世界：用中文学地理》（意大利语注释）是一套专为意大利高中生设计的中文地理教材，通过用中文教授地理学科知识，实现语言学习与学科知识学习的双向促进；北京语言大学出版社出版的《K12标准中文》系列教材对标国际中文教育标准，融入中国文化元素，帮助学习者更好地理解中国文化。

在教材管理方面，完善体系提升教材治理效能。2024年，外语教材管理工作在立德树人根本任务的指引下，以建设中国特色高质量教材体系为目标，全面加强大中小学教材建设和管理。国家层面相继制定并实施一系列政策及措施，加强教材建设和管理，强化教材编写修订，提升教材编修质量，完善教材管理体制，提高管理信息化水平。1月，国家教材委员会就加强教材建设和管理作出重要工作部署，明确职责分工，完善教材使用监测、问题监督与处置、责任追究以及引导激励等机制，进一步健全统一领导、分工负责的教材管理体制。中小学教材管理狠抓强化教材编审、出版、使用的全流程监管，进一步落实教材“凡编必审”“凡选必审”的要求。3月，2024年度全国教材工作会议聚焦教育强国建设规划纲要的重点任务，为教材工作明确了目标和路径，凸显了教材建设在教育体系中的关键作用及其对培养符合新时代要求的人才的重要性。随后，教育部依据《国家教材建设重点研究基地管理办法》，开展了国家教材建设重点研究基地的申报和认定工作，并于10月发布《关于2024年度国家教材建设重点研究基地认定的公示》，拟认定31个候选基地为2024年度国家教材建设重点研究基地，进一步加强教材建设和管理，推动教材研究和教材管理工作的科学化和专业化。各外语教材研究基地与高校外语学院积极配合教育强国建设目标，建立健全教材管理机构和制度，完善教材审核机制，加强外语教材队伍建设，推动教材建设科学化水平的提升。截至2024年底，北京外国语大学中国外语教材研究中心建立全球多语种教材资源中心，已收录国内外出版机构出版的多语种全学段教材，覆盖96个语种，共8,614册；同时，中心大力建设外语教材数据库，已收录教材信息和相关文献及政策数据共7,418条。2024年，教材管理工作坚持不懈贯彻教育数字化战略，完善教材数字化管理体制，健全分级分类负责机制，力求打造规范化、系统化的教材管理体系。《国家智慧教育平台数字教育资源入库出库管理规范》《国家智慧教育平台数字教育资源内容审核规范》等文件的出台，为外语数字教材的建设、审核、管理提供了明确的规范和保障。教育部积极开展教材数字化建设，推进数字教材开发和应用，鼓励建设知识图谱和能力图谱，适应高等学校多样化的人才培养需求。此外，教育部启动教材建设和管理国家级培训，推动建设一支政治立场坚定、专业水平过硬、熟悉教材政策的教材工作队伍，完善教材治理体系，全面提升新时代教材建设和管理水平。

在教材研究方面，聚焦前沿服务高质量发展需求。2024年，外语教材研究围绕服务国家重大战略和人才培养需求，产出了一批具有创新性和时代性的高质量研究成果。教材研究论文主题涉及外语教材内容的价值引领、教材编写理论的实践应用、教材使用的有效路径及理论知识体系的本土构建、教材评价体系的构建与创新以及外语教材数字化转型的理论探索，研究对象涵盖不同学段的多元主体，为教材编写者、教材出版者和教材使用者提供理论支持与实践参考。外语教材研究在追求研究质量的同时，紧密围绕党的政策导向，深入教材建设的各个层面开展学术研究，以科学性为基本原则，以扎根本土的理论创新为突破点，为外语教材知识体系的构建贡献中国力量。2024年，获得国家社会科学基金和教育部人文社会科学基金的外语教材研究项目共计11项，主要聚焦教材的历史研究与文化传承、教材中的国家认同与国家形象建构、教材的育人功能与价值融入、数字时代的教材建设与管理、特殊教育与教材创新、教材的国际视野与跨文化交流等方面，纵深开展教材理论与实践研究。同时，以教育部教材局下设的外语教材研究基地为引领的各高校外语教材研究机构继续深入推进外语教材研究专项课题的实施，并通过举办各类具有国际影响力的学术会议、引进和出版外语教材研究相关著作、加快建设外语教材资源数据库、参与国际合作研究等方式，深入开展教材研究，推动外语教材研究的创新发展，提升我国外语教材研究成果的国际影响力。

1.4 我国外语教材发展展望

2024年是我国外语教材建设取得显著成就的关键一年，外语教材在落实立德树人根本任务、推动教育数字化转型、服务国家战略需求等方面发挥了重要作用。面向未来，我国外语教材建设将立足新时代教育强国建设目标，进一步深化课程思政，优化教材体系，强化数字化赋能，完善教材管理与研究机制，为培养具有国际视野、家国情怀和创新能力的高素质外语人才提供坚实支撑。

深化外语教材课程思政融入，强化铸魂育人功能。外语教材建设需继续坚持以习近平新时代中国特色社会主义思想为指导，将课程思政贯穿于教材编写、修订与使用的全过程。教材编写需进一步挖掘外语学科的育人价值，结合不同学段学生的特点，有机融入中华优秀传统文化、革命文化和社会主义先进文化，引导学生树立正确的价值观和文化观。在基础教育阶段，切实落实《义务教育英语课程标准（2022年版）》立德树人的核心要义，关注新教材的出版工作与使用实践，通过在教材中融入符合认知发展规律的教学材料和思政元素，帮助学生从小培养对祖国文化的热爱和对人类命运共同体的初步认知；在职业教育阶段，注重将思政教育与职业素养培养相结合，通过行业案例和实际应用场景，强化学生的职业道德和社会责任感；在高等教育阶段，继续推进《习近平谈治国理政》多语种版本和“理解当代中国”系列教材的编写与应用，培养学生的跨文化交际能力和国际传播能力，助力其更好地用外语向世界讲述中国故事，传播中国声音。

加速外语教材数字化转型，助推育人方式变革。随着教育数字化战略的深入推进，外语教材数字化转型成为外语教育发展的关键切入点。首要的重点推进方向是进一步完善外语教材数字化建设管理规范，并搭建系统的教材数字化管理平台。具体措施包括：整合数字外语教材编写、审核、更新、使用反馈等环节，实现全流程的动态监管与优化；制定数字化教材质量标准和评估体系，定期对教材内容、技术应用和教学效果进行评估，以保障外语数字教材的高质量发展。同时，教材数字化转型应进一步整合优质教学资源，实现教材资源的共享与优化配置，打造自主教材体系，提升课堂教学效果，加快新文科建设，深化教育改革。教育领域应充分利用人工智能、大数据、虚拟现实等前沿技术，开发智能化、交互式、线上线下融合的新形态外语教材。通过多媒体资源、虚拟场景和智能辅导功能，打破传统教材的局限，开发基于虚拟现实技术的外语学习场景，并利用人工智能技术进行实时反馈和个性化学习路径规划，为学生提供更加个性化、沉浸式的学习体验，推动数字教材的广泛应用，促进教育公平和资源共享。

持续完善教材管理体系，保障外语教材高质量发展。进一步强化规范化、科学化与现代化的外语教材管理体系，完善教材编写、审核、选用、修订等环节的管理制度，加强教材队伍建设，确保教材建设的全过程符合教育方针和政策要求。健全国家、地方、学校、出版单位分级分类负责机制，健全地方教材管理机构和制度，提升教材管理体系科学化与系统化水平。优化全过程监管体系，加强专业编写团队统筹管理，加强编写人员培训，提升教材编写质量；强化具有政治性、科学性、适切性的教材审核管理原则，确保教材导向正确、内容无误；充分考虑不同地区、不同需求，建立科学的教材遴选机制，确保所选教材的适用性和有效性；注重教材使用效果的监测与评估，构建科学的评价指标，运用多元化的评价方法，以评促用，不断提升教材质量；借助信息技术手段，优化外语教材管理流程，提升管理效率，实现外语教材建设与管理的现代化。

加强外语教材研究，构建本土理论体系。外语教材研究还需聚焦提升教材质量和服务水平，构建具有中国特色的外语教材理论体系。我国现行外语教材的编写、使用、评估和管理急需系统化理论研究成果的指引和支持（束定芳 2024）。围绕新时代外语教育需求，外语教材战线需深入开展系统性、前瞻性研究，重点关注课程思政融入教材的路径与方法、教材形态的迭代创新、教材编写与课标理念的一致性、教材内容的科学性与适切性、教材使用效果的评估与反馈等问题的理论构建和实践探索。外语教材研究应进一步加强跨学科、跨区域的协作研究，汇聚全国专业力量，开展有组织的科研，推进教材重大理论和实践问题研究，加强研究成果交流和应用，全面助力党的创新理论研究成果转化为外语学科发展方向和课程教材建设成果。教材评价体系的建设应成为重要任务。通过建立系统、科学的外语教材评价理论框架和规范的评价指标体系，对教材编写、使用、修订等环节进行监测与评估，确保教材的育人功能和教学效果的提升。教材研究与教学实践的紧密结合，深入推动“教—学—评”一体化建设，为外语教材建设提供坚实的理论支撑和实践指导，推动外语教育高质量发展。此外，外语教材研究队伍需进一步加强与外语教材研究领域国际机构和专家的深度交流与合作，借鉴国际先进经验，推动我国外语教材研究走向国际化，助力参与外语教育国际治理，贡献中国力量。

2025年是我国加快建设教育强国奋楫扬帆的关键之年。中共中央、国务院在1月印发的《教育强国建设规划纲要（2024—2035年）》，为我国外语教材建设指明了方向。教材战线将继续立足新时代教育强国建设目标，深入贯彻党的战略部署，进一步深化课程思政，强化育人功能，加快构建以习近平新时代中国特色社会主义思想为核心内容的课程教材体系，将习近平新时代中国特色社会主义思想贯穿于外语教材编写、修订与使用的全过程，打造培根铸魂、启智增慧的高质量教材，引导学生树立正确的价值观和文化观，塑造立德树人的新格局，培养担当民族复兴大任的时代新人，加快构建中国特色高质量教材体系，紧紧围绕立德树人根本任务，朝着建成教育强国战略目标扎实迈进。

第二章 中小学外语教材建设

党的二十大报告指出，教育、科技、人才是全面建设社会主义现代化国家的基础性、战略性支撑。报告首次将教育、科技、人才工作进行专题部署和系统谋划，深化了对三者一体化推进的重大理论和实践问题的规律性认识。在此背景下，教材战线应准确把握教育的政治属性、人民属性、战略属性，牢固树立育人为本、面向需求、内外联动的“大教材观”，切实加强教材建设和管理工作，促进教材建设服务国家重大战略和人才培养需求。

2024年，教材战线认真贯彻落实中共中央、国务院决策部署，以高度的政治责任感和历史使命感，全面推进教材工作体系、制度体系、保障体系建设，取得了丰硕成果，为下一步教材建设和管理奠定了坚实基础。第一，工作体系更加完善。国家教材委员会进一步强化对全国教材工作的指导和统筹。各地各校普遍加强工作体系建设，形成了统筹为主、统分结合、上下贯通、多方联动的教材工作新格局。第二，教材体系更加优化。全面推进习近平新时代中国特色社会主义思想进课程教材。第三，管理制度更加健全。强化教材编审、出版、使用的全流程监管。落实教材“凡编必审”“凡选必审”要求，颁布实施中小学、职业院校、高等学校教材和学校选用境外教材管理办法，对各级各类教材、教辅和进校园的课外读物作出系统规范。2024年，国家教材委员会继续对根据《义务教育英语课程标准（2022年版）》（以下简称《义教新课标》）修订的英语国家课程教材进行多轮严格审核，经审定后的教材于2024年秋季学期陆续投入使用。第四，保障体系更加有力。国家和地方普遍建立教材编审专家库，国家层面入库专家近万名。成立25个国家教材建设重点研究基地，实施教材建设国家奖励制度，吸引更多优秀人才参与教材工作。

2.1 中小学外语教材相关政策

2024年1月，2024年全国教育工作会议在北京召开。会议强调要把组织实施教育强国建设规划纲要作为工作主线，把全面提高人才自主培养质量、支撑高水平科技自立自强作为主攻方向，把进一步全面深化改革作为根本动力，在教育的数字化、国际化、绿色化方向上开辟发展新空间，加快建设高质量教育体系，办好人民满意的教育，培养德智体美劳全面发展的社会主义建设者和接班人，为全面推进中华民族伟大复兴作出新的更大贡献。会议指出，要启动实施立德树人工程，全面加强教材建设和管理，以身心健康为突破点强化五育并举，引导学生坚定听党话、跟党走。基础教育方面要着眼人口变化趋势，加强前瞻性布局，深化基础教育提质扩优工程，巩固深化“双减”成果。

1月，主题为“数字教育：应用、共享、创新”的2024世界数字教育大会在上海举办。大会旨在探讨数字教育的实践与创新，以及如何通过教育数字化促进包容、公平的优质教育，推动实现联合国可持续发展目标。会议重点探讨了教师数字素养与胜任力提升、数字化与学习型社会建设、数字教育评价、人工智能与数字伦理、数字变革对基础教育的挑战与机遇、教育治理数字化与数字教育治理等议题。《中国智慧教育发展报告（2023）》在会上发布，同时《数字教育前沿（英文）》期刊也在会上创刊发布。作为大会的重要议程，“数字变革对基础教育的挑战与机遇”

平行会议于1月31日召开。中国教育国际交流协会会长刘利民指出，中国政府一直高度重视数字教育发展，将数字化与基础教育改革发展一同谋划，积极应对数字技术对教育方法、教育理念、教育目标带来的变革性影响。以数字化赋能基础教育高质量发展，是面向新时代的战略选择和必由之路。中国将坚定不移推进基础教育数字化，更加注重“集成化、智能化、国际化”，努力为中小学生享有更加公平、更高质量的教育提供强有力支撑。

3月，第十四届全国人民代表大会第二次会议在北京召开，审议并表决通过了关于2024年国务院政府工作报告的决议。政府工作报告提出要深入实施科教兴国战略，强化高质量发展的基础支撑，即需要加强高质量教育体系建设，加快推动高水平科技自立自强，全方位培养好用人才。基础教育方面要开展扩优提质行动，加快义务教育优质均衡发展和城乡一体化进程，改善农村寄宿制学校办学条件，持续深化“双减”，推动学前教育普惠发展，加强县域普通高中建设。

3月，教育部在京召开2024年度全国教材工作会议，深入学习领会习近平总书记关于教材工作的重要指示精神，总结经验，分析形势，部署推进2024年教材工作。会议指出，全面加强大中小学教材建设和管理：一要在把牢方向上下功夫，深入推进习近平新时代中国特色社会主义思想进课程教材；二要在守好阵地上下功夫，强化教材建设全过程监管；三要在打造精品上下功夫，加快中国特色高质量教材体系建设；四要在形成合力上下功夫，共同营造教材建设良好环境；五要在狠抓落实上下功夫，确保各项重点工作落地见效。

4月，教育部启动教材建设和管理国家级培训。教育部相关负责同志指出，开展教材建设和管理国家级培训是贯彻落实党的二十大精神的重大举措。该培训是国家教材委员会成立以来第一次大规模、成体系、专业化的培训，目的是推动建设一支政治立场坚定、专业水平过硬、熟悉教材政策的教材工作队伍。教材战线要深入学习贯彻习近平总书记关于教材工作的重要指示精神，全力抓好教材建设国家事权落地、铸魂育人实效提升、服务国家战略、中国自主知识体系构建、教材治理体系完善、教材研究组织化实施等关键任务，全面提升新时代教材建设和管理水平。教育部将陆续举办全国教材编写人员、审核人员、研究人员、马工程重点教材任课教师等专题培训班，全面覆盖教材工作各支队伍。

5月，教育部办公厅印发《关于开展基础教育“规范管理年”行动的通知》，对开展基础教育“规范管理年”行动的工作目标、规范整治重点、实施步骤、健全工作机制等方面提出要求。通知明确了“三项规范整治重点”和“十二条负面清单”，要求重点规范整治安全底线失守、日常管理失序和师德师风失范等三方面问题。其中，基础教育规范管理负面清单中提到，严禁违规选用教材教辅，或以任何形式强迫、诱导学生通过指定渠道购买图书、电子产品、教辅材料、文具等。

6月，教育部办公厅印发《国家智慧教育平台数字教育资源内容审核规范》和《国家智慧教育平台数字教育资源内容入库出库管理规范》。《国家智慧教育平台数字教育资源内容审核规范》提到，资源内容审核应坚持“提供必审、上线必审、更新必审、审必到位”原则。资源内容审核重点围绕政治性、导向性、科学性、适用性、规范性、时效性和公益性，采用机器审核、人工审核等方式，保障内容安全。《国家智慧教育平台数字教育资源内容入库出库管理规范》提到，平台资源的入库出库应坚持“择优入库、常态监测、定期评估、动态调整、公益服务、安全可靠”原则。

7月，教育部办公厅印发《2024年义务教育国家课程教学用书目录（根据2022年版课程标准修订）》，对根据《义教新课标》修订的义务教育国家课程教材在2024年秋季学期的使用作出规定，并就外语类新教材的使用通知了有关事项，即《2024年义务教育国家课程教学用书目录（根据2022年版课程标准修订）》中的外语类教材配有听力材料，各地秋季开学后可在国家中小学智慧教育平台免费使用。关于新教材使用，教育部前期已作部署，各地平稳有序推进。

9月，全国教育大会在北京召开，习近平总书记发表重要讲话。习近平在讲话中指出，教育是强国建设、民族复兴之基。建设教育强国是一项复杂的系统工程，需要紧紧围绕立德树人这个根本任务，着眼于培养德智体美劳全面发展的社会主义建设者和接班人。讲话强调，要坚持不懈用新时代中国特色社会主义思想铸魂育人，实施新时代立德树人工程；注重运用新时代伟大变革成功案例，充分发挥红色资源育人功能，不断拓展实践育人和网络育人的空间和阵地；持续巩固“双减”成果，全面提升课堂教学水平，提高课后服务质量；深入实施国家教育数字化战略，扩大优质教育资源受益面，提升终身学习公共服务水平。

10月，教育部召开习近平总书记地方重大实践与重要论述进课程教材经验交流会。会议指出，习近平总书记地方重大实践与重要论述是独特、宝贵的教育资源，在落实立德树人根本任务中具有不可替代的重要作用。会议强调，各地各校要把推进习近平总书记地方重大实践与重要论述进课程教材作为常抓不懈的政治任务，强化组织领导，加强协同配合，完善制度机制，进一步明确“进什么”“怎么进”“如何教”等关键问题，持续推进用习近平新时代中国特色社会主义思想铸魂育人。

12月，教育部在京召开教育评价改革工作座谈会。会议指出，教育评价体系日趋完善，配套制度和政策逐步健全，不科学的教育评价导向逐步扭转，评价“指挥棒”正向引导作用有效发挥。会议强调，要坚持目标导向、问题导向、效果导向，坚持守正创新，坚持破和立的辩证统一，破立并举、先立后破，认真思考和回答“教育强国、评价何为”的重大课题。同时，会议也强调，要锚定建设教育强国战略目标，健全基础教育办学质量评价体系，深化“双一流”建设成效评价和高校评估改革，建立健全职业教育产教融合评价体系，完善教师评价和学生全面发展评价体系，完善政府履行教育职责评价，积极推动人工智能赋能教育评价改革，发扬钉钉子精神，完善工作机制，推动教育评价改革在重点领域和关键环节取得更多实质性突破。

2024年国家出台的基础教育相关政策虽未专门针对外语学科，但其中均涉及对外语学科的规范与要求。总体来看，其特点主要包括：更加注重教材建设与管理、学生的科学素养和创新能力的提升、教育数字化转型、教师队伍建设、教育评价改革以及思政教育元素在教育全过程的融入。

2.2 中小学外语教材出版概况

2.2.1 义务教育英语教材

2.2.1.1 在用版教材使用情况

自2024年秋季学期起，我国义务教育阶段的小学三年级和初中一年级已全面启用新版英语教材，其他年级仍沿用《2024年义务教育国家课程教学用书目录（根据2011年版课标编写）》中的教材。该目录中共有27套通过教育部审定的小学英语教材（含"五·四学制"小学教材1套）和10套通过教育部审定的初中英语教材（含"五·四学制"初中教材2套）。

教育是国之大计、党之大计。教材作为育人的载体，直接关系到人才培养的方向和质量。中小学教材建设需全面贯彻国家教育方针，坚持立德树人根本任务，着眼于培养德智体美劳全面发展的社会主义建设者和接班人。教材需系统融入习近平新时代中国特色社会主义思想的学习内容，强化中华优秀传统文化、革命文化和社会主义先进文化教育；加强国家安全教育、法治教育及铸牢中华民族共同体意识教育等相关主题内容进教材；突出核心素养的培养，确保教材内容的科学性、严谨性及与不同年龄段学生认知发展规律的契合。

为此，2024年6月，各教材出版机构对现行中小学外语类教材进行了全面细致的审读和专项排查，重点核查教材的政治方向是否正确、内容是否科学严谨、价值导向是否积极。针对排查中发现的问题，相关出版机构及时进行了修订，确保教材内容具有权威性和规范性。此外，各出版机构还广泛听取了一线教师、家长及学生的建议和意见，主动对教材进行了一定程度的修订，力求教材内容更加贴近学生生活、体现时代发展，更好地发挥培养具有家国情怀和国际视野的新时代人才的作用。

2.2.1.2 修订版教材使用情况

2022年3月，教育部印发《义务教育英语课程标准（2022年版）》，这对推动义务教育高质量发展、全面建成社会主义现代化强国具有重要意义。各教材编写出版机构认真研读学习《义教新课标》，并启动义务教育教材修订工作。2023年9月，各出版机构完成了全套教材的初审送审工作，并在初审通过后积极开展试教试用。同年12月，根据教育部初审意见及一线师生的建议，各出版机构秉持“教材为师生服务”的宗旨，对教材内容进行了修改完善，确保教材能更好地适应教学实践与学生学习需求。2024年，经过复审、复核、专项审核和出版稿审核，各出版机构圆满完成了新教材的修订工作。自2024年秋季学期起，小学三年级和初中一年级起始年级册次修订版教材在全国各省（区、市）正式投入使用。

起始年级各学科使用教育部公布的《2024年义务教育国家课程教学用书目录（根据2022年版课程标准修订）》中的教材，该目录中共有26套通过教育部审定的小学英语教材（含“五·四学制”小学教材2套）和12套通过教育部审定的初中英语教材（含“五·四学制”初中教材3套）。

1）修订版小初英语教材

修订版小学和初中英语教材深入贯彻落实党的教育方针，严格遵循《义教新课标》精神，坚持德育为先，聚焦中国学生发展核心素养，培养学生适应未来发展的正确价值观、必备品格和关键能力，引导学生明确人生发展方向，成长为德智体美劳全面发展的社会主义建设者和接班人。修订版小初英语教材的主要特色如下。

（1）坚持思想性原则，在内容选取、活动设计等方面充分体现英语课程的育人价值，落实立德树人根本任务，发挥教材培根铸魂、启智增慧的积极作用。

（2）以主题为引领，以语篇为依托，整体设计单元内容与教学流程，秉持"在体验中学习、在实践中运用、在迁移中创新"的理念，切实落实学思结合、用创为本的英语学习活动观。

（3）融通多元文化，促进文明互鉴，在呈现世界多元文化和社会习俗的基础上，充分融入中华文化，引导学生尊重世界文化的多样性，增强文化自信。

（4）注重学习策略和学习方法的指导，培养学生的自主学习能力，强化学科间的相互关联，为学生的终身学习奠定基础，力求使学生通过语言学习掌握跨学科知识和生活经验，依托丰富的综合实践任务，强化实践性要求。

（5）坚持"教—学—评"一体化设计，围绕教材各环节的学习过程和成果，将评价贯穿于英语课程教与学的全过程，彰显评价的促学、促教作用。

（6）面向全体学生，兼顾城乡、地区和个体差异，确保全体学生核心素养的发展和提升。

（7）深度融合数字课程和在线教学平台，实现线上线下、课内课外的有机结合，助力混合式教学模式的实践，满足学生个性化学习需求，促进义务教育均衡发展。

各教材出版机构持续跟踪和了解修订版教材的使用情况，定期收集教师和学生的反馈意见，进一步优化已经投入使用的教材及后续册次教材，确保教材能够更好地适应英语教学的实际需求，帮助师生完成新旧教材的平稳过渡。

表2.1 2024年《义务教育教科书 英语》修订版教材出版一览表

课程类型	教材名称	主编	出版社	出版时间
义务教育国家课程	义务教育教科书 英语（配有听力材料）三年级上册	孙有中	外语教学与研究出版社	2024年7月
	义务教育教科书 英语（配有听力材料）三年级上册	张祖春	外语教学与研究出版社	2024年7月
	义务教育教科书 英语（配有听力材料）三年级上册	刘兆义	外语教学与研究出版社	2024年7月
	义务教育教科书 英语（配有听力材料）七年级上册	孙有中	外语教学与研究出版社	2024年7月
	义务教育教科书 英语（配有听力材料）三年级上册	吴　欣	人民教育出版社	2024年7月
	义务教育教科书 英语（配有听力材料）三年级上册	苗兴伟	人民教育出版社	2024年7月
	义务教育教科书 英语（配有听力材料）七年级上册	刘道义、郑旺全	人民教育出版社	2024年7月
	义务教育教科书 英语（大字版）七年级上册	刘道义、郑旺全	人民教育出版社	2024年7月
	义务教育教科书 英语（配有听力材料）三年级上册	陈则航	北京师范大学出版社	2024年7月
	义务教育教科书 英语（配有听力材料）七年级上册	王　蔷	北京师范大学出版社	2024年7月
	义务教育教科书 英语（配有听力材料）三年级上册	何　锋	译林出版社	2024年7月
	义务教育教科书 英语（配有听力材料）七年级上册	王守仁、何　锋	译林出版社	2024年7月
	义务教育教科书 英语（配有听力材料）三年级上册	张春柏、施嘉平	上海教育出版社	2024年7月

（待续）

（续表）

课程类型	教材名称	主编	出版社	出版时间
义务教育国家课程	义务教育教科书（五·四学制）英语（配有听力材料）三年级上册	束定芳	上海教育出版社	2024年7月
	义务教育教科书 英语（配有听力材料）七年级上册	舒白梅	上海教育出版社	2024年7月
	义务教育教科书（五·四学制）英语（配有听力材料）六年级上册	束定芳	上海教育出版社	2024年7月
	义务教育教科书 英语（配有听力材料）三年级上册	田贵森	河北教育出版社	2024年7月
	义务教育教科书 英语（配有听力材料）七年级上册	田贵森	河北教育出版社	2024年7月
	义务教育教科书 英语（配有听力材料）三年级上册	马　承	科学普及出版社	2024年7月
	义务教育教科书 英语（配有听力材料）七年级上册	邱耀德	科学普及出版社	2024年7月
	义务教育教科书 英语（配有听力材料）三年级上册	兰春寿	福建教育出版社	2024年7月
	义务教育教科书 英语（配有听力材料）三年级上册	杨晓钰	四川教育出版社	2024年7月
	义务教育教科书 英语（配有听力材料）三年级上册	彭　静	重庆大学出版社	2024年7月
	义务教育教科书 英语（配有听力材料）三年级上册	常俊跃	辽宁师范大学出版社	2024年7月
	义务教育教科书 英语（配有听力材料）三年级上册	范文芳	清华大学出版社	2024年7月
	义务教育教科书 英语（配有听力材料）三年级上册	李淑静	北京出版社	2024年7月
	义务教育教科书 英语（配有听力材料）三年级上册	白解红	湖南少年儿童出版社	2024年7月

（待续）

（续表）

课程类型	教材名称	主编	出版社	出版时间
义务教育国家课程	义务教育教科书 英语（配有听力材料）三年级上册	龚亚夫	教育科学出版社	2024年7月
	义务教育教科书 英语（配有听力材料）三年级上册	张京生	接力出版社	2024年7月
	义务教育教科书 英语（配有听力材料）三年级上册	党争胜	陕西旅游出版社	2024年7月
	义务教育教科书（五·四学制）英语（配有听力材料）三年级上册	高洪德	山东科学技术出版社	2024年7月
	义务教育教科书（五·四学制）英语（配有听力材料）六年级上册	程晓堂	教育科学出版社、外语教学与研究出版社	2024年7月
	义务教育教科书 英语（配有听力材料）七年级上册	赵美娟	上海外语教育出版社、广东教育出版社	2024年7月
	义务教育教科书（五·四学制）英语（配有听力材料）六年级上册	王　卓	山东教育出版社、人民教育出版社	2024年7月
	义务教育教科书 英语（大字版）三年级上册	吴　欣	中国盲文出版社、人民教育出版社	2024年7月
	义务教育教科书 英语（配有听力材料）三年级上册	张晓红	大同出版传媒有限公司、人民教育出版社	2024年7月
	义务教育教科书 英语（配有听力材料）三年级上册	陈金诗	广东教育出版社、上海外语教育出版社	2024年7月
	义务教育教科书 英语（配有听力材料）三年级上册	谷红丽	湖南教育出版社、山东教育出版社	2024年7月

2）预备级（1—2年级）小学英语教材

《义教新课标》指出，小学阶段开设英语的起始年级为三年级；有条件的地区和学校可在一至二年级开设预备级，教材以听说为主，纳入地方课程教材管理。这也就意味着原来的“一年级起点”英语国家课程教材正式取消，所有义教阶段的英语国家课程教材均为“三年级起点”。2023年5月，教育部发布《关于加强中小学地方课程和校本课程建设与管理的意见》，规定地方课程教材须遵循“凡用必审”原则，由省级教育行政部门负责完成相应的审议审核任务。

为落实《义教新课标》要求，构建并规范地方课程教材开发和实施体系，北京、浙江、四川等省市相继启动预备级教材审定工作。同时，各教材编写出版机构积极推进预备级教材的设计、编写、送审和试用等工作。经审定通过的教材列入省级中小学教学用书目录。例如，列入《浙江省2024学年中小学（中等职业学校）教学用书目录》的预备级教材包括人民教育出版社（以下简称“人教社”）出版的《英语》（一年级至二年级）、外研社出版的《新交际英语》、外教社出版的《英语》（一年级上册至二年级下册）等。经审定通过并出版的教材在思想性、科学性、适宜性、衔接性等方面具备以下共性。

（1）在思想性方面，教材坚持育人为本，落实立德树人根本任务，以适当的方式融入了社会主义核心价值观和中华传统美德教育，将正确的意识形态、优秀文化传统、良好的行为习惯与语言能力发展相结合。

（2）在科学性与适宜性方面，教材遵循一、二年级学生的认知发展规律和语言学习特点，遵循以视、听、说为主的编写思路，利用大量的图片、音频、视频等为学生提供有效的视听语言输入，通过歌曲歌谣、游戏、角色扮演等活动落实《义教新课标》所倡导的学习活动与学习要求。另外，作为地方课程教材，部分版本的预备级英语教材能够突出地方特色，帮助学生认识家乡、拓宽视野，以语言为桥梁，以中国视角介绍区域文化，将文化知识内化为正确的文化价值观和有利于国家、个人发展的跨文化态度与意识。

（3）在衔接性方面，教材强调对学生英语学习兴趣与学习习惯的培养，引导学生初步积累听说词汇和简单的日常表达，为三年级正式学习英语课程奠定基础。

2.2.2 高中英语教材

依据《教育部关于做好普通高中新课标新教材实施工作的指导意见》，从2019年秋季学期起，全国各省（区、市）分步实施高中新课标、使用新教材。按照《教育部办公厅关于印发2023年中小学教学用书目录的通知》，从2023年秋季学期起，普通高中依据2003年课标编写的高一、高二年级册次教材不再列入用书目录，全国各省（区、市）已全部启用高中新教材。《2024年普通高中国家课程教学用书目录（根据2017年版课程标准修订）》中共有8套高中英语教材。新教材以循序渐进的形式落地，得到了全国各地师生的普遍认可。

在新教材全面落地的基础上，教育部于2024年6月对现行使用的各套高中教材开展了专项排查，围绕以下几个方面提出意见：规范使用国家法定政治标识，规范使用代表国家公权力的人物形象及其制式服饰，规范使用专有名词，规范使用地图，优化插图，更新数据并提供数据来源，以及在教材中提供听取师生意见建议的联系方式。教育部将意见反馈给各编写出版单位，要求其落实修改并开展自查工作，切实履行教材编写出版单位的主体责任。各教材出版机构迅速成立了专项工作组，组织教材相关专家、编写团队和编辑团队认真学习、领悟教育部意见，逐条落实并提交教育部审核。

此外，各教材出版机构认真收集广大师生意见，主动对必修和选择性必修教材进行进一步的优化和完善。

2.2.3 中学多语言教材

2024年7月，教育部办公厅印发《2024年义务教育国家课程教学用书目录（根据2022年版课程标准修订）》。符合《义教新课标》精神的日语、俄语义务教育阶段教材陆续出版。德语、法语、西班牙语教材首次被列入中学教育阶段的国家课程教学用书目录，这标志着多语言教学在我国基础教育中的重要性得到进一步认可。

在俄语教材方面，人教社根据《义务教育俄语课程标准（2022年版）》完成《义务教育教科书 俄语》（七年级上册）的修订工作，该教材于2024年秋季学期正式投入使用，强调育人为本，以培养学生的核心素养为导向，旨在通过俄语教学促进学生的全面发展。黑龙江大学出版社、外教社针对俄语高考，出版了系列教辅产品，辅导学生掌握考试要点。

在日语教材方面，人教社完成《义务教育教科书 日语》（七年级 全一册）的修订工作，该教材于2024年秋季学期正式投入使用。外研社出版《新起点日语第三册一课一练》，进一步丰富了《新起点日语》系列教材体系。此外，在高考日语教材出版方面，人教社、外研社、上海交通大学出版社、华东理工大学出版社、世界图书出版公司、中国宇航出版社等诸多出版机构积极开发和出版相关教辅图书，为中学日语学习者提供丰富多样的学习资料。

在德语教材方面，外研社推出根据《普通高中德语课程标准（2017年版2020年修订）》编写的《普通中学教科书 德语》四个分册：必修C1、必修C2、必修G1和必修G2。同时，为了满足德语学习者对原版教材的需求以及应对德语学习者低龄化的趋势，外研社在2024年继续推出“少儿德语”A2系列教材。继2023年出版面向中学生的《新启航德语C2》和《新启航德语C3》之后，外教社于2024年出版了《新启航德语G1》。

在法语教材方面，外研社推出根据《普通高中法语课程标准（2017年版2020年修订）》编写的《普通中学教科书 法语》四个分册：必修起步上册、必修起步下册、必修III上册和必修III下册。外教社推出中学课标教材《普通中学教科书 法语》四个分册：起步上册、起步下册、III上册和III下册。此外，外教社和东华大学出版社围绕高考法语推出系列教辅产品。

在西班牙语教材方面，外研社于8月推出根据《普通高中西班牙语课程标准（2017年版2020年修订）》编写的《普通中学教科书 西班牙语》五个分册：必修I上册、必修I下册、必修IV第一册、必修IV第二册和必修IV第三册。外教社推出了面向中学西班牙语学习者的基础教材——《新启航西班牙语2上》《新启航西班牙语2下》和《新启航西班牙语3上》以及《快乐西班牙语》系列教材。

表2.2 2024年中学多语言教材出版一览表

课程类型	教材名称	主编	出版社	出版时间
初中俄语课程	义务教育教科书 俄语（七年级上册）	赵　为	人民教育出版社	2024年7月
高中俄语课程	新高考俄语专项训练丛书 构形填空	余厚春	黑龙江大学出版社	2024年4月
	新高考俄语专项训练丛书 完形填空	陈春秋	黑龙江大学出版社	2024年4月
	新高考俄语系列 新高考俄语：模拟试题及解析	马　亮、苏　楠	上海外语教育出版社	2024年4月
初中日语课程	义务教育教科书 日语（七年级 全一册）	人民教育出版社、课程教材研究所	人民教育出版社	2024年7月
高中日语课程	新起点日语第三册一课一练	朱桂荣	外语教学与研究出版社	2024年3月
	新高考日语必备词汇释义手册	王春杰、刘金宝	外语教学与研究出版社	2024年3月

（待续）

（续表）

课程类型	教材名称	主编	出版社	出版时间
高中日语课程	高考日语新题型全真模拟试卷	程　青、姜　芳	外语教学与研究出版社	2024年4月
	5周突破高考日语应用文写作	王爱静、李庆祥	外语教学与研究出版社	2024年4月
	高考日语听力一本决胜	肖博涵、徐　克、于韶华	中国宇航出版社	2024年1月
	无敌绿宝书——高考日语完形填空3000题	李晓东	世界图书出版公司	2024年5月
	新高考日语语言运用对策与模拟	许小明	上海交通大学出版社	2024年3月
	高考日语突破系列 模拟测试（2024高考新题型修订版）	人民教育出版社、日语编辑室	人民教育出版社	2024年4月
	高考日语新题型模拟卷	全国中等日语研究会	华东理工大学出版社	2024年5月
	高考日语完形填空完全掌握	快乐国际高日研究院	北京语言大学出版社	2024年4月
初中德语课程	普通中学教科书 德语必修C1	孔德明	外语教学与研究出版社	2024年8月
	普通中学教科书 德语必修C2	孔德明	外语教学与研究出版社	2024年8月
高中德语课程	普通中学教科书 德语必修G1	刘学慧	外语教学与研究出版社	2024年8月
	普通中学教科书 德语必修G2	刘学慧	外语教学与研究出版社	2024年8月
	新启航德语G1	赵　劲	上海外语教育出版社	2024年11月
德语二外、兴趣课程	少儿德语A2系列（包含学生用书、教师手册、同步测试、练习手册）	[德]奥利加·斯沃洛娃等	外语教学与研究出版社	2024年6月

（待续）

（续表）

课程类型	教材名称	主编	出版社	出版时间
初中法语课程	普通中学教科书 法语 必修起步 上册、下册	杨晓敏	外语教学与研究出版社	2024年7月
	普通中学教科书 法语 起步上册、下册	杨 淳	上海外语教育出版社	2024年8月
高中法语课程	普通中学教科书 法语 必修III 上册、下册	杨晓敏	外语教学与研究出版社	2024年7月
	普通中学教科书 法语 III 上册、下册	顾西兰	上海外语教育出版社	2024年8月
	新高考法语系列 新高考法语：语言运用	顾西兰	上海外语教育出版社	2024年8月
	新高考法语系列 新高考法语：听力	花 威	上海外语教育出版社	2024年8月
	高考法语高分突破900题：改错+填空+作文	侯雪莉、张沈鋆	东华大学出版社	2024年9月
初中西班牙语课程	普通中学教科书 西班牙语 必修I 上册、下册	刘 建	外语教学与研究出版社	2024年8月
高中西班牙语课程	普通中学教科书 西班牙语 必修IV 第一至三册	刘 建	外语教学与研究出版社	2024年8月
西班牙语二外、兴趣课程	新启航西班牙语2上、下	于 漫	上海外语教育出版社	2024年4-6月
	新启航西班牙语3上	于 漫	上海外语教育出版社	2024年9月
	快乐西班牙语1（A1）学生用书	[西班牙] 玛丽亚 · 安赫莱斯 · 帕洛米诺	上海外语教育出版社	2024年4月
	快乐西班牙语3（A2+）学生用书	[西班牙]奥斯卡 · 罗德里格斯、[西班牙]戴维 · R · 索萨	上海外语教育出版社	2024年8月
	快乐西班牙语4（B1）学生用书	[西班牙]戴维 · R · 索萨、[西班牙]奥斯卡 · 罗德里格斯	上海外语教育出版社	2024年10月

2.3 中小学外语教材使用案例

2.3.1 中小学英语教材使用案例

2.3.1.1 预备级（1—2年级）小学英语教材使用案例

四川大学附属实验小学明德学校：以语篇为依托，探究英语主题学习意义

《义教新课标》指出，教师要以语篇研读为逻辑起点开展有效教学设计，充分认识语篇在传递文化意涵，引领价值取向，促进思维发展，服务语言学习、意义理解与表达等方面的重要作用。四川大学附属实验小学明德学校基于外研版《新启航英语》（1—2年级）教材内容，深入研究英语学习主题的价值意义，使之连接课本与生活、知识与素养，让英语从“学科”变为“工具”与“视野”。

针对预备级英语教学，《义教新课标》指出，预备级教学应以视、听、说为主，创设良好的学习氛围，引导学生注意倾听、乐于模仿、大胆表达，帮助学生积累词汇、开展交流、培养习惯。以一年级上册Unit 4的Let's chant!板块为例，该语篇属于韵文类型，通过节奏感和韵律感唱出该单元的主题——School things，引导学生初步形成正确收纳学习用品的意识，养成自我管理的良好习惯。

1）基于语篇进行视听，感受主题内容

School things这一主题聚焦常见文具的英文表达，属于“人与社会”主题范畴，关联学生的校园日常与个人学习成长。在课程开始时，教师请学生观察图片并以“Who's this?”“What's in his hands?”“What's in his schoolbag?”等问题引导学生仔细观察，认真思考，在观察图片和观看视频的过程中发现语篇的主题内容。学生通过看与听的结合，形成对学习主题的初步感知。

2）深入语篇启发思考，理解主题意义

Let's chant!板块独具匠心地将文具类单词和句子融入节奏明快、韵律感强的韵文中。教师播放音频，引导学生认真聆听、感受韵律、熟悉内容、配音诵唱，然后通过动作示范、实物教具、同桌合作学习等方式，让学生在真实情境中作出All in my schoolbag的动作，并在韵文中初步感知和构建“学习用品都在我的书包里”的概念，使韵文学习从机械记忆走向深度理解，提升学生英语思维。

3）超越语篇产出语篇，深化主题价值

教师继续请学生观察图片并提出问题“Look at his schoolbag. What do you want to say?”“Can you help?”，然后通过巧设问题情境，引导学生主动思考并提出解决问题的建议，实现对有序收纳及自我管理的价值引导，深化语篇的主题价值。课后，教师通过设置自编韵文的任务，让学生持续积极地投入英语学习与实践，为复杂语篇的学习奠定坚实基础。

重庆两江新区金渝学校：促进学科融合，发挥英语预备级课程思政功能

《义教新课标》指出，义务教育英语课程体现工具性和人文性的统一，具有基础性、实践性和综合性特征。学习和运用英语可以帮助学生了解不同文化，比较文化异同，汲取文化精华，逐步形成跨文化沟通与交流的意识和能力，学会客观、理性地看待世界，树立国际视野，涵养家国情怀，坚定文化自信，形成正确的世界观、人生观和价值观，为终身学习、适应未来社会发展奠定基础。

重庆两江新区金渝学校在日常英语教学中，重视英语学科人文性的育人价值，基于人教版《英语》（1—2年级）教材内容，以《义教新课标》为引领，深入研读语篇，精心设计课程活动，充分发挥预备级课程思政功能，促进学生的全面发展。

1）分析教材，挖掘思政元素

人教版《英语》（1—2年级）中的主题语境可以划分为三大类：人与自我、人与社会和人与自然。具体话题包括打招呼、学习用品、课堂指令、家庭成员、数字、颜色、饮食、宠物、家务等。该校教师在详细分析教学目标、教学内容和教学语言的基础上，深入挖掘教材中的思政元素，将其融入教学设计中。例如，教师在教授一年级上册Unit 5 People around me时，引导学生制作一张自己的social map，感受家人和朋友的重要性，同时融入"爱家、持家、为家"的育人理念。在教授二年级上册Unit 3 Helpful hands时，教师将"劳动创造美好生活"以及"家庭责任感"融入课程设计，让学生在学习语言的同时，体会劳动的意义和价值。

2）创设情境，融入思政教育

在教学过程中，该校教师注重创设真实的语言环境，将思政教育自然融入课堂。一、二年级的学生已经掌握了常见动物的名字和部分常用颜色词，并能用"I like.../I have.../I can.../I'm.../This is..."等句型来表达自己的想法。基于这一语言基础，教师在教学中设计了贴近生活的情境，学生能够在语言实践中潜移默化地接受思政教育。例如，在教授following instructions相关内容时，除了教材中提到的课堂规则，教师还创设了社会生活中的情境，如引导学生关注交通规则等，形成"没有规矩不成方圆"的规则意识。这些真实情境的创设，使学生不仅掌握了语言表达，还在潜移默化中培养了遵守规则的意识和良好的行为习惯。

2.3.1.2 修订版小学英语教材使用案例

大连市甘井子区锦华小学：基于项目式学习，开展单元综合实践活动

《义教新课标》指出，英语课程应通过开展英语综合实践活动，促进学生核心素养的全面发展。教师应基于一定的课程目标，以学生的兴趣和直接经验为基础，以与学生学习、生活密切相关的各类现实性和实践性问题为内容，本着“学用结合、课内外结合、学科融合”的原则，开展英语综合实践活动。

大连市甘井子区锦华小学在使用外研版《英语》（3—6年级）教材时，基于项目式学习的理念，开展英语单元综合实践活动，把学生从书本引向更广阔的现实世界。以三年级上册Unit 3 It's a colourful world!中Hit it big板块的教学为例，教师围绕单元目标和课时目标，通过“项目准备—项目计划与实施—项目展示与评价”的教学过程，引导学生将英语学习与实际生活经验相结合。学生可以运用语言知识和技能，评价反馈学习效果，在发展语言能力的同时，提升文化意识、思维品质和学习能力，进一步深化对单元主题意义的整体认识。

1）项目准备：问题激趣，产出导向

教师以问题为驱动，引导学生观察中国浙江台州小箬村和意大利威尼斯的彩色房子，回答“What colour is it?”；接着，进一步引导学生关联实际生活，思考生活中见过的类似建筑。这一过程可以激发学生的学习兴趣，激活其背景知识和生活经验。随后，教师围绕具体项目“发现我身边的色彩”，组织学生展开学习，并以“画一幅画”作为最终产出。

2）项目计划与实施：计划讨论，实践操作

在项目计划与实施过程中，教师充分展示项目式学习的计划性和主体性的特点，并对活动的组织形式，项目计划的具体内容、学习方式、人员安排以及操作步骤等作具体说明。教师借助任务单，帮助学生明确讨论的内容、使用的语言等。学生通过预习作业提前准备相关资料，同时，教师提供必要的学习资源，如图片、资料等。

在具体的实践活动中，各小组内成员分工协作，根据计划开展项目工作。例如，有的成员负责收集和汇总组内讨论的信息，确定最终内容；有的成员负责绘画；有的成员负责整理信息并进行汇报等。教师在活动过程中给予适时的指导，解答学生遇到的问题，确保项目按计划进行。

3）项目展示与评价：呈现学习成果，评价促学促教

在项目展示环节，学生通过海报展示和口头汇报，介绍所选择的景点及其色彩。教师为学生提供语言支架，帮助其有逻辑地表达想法，如“This is our poster. It's (a/an)...（景物）. It's...（颜色）. It's beautiful. I love Dalian!”。

在评价环节，教师采用师生互评和生生互评相结合的方式，从多个角度对学生的学习成果进行综合评价。评价内容涵盖学生的知识与技能、同伴合作、任务完成情况以及创造性思维等方面。教师制定的评价量表涵盖“语言”“作品”“合作”和“创意”四个维度，评价语言表达的准确性和流畅性、作品的完整性、小组协作的默契度以及思维的创新性。对学生进行多元评价，不仅可以帮助学生明确学习方向，也有利于教师反思教学不足，及时调整教学策略，真正实现以评促学，以评促教。

基于项目式学习理念的单元综合实践活动，将学生置于真实任务情境中，通过项目准备、项目计划与实施、项目展示与评价等环节，充分调动学生的主动性与创造性。在这一过程中，学生不仅发展了语言能力，还培养了文化意识、思维品质和合作探究能力，进一步深化了对单元主题的理解。这种学习方式不仅促进了学生的深度学习，也塑造了其积极的学习态度，为未来的学习和生活奠定了坚实基础。

福建省福安师范学校附属小学：主题对话支架式教学——确定主题内容，搭建活动支架，升华主题内容

福建省福安师范学校附属小学以《义教新课标》为指导，基于北师大版《英语》（3—6年级）教材内容，根据核心素养的培养要求制定教学目标，围绕主题意义，践行英语学习活动观，以“主题对话支架”为抓手进行教学设计，将英语课程、育人价值与英语学习有机结合，引导学生基于主题快乐、自信地学习英语，获得积极的学习体验。

1）确定主题内容

在开始教学之前，教师根据课标要求和授课内容，确定其所属的主题范畴及相关子主题群，通过创设主题情境，为后续的活动奠定基础。

2）搭建活动支架

（1）学习理解类支架

教师通过感知与注意活动创设主题情境，激活学生已有的知识经验，并通过搭建支架提供必要的语言和背景知识，明确要解决的问题。这样，学生凭借支架，在已有知识经验和学习主题之间建立关联，发现认知差距，形成学习期待。然后，教师进一步搭建支架，引导学生获取信息、梳理要点并概括整合，深化理解。

（2）应用实践类支架

在学习理解类活动的基础上，教师搭建支架引导学生开展描述、阐释、分析、应用等多种主题的对话活动，内化语言和文化知识，加深对文化意涵的理解，巩固结构化知识，促进知识向能力的转化。

（3）迁移创新类支架

教师进一步搭建支架，引导学生针对语篇背后的价值观取向以及作者或主人公的态度和行为，开展推理与论证、批判与评价、想象与创造等超越语篇的学习活动，加深学生对主题意义的理解。

3）升华主题内容

教师有意识地为学生搭建支架，助推学生主动参与活动，并探究主题意义的情境和空间，使学生成为意义探究的主体和积极主动的知识建构者。在学习活动结束时，教师考查学生对所学语言和文化知识的综合运用、对主题意义的理解，以及对个人观点和态度的表达能力。学习活动能够起到正确的价值观引导作用，确保育人目标的达成。

2.3.1.3 修订版初中英语教材使用案例

山西省太原市中北大学附属中学：问题驱动的主题解锁与意义探究

《义教新课标》指出，主题作为英语课程内容六要素之一，具有联结和统领其他内容要素的作用，为语言学习和课程育人提供语境范畴。教学活动的设计要帮助学生围绕主题意义，用英语进行真实的交流和表达。在这一理念的指导下，教师应当深入挖掘文本内涵，识别并提炼"真问题"。教师通过一系列活动，逐步解锁教材主题，促进学生思维的发展，并有效落实核心素养的培养。山西省太原市中北大学附属中学基于人教版《英语》（7—9年级）教材，进行了积极的教学探索与实践。

以七年级上册Unit 2 We're family!的Section B为例，教师通过设置问题链，逐步解锁子主题，为学生铺设了一条"理解—应用—情感升华"的学习路径，使其在探究中不断深化对家庭主题的认识。

该单元的核心主题是"What does family mean to you?"，Section B的子主题是"What do you like about your family?"。在课程开始时，教师展示教材中的人物Lily的家庭插图，通过"How many family members are there in Lily's family? Who are they? Is it a happy family?"等问题，引导学生在思考中解锁子主题的第一层内涵，即"Family is a place where we accompany each other."，借此激发学生对家庭主题的探究热情，为其后续的学习奠定基础。

然后，教师继续设置问题链，引导学生深入研读语篇。从快速阅读把握文章结构和主旨大意，到细致分析家庭成员的角色和职责，再到深入探讨家庭成员之间的互动，学生在问题链的引领下逐步解锁子主题的第二层内涵，即"Family is also a place where we always say 'I love you'."。这一环节不仅帮助学生全面地了解家庭结构，更让他们深刻地体会家庭的情感纽带和核心价值观。

随后，教师进一步升华主题，设计了一系列超越语篇的主题迁移创新活动。通过播放唐氏综合征患者在父母帮助下进行康复的视频，引导学生深入思考家庭的支持与力量，解锁子主题的第三层内涵，即“Family is a place where we can get help and strength when we are in trouble.”。接着，教师组织学生先介绍自己的家庭，然后围绕国际家庭日进行讨论，引导学生从对“小家”的关注拓展到对“大家”的关注，激发学生的家国情怀和社会责任感。

通过一系列严谨且有启发性的问题，教师帮助学生逐步搭建从理解文本到深入探究主题意义的桥梁，解锁主题意义。同时，教师巧妙地运用情感渗透和价值观引导，帮助学生在探究主题意义的过程中深度学习。这一过程不仅能够促使学生将阅读能力转化为阅读素养，还有利于学生形成珍惜家庭、关爱家人的价值观，为他们的成长奠定坚实的基础。

天津市耀华中学：在英语教学中搭建“支架”，提升学生思维品质

《义教新课标》指出，英语课程应培养学生的核心素养，包括语言能力、文化意识、思维品质和学习能力。其中，思维品质指人的思维个性特征，反映学生在理解、分析、比较、推断、批判、评价、创造等方面的层次和水平。天津市耀华中学在使用外研版《英语》（7—9年级）教材的过程中，深入研读语篇，从学生的生活实际出发，创设丰富多样的学习情境，设计富有挑战性的学习任务，注重引导，拓展英语学习空间，为学生的英语学习搭建支架，促进他们发展与提升思维能力。

1）以情景朗读为支架，激活形象思维

以七年级上册Unit 5 Understanding ideas板块中阅读语篇Pigeon Surprise的教学活动为例，该语篇基于事实，描述了Henry对鸽子看法变化的过程。教师首先引导学生关注文本中大写的省略号、感叹号以及图片、表情包等大量非语言信息，鼓励学生尝试理解听读、跟读、朗读文本。然后，教师通过去掉语气的方式，对文本进行对比朗读，帮助学生体会朗读过程中语调、停顿、重音等策略对语篇主题意义表达的关键作用。

教师以情景朗读为支架，在朗读、品味、分析等教学活动中与学生互动，让思维形象化，引导学生沉浸式体验人物的内心活动，帮助学生准确地理解主人公Henry对鸽子由抗拒到赞叹的心理变化。

2）以思维可视化工具为支架，激活逻辑思维

读后阶段的文本复述是内化并运用语言的有效检测方式。仍以阅读语篇Pigeon Surprise为例，教师使用流程图，呈现Henry对鸽子的态度变化过程。该变化过程基于Henry对鸽子相关事实的逐步了解而产生。在流程图中，教师使用Henry的表情图片，搭配以鸽子为主语的关键事实句，为学生的复述提供提示，清晰呈现事实（fact）与观点（opinion）的关系。教师在给予学生充足的练习时间后，逐渐增加难度，只提供关键事实词，甚至只保留表情图片，让学生仅根据图片复述，在头脑中重建文本关联。教师以思维可视化工具为支架，突出语篇结构和逻辑主线，有效地帮助学生在潜移默化中提升思维品质。

3）以课外延展为支架，激活创造思维

以七年级上册Unit 4 Developing ideas板块听力部分教学为例，该听力材料旨在让学生认识节假日庆祝活动可能带来的环境问题，思考新的过节方式。教师利用音频资料完成课本基本内容讲解之后，引导学生反思自己的过节方式是否环保，并思考如何“绿色过节”。教师引导学生通过小组讨论、小组展示等形式，讨论环保过节的其他创造性方式，鼓励学生以手抄报、调查报告等形式探讨保护环境的其他可能。教师通过设计迁移创新类活动，引导学生运用所学语言进行真实的交流与表达，深化对主题意义的认知与理解，促进语言能力向核心素养的转化。

北京师范大学第二附属中学未来科学城学校：基于项目式真实驱动任务，融合单元主题学习

北京师范大学第二附属中学未来科学城学校以《义教新课标》为引领，基于北师大版《英语》（7—9年级）教材，秉持“在体验中学习、在实践中运用、在迁移中创新”的学习理念，践行学思结合、用创为本的英语学习活动观。学校坚持学思结合，引导学生在学习理解类活动中获取、梳理语言和文化知识，建立知识间的关联；坚持学用结合，引导学生在应用实践类活动中内化所学语言和文化知识，加深理解并初步应用；坚持学创结合，引导学生在迁移创新类活动中联系个人实际，运用所学语言和文化知识解决现实生活中的问题，形成正确的态度并作出合理的价值判断。

北师大版《英语》（7—9年级）教材以单元为单位设计课程教学内容与活动，每个单元都设置了贴近学生生活实际的Project实践活动课，如“展示你对家的理解”“介绍你的学校生活”等内容。教师通过创设需要解决实际问题的具体任务，指导学生主动实践、合作探究，运用单元所学语言和文化知识，创造性地解决问题，促进核心素养的形成。活动设计以主题为引领，以语篇为依托，通过学习理解、应用实践和迁移创新等一系列学习活动，引导学生从语篇到深入语篇再到超越语篇的学习，将语言知识与文化知识的学习融入真实情境。这些活动帮助学生在实践中运用语言技能，解决实际问题，最终实现核心素养的全面发展。

教师在使用教材时，遵循教材的内容及活动设置，结合学生的实际情况，设置了基于真实任务的驱动性活动。例如，在学习七年级上册Unit 2 School life时，学生在教师的指导下，为即将来校学习的新加坡华侨中学留学生设计了《新加坡留学生二附学习生活适应手册》。在教师引导下，学生围绕校园生活主题主动获取相关知识和信息，并融合道德与法治、信息技术、地理和美术等多学科知识，设计手册内容。在这一过程中，学生不仅加深了对学校生活的理解，激发了对学校的热爱，还在真实任务情境中提升了语言综合运用能力和跨学科思维能力。

2.3.1.4　高中英语教材使用案例

延边州教育学院：建构"研培实一体"学习共同体，探索教师专业发展路径

高中新课标指出，阅读教学应深入研读语篇，把握主题意义，挖掘文化价值，分析文体特征和语言特点及其与主题意义的关联。语篇是英语教学的基础资源，是课程内容的重要组成要素。阅读教学除了指导学生获取语篇表层信息外，还要帮助学生立足语篇进行深度阅读，引导学生分析语篇结构，理解语篇的引申意义，探究作者的观点、态度和价值取向等。因此，教师要充分重视阅读教学，设计符合英语学习活动观的教学活动，促进学生核心素养的提升。

为强化教师的语篇分析能力，深化其对阅读教学设计的认识，解决阅读教学设计的困惑，优化阅读教学设计的实践成果，提升阅读教学质量，延边州高中英语"研培实一体"学习共同体以人教版高中《英语》教材为基础，开展了延边州高中英语学科阅读教学大赛。大赛组织八个县（市）学习共同体成员参赛，广泛收集阅读教学课例，合力打磨，具体研究过程如图2.1。

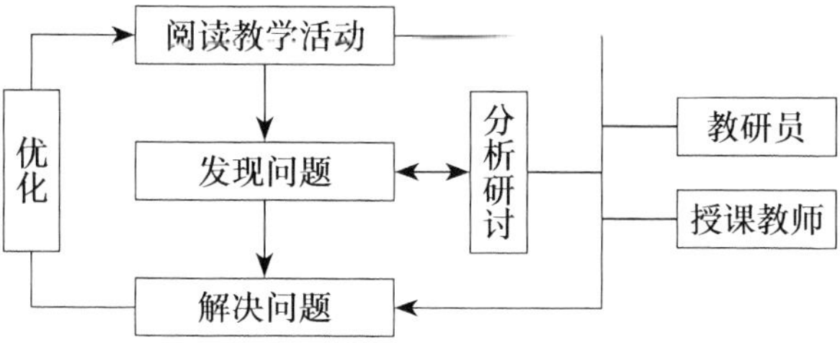

图2.1　学习共同体课例研究过程

1）聚焦需求，专业引领

课例研究聚焦教师需求以及阅读教学设计中存在的突出问题。首要任务是搭建推动教师专业发展的平台，在课例研究的总体框架下，设计有针对性、有时效性的学习内容。学习目标是引领教师明确阅读教学的本质，帮助教师基于高中新课标更新教学理念。此外，专家、教研员讲座等专业活动采用线上与线下相结合、自主与合作相结合的方式，研讨教学实践。学习共同体为确保首要任务和学习目标落实，在课程实施过程中设置了可操作的阶段性目标，以逐步提升教师阅读教学设计能力。

2）指向改进，任务驱动

为了更好地帮助教师优化阅读教学活动，充分调动教师自我提升的积极性，学习共同体在专业活动的引领下，开展了以强化语篇分析能力为方向的实践活动，并进行了个人“学习+实践+反思”和集体“分享+研讨+优化”的过程性活动。通过个性化理解与集体智慧的结合，深入语篇分析，提升教师语篇分析能力，最终呈现高质量的阅读教学活动。

广东实验中学深圳学校：AIGC辅助情境创设，促进学生深度学习

高中新课标指出，教师要积极关注现代信息技术在英语教学应用领域中的发展和进步，深化信息技术与英语课程的融合，发挥现代信息技术对教与学的支持和服务功能，引导学生开展主动性、个性化的探究活动，实现深度学习。广东实验中学深圳学校以高中新课标为引领，利用生成式人工智能（Artificial Intelligence Generated Content，简称AIGC），辅助情境创设，通过设置相对真实的情境，激发学生学习动机，引导学生深入语篇，进行主动的、深入的、个性化的探究，实现深度学习。

例如，在开展外研版高中《英语》必修第一册Unit 4 Into the wild阅读语篇The Monarch’s Journey的教学过程中，教师借助AI技术创设了六个教学情境，形成了一个完整的情境链。

情境一：利用AI生成热身歌曲。教师将课文文本和单词输入

ChatGPT，生成歌词，然后用Udio生成民谣风格的歌曲，引导学生通过听歌曲和阅读语篇标题预测内容。

情境二：利用AI生成的数字帝王蝶设置问题情境。教师引导学生阅读课文第一段和第二段，寻找以下问题的答案“Why do I migrate? Where am I heading? How do I find the way?”。

情境三：利用AI生成的数字人科学家Professor Eli Shlizerman设置任务情境。Professor Eli Shlizerman邀请学生加入其科研团队，共同探究“How do the monarchs find their way?”，然后再利用数字帝王蝶设置问题情境“Why did my partners disappear?”，引导学生探究人类行为对帝王蝶的影响。

情境四：利用AI生成展示人类行为影响的短视频，渲染情境，加强学生的感知。

情境五：利用数字帝王蝶和数字人设置对话情境和任务情境。数字帝王蝶说：“I see. We hope to live in harmony with you human beings. Do you hope so?”学生分组讨论后用英语表达自己的观点。学生回答后，数字人作为人类的代表出现，对学生的回答进行总结和补充。例如，数字人可以回应“Absolutely. We share the same earth, and it's our responsibility to protect your habitat. Together, we can reduce pollution, plant more trees, and create a better world for all living beings.”。然后，数字人设置任务“Kids, now you are part of our research team. Please have a discussion about how to help the monarchs.”，学生细读最后一段，思考并提出具体的保护措施和建议，完成任务。

情境六：利用数字帝王蝶和数字人生成对话情境和产出任务情境。帝王蝶感谢人类帮忙解决问题，数字人设置任务：“Kids, many other animals are facing similar troubles. However, more and more animals and birds migrate to Shenzhen Bay. Do you know why? What else can we do to make the situation better?”。学生在讨论中分享自己的见解，并提出具体的建议和行动计划。

最后，教师进行总结，强调每个人在保护环境中的角色和责任，并鼓励学生将所学知识应用于现实生活，以促进生态可持续发展。

AIGC打破了传统教学资源的限制，在教学情境创设方面具有独特的优势。相比传统的、生硬的、碎片化的教学情境，AIGC辅助创设的教学情境更加生动、鲜活、适切、有效，能够更好地引导学生的感知、探究、思考、迁移和应用，助力学生深度学习，从而促进核心素养的全面发展。

2.3.2 中学多语言教材使用案例

2.3.2.1 俄语教材使用案例

兰州市外国语高级中学的俄语课堂以人教版《义务教育教科书 俄语》为依托，注重以学生为中心。教师在教学过程中密切关注学生的课堂反馈，根据实际情况，循序渐进地引导学生掌握知识。

以该教材七年级上册第十四课“你住在哪里？”为例，该课的主要教学目标是培养学生用地道的俄语描述自己的生活和学习环境，并且让学生掌握与“居住地”相关的词汇和典型句型，理解名词第六格的变化规则，并了解俄语的书信格式。课堂上，教师主要采用主题式教学法。该课面向的学生仅学习了三个月的俄语，只能阅读简单的俄语文本，以及简单地归纳整理信息。因此，教师根据实际学情，将课程分为导入、讲授新课和课堂总结三个环节。

在导入环节，教师依托选择题帮助学生复习名词第六格的变化规则。每位学生持有四张分别写有A、B、C、D选项的小卡片，教师播放PPT，学生出示自己认为正确的选项卡。这种方式不仅可以使每位学生都参与其中，也能让教师及时检验学生的语法掌握情况。

在讲授新课环节，教师首先展示一封来自俄罗斯朋友的信，帮助学生梳理回信内容和书信格式。在完成课文知识点讲授后，教师布置思维导图任务，学生通过小组合作完成主题词汇思维导图的绘制。最后，小组推选一名学生代表，根据小组的思维导图介绍自己的居住地。

在课堂总结环节，教师引导学生以小组为单位，用关键词梳理课堂的核心内容（名词第六格变化规则、居住地词汇、书信格式），并选择学生代表分享。教师结合学生回答，在黑板上绘制知识框架图，帮助学生形成系统认知。

整堂课的教学环节安排合理，突出学生的主体地位，学生的课堂参与度较高。

2.3.2.2 日语教材使用案例

曲阜圣贤高级中学从2021年开始使用《新起点日语》系列教材，使用对象为日语高考生（高中二年级，2个班，共56人）。

《新起点日语》系列教材是依据《义务教育日语课程标准（2011年版）》和《普通高中日语课程标准（2017年版）》编写的，全面覆盖了以上课程标准要求的全部语言知识点。对于选用日语作为高考外语的学生，该系列教材覆盖生活、人文、社会、自然等内容，语料贴近现实生活，符合中等日语学习者的能力发展需求，精准满足日语高考生的考试需求。同时，其所配教辅也提供了详细的教学设计思路、能力目标、知识要点、教学内容等，助力教师更好地理解和使用教材，提升教学效果。

在教学设计上，该中学坚持以学生为中心，重视对能力和素养的“双培养”，引导学生利用有限的日语知识完成学习任务，提升思维能力和学习能力。课前，教师通过教材的板块设置，拆分预习任务，布置讨论话题，引导学生主动查阅、讨论和思考。课中，教师通过对单词、习题的讲解，引导学生更深入地理解单词和句型。在语法教学方面，教师通过教材构建的语法体系框架，依循其在教材中呈现的顺序逐一讲解重点和难点。

由于文章内容贴合学生生活，教师只需稍作引导，学生就能根据每课所学单词和语法去理解文章的主要内容，感受文章背后所传递的思想感情。课后，学生通过配套教辅，巩固所学单词、句型和语法等知识点，为更加深入的学习打牢基础。

2.3.2.3 德语教材使用案例

天津外国语大学附属外国语学校：探索多元化语言学习方法，调动学生积极性和参与度

天津外国语大学附属外国语学校依托外研版《普通中学教科书 德语》（必修C1），培养初中一年级学生的德语学习兴趣。学校教师积极探究多元化的语言学习方法，致力于帮助学生在学习难度、认知方式和学习习惯变化时，顺利过渡并适应。

以该教材中的第八课“有什么？”为例，该课介绍饮食文化，教学目标包括：掌握饮食相关词汇的读音和拼写，能够询问和陈述“有哪些食物”“喜欢哪些食物”和“要点哪些食物”；了解中德饮食习惯差异，提升跨文化交际能力；通过双人学习等合作形式提高团队协作能力和自主学习能力。教师通过贴近生活的话题和真实情境，推动学生习得语言知识，培养其交际能力，使学生“有得聊”并“愿意聊”。

课程分为单词学习、课文学习和新对话产出三个环节。在单词学习环节，教师通过PPT讲解、在线练习等形式以及图片匹配等题型，帮助学生熟悉德国早餐，并将其与中国早餐进行对比，进而融入跨文化学习。在课文学习环节，学生自主朗读新课文，教师讲解重点句型。在新对话产出环节，通过同伴练习，学生使用所学句型和单词创设新对话，并在课堂上演绎和写作，完成口语和写作的双重训练。整堂课程难度适中，可充分调动学生的积极性，提升其参与度，进而提高其学习效率。

太原市外国语学校：以《义教新课标》为核心指引，充分依托课标教材

太原市外国语学校以《义教新课标》作为教学的核心指引，充分依托外研版《普通中学教科书 德语》（必修G1）开展教学工作。在实际教学过程中，学校借助科学合理、设计丰富的教学活动，全方位地关注学生的成长与发展：一方面，着力于提升学生的德语语言能力，使学生能够熟练地运用德语进行交流；另一方面，高度重视学生文化意识的塑造以及思维品质的提升，致力于让学生在德语学习的过程中得到全面且均衡的发展，从而更好地适应现代社会对于综合性人才的要求。

以该教材中的第四课"我怎么识别虚假消息？"为例，教师在教学伊始，组织学生精读文本。在精读过程中，教师鼓励学生认真标注阅读时遇到的语言难点以及理解文本时产生的各类问题。教材提供了一系列外在活动形式的练习，这些练习的核心目的在于帮助学生更加深入、透彻地理解德语表达蕴含的深刻意义。在精读环节结束之后，教师通过巧妙地设置以下三个具有针对性的问题来实现该核心目的：其一，深入探究为什么会存在虚假消息；其二，全面剖析虚假消息究竟存在哪些潜在的危险；其三，结合生活实际思考在日常生活场景中应当如何有效地识别虚假消息。借助对这些问题的深入思考与解答，学生能够从语篇中精准地获取关键信息，并逐步理解德语背后潜藏的深层意义及其所承载的独特文化价值。通过参与这一系列教学活动，学生在语言能力得到显著提升的同时，信息辨别方面的思维品质以及文化意识也得到了极大的提高。这一系列教学活动进一步推动了德语学科四大核心素养的有机融合与综合发展，为学生的未来发展奠定了坚实的基础。

2.3.2.4 法语教材使用案例

济南外国语学校高中法语课堂以外研版《普通中学教科书 法语》系列教材为依托，以核心素养为导向，以培养学生跨文化沟通与交流的意识和能力为目标，在教学中凸显育人价值，促进语言、思维、文化和学习能力的融合发展，最终达到“知行合一”的育人目的。

以该教材必修III上册的第四课“吃饭啦！”为例，该课主要探讨“早餐的重要性”和“早餐吃什么”两个话题，旨在教授学生如何在交际中与他人讨论日常饮食以及如何就“健康饮食”提出建议。学生学习有关饮食的词汇与表达，学会在对话演练中根据人物的情感选用合适的语音和语调来表达看法、提出疑问和征求意见，加强法语口语表达能力。该课的教学目标是培养学生交流日常学习和生活的习惯，增强学生主动交流的信心。教师将该课分解为回顾、导入、新课、反思四个环节，营造轻松和谐的课堂气氛。

在回顾环节，教师通过提问的方式检查饮食相关的词汇储备、动词用法和表达，以了解学生对所学知识的掌握程度。在导入环节，教师会通过“你吃了什么早餐？”“你为什么不吃早餐？”“你为什么选择这样的早餐？”等一系列问题与新课内容关联，带动学生积极思考，引导他们走进新话题。在新课环节，教师首先让学生盲听两遍课文，完成课后练习（如判断正误）；然后，查看学生完成情况并询问听、答环节中学生遇到的疑问（如生词、难句等）；随后，带领学生学习课文，讲解重点词汇、表达，强化语法知识的理解与练习；最后，要求学生完成产出型练习，分小组进行课堂展示，并进行小组互评和教师评价，鼓励学生团结合作，集思广益，积极表达。反思环节主要由教师完成，即教师通过回顾整个课程状况，结合学生的课堂反应、作业完成情况，发现问题、反思问题出现的原因，然后思考并提出针对性的改进策略。

2.3.2.5 西班牙语教材使用案例

北京市古城中学：合理安排教材使用，落实学科核心素养

北京市古城中学西班牙语课堂以外研版《普通中学教科书 西班牙

语》系列教材为依托，充分利用三年的外语课程，合理安排教材使用，落实西班牙语学科四大核心素养，培养具有国际视野的西班牙语人才。

以该教材必修I上册的第十五课和第十六课为例，这两课的话题都是庆祝节日和介绍特色食品。第十五课的圣诞节、第十六课的春节，分别为西方国家和中国最重要的节日，是中西文化对比的重要内容。教师将两课结合起来讲解，不仅让学生了解圣诞节和春节的重要性和独特性，还能够使学生更深入地了解西方文化和中华文化，思考两个节日的异同，培养跨文化交际意识，增强文化自信。

课堂分为阅读理解和拓展思考两部分。首先，教师将两课课文作为阅读练习，让学生提炼出圣诞节和春节的时间、重要节点、习俗、代表食物，并将其填入对比表格，熟悉其西班牙语表达方式。在分析课文的过程中，教师还讲解了形容词等语法相关内容。随后，教师播放两个视频。一个是在西班牙街头采访路人如何庆祝圣诞节的视频，学生可以通过受访者的回答了解圣诞彩票、圣诞歌曲等圣诞节习俗。另一个是阿根廷庆祝中国年的视频，介绍舞龙、舞狮等春节习俗，帮助学生感受中国文化，尤其是春节在国外的影响力，增强民族自豪感和文化自信。最后，教师通过提问“春节和圣诞节有什么异同”引导学生从起源、不同地方特色的庆祝形式、家庭观念等方面思考，并鼓励学生用简单的西班牙语进行表达，达到口语交际的目的。通过对比学习，学生们能够有意识地进行文化对比，并尝试用西班牙语介绍中国文化。

深圳外国语学校：以教材为基础，设置不同活动激发学生学习兴趣

深圳外国语学校西班牙语课堂以外研版《普通中学教科书 西班牙语》系列教材为依托，设置不同活动激发学生学习西班牙语的兴趣，提升学生综合素质，着力发展核心素养，使学生具有理想信念、社会责任感、科学文化素养、终身学习能力、自主发展能力和沟通合作能力。

以该教材必修IV第一册第一课“我想成为志愿者”为例，该课主题为志愿者活动，语法点为陈述式现在完成时。对于高中一年级学生来说，该课话题贴近学生生活，教师能够结合实际，将其与学校对公益时长的要求相联系展开教学。教材通过A Sembrar（播种）、A Cultivar（耕作）、A Cosechar（收获）三个模块，循序渐进地引导学生认识志愿者活动的内涵与外延，加深其对志愿者活动含义的理解，培养学生的社会责任感，使其形成正确的社会价值观。A Sembrar模块以志愿者活动为主题，通过对话和议论文的语篇形式，引导学生理解志愿者活动的含义和了解加入志愿者社团应满足的条件，该模块同时也关注中学生的听力理解与阅读理解技能培养。A Cultivar模块通过解析陈述式现在完成时等语法点，提供与前一模块重点词汇用法不同的例句，帮助学生积累语法与词汇的基础知识。A Cosechar模块通过课后练习，帮助学生巩固该课所学的语法、词汇等知识：口语活动以"报名冬奥会志愿者"为语境，引导学生就"成为一名优秀志愿者的必要条件"和"志愿者活动的含义"发表看法；练习设置"我为人人，人人为我"的开放性任务，帮助学生综合课堂所学，对主题进一步探讨与思考，培养学生探究性学习与合作性学习的能力。三个模块目标清晰，层次分明，主题突出，关注学生不同语言技能的培养，全方位锻炼学生的西班牙语综合能力。

教师将该课分解为导入、课堂问答、课堂讨论与展示、课堂总结与布置课后作业四个环节。在导入环节，教师展示深圳外国语学校义工在三十周年校庆与体育节活动上的照片，让学生简单分享校内或校外的志愿者活动经历。通过照片展示，活跃课堂气氛，激发学生兴趣，调动其积极性，推进教学进度；通过联系实践活动，导入"志愿者活动"这一话题。在课堂问答环节，教师通过提问、图片展示、视频播放和讨论等方式，让学生思考并总结志愿者活动的含义、志愿者的必备条件、志愿者活动类型及活动场地、志愿者活动的动机及其对个人和社会的意义。教师通过设置一系列问答，让学生对志愿者活动有系统性的认识与见解，锻炼学生的听力能力，由浅入深地引导学生对志愿者活动这一主题进行思考与探索，提升学生的归纳概括与口语表达能力。在课堂讨论与展示环节，教师将学生分为五个小组，对以下三个不同话题进行讨论：

1）如何理解“¡El voluntariado tiene premio!”（予人玫瑰 手有余香！）这句话；

2）如何处理学习与志愿者活动之间的关系；

3）在深圳外国语学校的高中阶段，所有学生必须完成50个公益时长。你将如何分配？

讨论完毕后，每组选择一名代表进行总结展示。通过组内讨论和班内展示，加强学生的团体合作意识，培养学生的发散性思维能力、结合生活实际进行口语表达的能力以及演讲能力。在课堂总结与布置课后作业环节，教师回顾该课有关志愿者活动的知识，布置如下课后作业：选择课堂讨论的三个话题之一完成一篇100词—150词的小作文。课堂安排紧凑，重点和难点明确，气氛活跃。

2.4 中小学外语教材教师培训

2.4.1 中小学英语教材教师培训

2.4.1.1 修订版小学英语教材教师培训

2024年秋季学期，义务教育阶段起始年级各个学科全面启用根据《义教新课标》修编的新教材。将《义教新课标》理念转化为教学实践，进一步提升外语教师教研能力及课堂施教能力，确保新教材的有效使用是2024年各大出版机构教师培训的主旋律。系统化、针对性的培训可为教师搭建高效的学习与交流平台，推动《义教新课标》理念在课堂中的落实，提升教师专业素养，助力小学英语教学质量全面提升。

1） 外研社

2024年，外研社按照“调研先行、统筹规划、按需培训、精准施训”的工作思路，通过全国集中、跨区域联合、定期回访调研、因需下沉区县等多种培训方式，有效整合资源，提升培训实效。参训人员涵盖所有教材使用区。

1月11日和4月27日，外研社义务教育阶段外语教育教学研讨会分别在海南省海口市、北京市举办。研讨会以“建设教育强国，夯实基础教育”为主题，邀请全国英语教育领域专家、教研员及各地优秀骨干教师参加，共同探讨新教材在全国各区域落地的方法和路径。

2024年，外研社在Unischool教师发展平台推出了“外研版义务教育阶段修订版教材解析与单元解读”系列在线课程。该系列课程覆盖小学、初中两个学段，涵盖教材解析、单元解读、教学建议、课例分析、配套资源介绍等方面内容，旨在更好地帮助教师把握外研版新修订教材的设计理念，了解教材特色和结构特征，掌握教材的教学重难点，并提供使用建议。

2）人教社

为深入贯彻党中央关于加强教材建设和管理的有关精神，落实教育部关于使用新教材的全体任课教师“先培训，后上岗”的有关要求，人教社于8月20日—27日开展了“人教版义务教育阶段新教材网络培训”。培训内容包含新教材整体情况介绍，新旧教材变化对比，起始年级上册主要内容解析、教学指导及实施建议等。同时，为确保新教材顺利落地并有效使用，人教社组织培训专家调研地方教育现状、对接地方需求，设计出贴合实际、针对性强的培训课程，有效帮助一线教师及教研员全面提升对新教材的理解和应用能力。

此外，为进一步分享优秀教研教学经验，促进全国一线教师之间的互相学习与交流，人教社于2024年开展“人教云教研”活动。在该活动举办期间，人教社面向一线教师和教研员征集优秀实践案例、心得体会、收获与建议，并择优在“人教教材培训”微信公众号上发布。

3）北京师范大学出版社（以下简称“北师大出版社”）

5月12日和11月16日，“北师大版小学英语新教材教学研讨会”在天津市、河南省南阳市分别举办。研讨会由北京师范大学基础教育教材编委会、北师大版小学英语教材编写组和北京师范大学出版集团联合举办，以“用好新教材，落实核心素养培养目标”为主题，聚焦新版教材的使用，吸引了来自全国各地教材使用地区的教研员和骨干教师参会。

此外，北师大出版社还于10月和12月开展了两期在线主题培训。内容聚焦在新教材使用过程中，如何深入理解教材内容、准确把握教学要求，以及如何在充分解读、分析、整合单元教学资源的基础上，围绕目标整体规划并设计系列教学活动，从而促进学生核心素养的形成与发展等。

4）译林出版社

7月和12月，江苏省中小学教学研究室先后两次与译林出版社在南京联合举办了《英语》教材的线下培训会，旨在帮助教师深入理解新课程标准，把握教材特点，并通过课例研讨提高教学实施水平。此外，译林出版社还联合南京、淮安、徐州三地教研室举办了小学英语联合教研活动，通过区域合作和资源共享，提升小学英语教育质量。

在线培训方面，5月—6月，译林出版社推出线上新教材培训，介绍新教材编写理念、结构体例和配套资源。此外，译林出版社借助“译林云教研”平台，为教材使用区的教师提供系统化的教材培训和丰富的教学资源，同时强调教学课程中学生主体性的体现，鼓励互动和合作学习，增强教学的实用性和互动性，为教师的专业发展提供了有力支持。

2.4.1.2　修订版初中英语教材教师培训

为全面落实《义务教育英语课程标准（2022年版）》精神，助力初中新教材的使用，各出版机构在2024年组织了多层次、多形式的培训活动。培训以解读《义教新课标》理念、剖析教材特点、优化教学设计为目的，围绕主题意义探究、单元整体教学、“教—学—评”一体化等内容，通过专家讲座、课例研讨等形式，帮助教师深入理解教材设计理念，提升教学实践能力。

1）外研社

外研社围绕初中英语新教材的落地实践，于2024年举办百余场线上、线下教材培训，实现教材使用区教师全覆盖。

自2024年春季以来，外研社开展多场以落实《义教新课标》精神、介绍新教材理念为主题的培训。进入暑期之后，外研社在北京、天津、四川、广东、安徽、贵州、宁夏回族自治区等地举办培训，通过教材解析、教学建议、课例示范及研讨等形式提升教师理解教材、使用教材的能力。秋季学期开学后，外研社深入各教材使用地区，组织了近百场线上、线下培训。培训以教材使用案例为载体，理念解读与教学实践相结合，专题学习与互动研讨相结合，集中学习与跟踪指导相结合，通过专家讲座、案例剖析、研讨交流等形式推动《义教新课标》理念在初中课堂的落实，以期达成转变育人方式、提升英语教育教学理念、推动义教英语教学高质量发展的目标。

学期过半，外研社在多地组织教材回访，了解教材使用情况，解决教学困难，为教师们指点迷津、答疑解惑，进一步落实课堂教学的有效性。外研社尤其关注2024秋季学期新增教材使用地市的教材衔接过渡，针对这些地区实施两轮，甚至三轮培训，多维度提供教学服务支持，形成了标准化服务方案，并与新增教材使用地市的教研员建立长效教学沟通机制。

2）人教社

7月—8月，人教社分别在陕西、安徽、浙江、江西开展了新教材省级培训，系统解析新教材内容与教学实施建议，为教师提供深入学习新教材的机会，助力各地新课程的顺利实施。

此外，人教社组织的“人教云教研”系列活动贯穿全年。上半年，培训内容主要聚焦视听说教学和写作教学，探讨如何在主题意义探究的过程中培养学生的自主学习能力和思维品质。10月和12月，人教社分别针对阅读教学和项目活动课进行课例展示与教学设计解析，帮助教师深入理解教材设计，改进课堂实践。此外，7月19日启动的“人教强师计划——义务教育新教材教学实践专业提升”项目，提供以3年为周期的伴随式教研服务，帮助教师解决新教材使用中的实际问题。

3）北师大出版社

北师大出版社通过形式多样的培训活动，帮助教师深入理解教材理念，提升教学质量。11月18日，“2024年北师大版初高中英语教材交流研讨会”在广东省佛山市举办，与会专家和教师代表围绕如何将课标理念落实到课堂实践展开深入探讨。11月29日，“2024北师—海南外语基础教育论坛——北师外文携手海南省共促义务教育段英语新教材实践公益活动”在海南中学举行，课堂展示及专家点评为教师提供了鲜活的教学案例，帮助教师更好地理解教材文本和活动设计。

此外，北师大出版社还举办了多场线上培训活动，内容涵盖初中新教材的语篇教学、读写结合、听说结合等主题讲座，以及针对单元整体教学的课例分享，帮助教师理解教材设计意图和教学重点。

4）译林出版社

译林出版社通过线上线下培训活动助力初中英语新教材的使用。5月—6月，“译林云教研”活动围绕新教材编写理念及教学策略，结合单元研讨课例，探讨Extended Reading板块教学及单元主题阅读教学设计等内容，帮助教师理解教材设计与教学重点。12月25日的云教研活动结合课例，分享单元主题探究设计及整体教学路径。

线下培训方面，12月17日的南通观摩活动聚焦“初中英语Project教学实践研究”，展示课例并探讨如何通过创新设计提升教学育人价值。

12月20日—21日，“新形势下的英语教材研究与教学研讨会”在南京举办，探讨英语教育教学的新理念与新趋势。

此外，7月下旬，江苏、安徽两省举办了新教材省级培训，线上线下同步进行。培训通过专家讲座、研讨课观摩与点评等形式，系统解读《义教新课标》与教材变化，播放研讨课例并提供教学指导，为一线教师明确新教材的教学方向。

2.4.1.3 高中英语教材教师培训

2024年全国各主要版本的高中英语教材出版机构通过线上线下相结合的方式，聚焦新课程、新教材和新高考，围绕教师专业发展和教学质量提升，开展了多层次、全方位的培训活动。培训注重理论与实践结合，通过优秀课例分享、教学经验交流等形式，帮助教师解决实际教学问题，综合提升英语课堂效率。总体而言，2024年的高中外语教材教师培训以教师需求为导向，以教学质量提升为目标，为新课程改革和高考改革的顺利实施提供了有力支持，为高中外语教育的持续发展奠定了坚实基础。

1）外研社

2024年，外研社围绕《英语》（新标准）高中修订版教材，举办了百余场线上线下培训，近十万一线英语教师参加培训。

线上培训方面，外研社结合近五年各地高中英语新课程的实施和新教材的使用情况，开展了主题为“以学生发展为本，打造朴实高效英语课堂”的系列培训。来自黑龙江、青海、山西的教研团队分别从高中各年级的阶段目标出发，分享课例，并作新课程经验分享。此外，随着各省（区、市）陆续进入新高考，外研社于3月和4月举办两期“新高考背景下高考英语复习备考研讨会”，邀请来自深圳、北京的教研团队，围绕新高考听力、阅读、写作的备考策略展开交流研讨。7月，外研社先后组织山西、山东的教研员和北京等地的一线名师，针对2024年新课标一卷和二卷，通过公众号文章和短视频的形式，分析试题特点和命题趋势。

线下培训方面，外研社持续深化与各地区教育行政部门的合作，精准把握各地教师的个性化培训需求，量身定制高效、专业、实用的培训方案，以适应不同地区的实际情况。同时，外研社积极为各地举办的课堂教学展示、教学能力提升研讨会等活动提供学术支持，促进当地英语教育质量的提升。

2）人教社

人教社通过“人教教师培训服务平台”“人教高中教学参考”“人教教材培训”等线上平台及微信公众号，持续为教师提供高中统编教材和人教版教材的解读服务，同时涵盖高中教学指导、高考备考策略及家庭教育方式等内容。2024年，人教社聚焦教材研读与教师发展，通过组织“2024年‘人教云教研’学习心得征集活动”，收集基础教育学段全学科的优秀课例和实践成果，重点关注“在跨学科实践活动中落实学科核心素养”的相关案例与成果。

3）北师大出版社

2024年，北师大出版社通过“京师教育资源网”举办了七场高中英语教材线上培训，为使用北师大版教材的教师提供了有力的教学支持，助力学生核心素养的培养和学科育人目标的实现。培训内容涵盖高中英语教材解析及课例指导、英语学科育人主题和成果展示交流、语篇研读与教学设计实践，以及基于深度学习的高三英语二轮复习备考策略等。同时，针对甘肃、河南、广东等地，北师大出版社开展了线上线下结合的教学专题培训和教师能力提升活动，进一步满足区域教学需求。

此外，北师大出版社在2024年推出了十期“北师大版高中英语线上微讲堂”系列微课，邀请全国范围内使用北师大版教材的骨干教师参与。微讲堂聚焦教师日常教学中遇到的实际问题，分享教学经验与方法，提供实用性强的教学策略，帮助教师更好地落实高中新课标理念，充分发挥教材优势，提升课堂教学效果。通过多层次、多形式的培训活动，北师大出版社有效助力了教师专业发展和高中新课标理念落实。

4）译林出版社

2024年，译林出版社以“高中英语高效教学及备考策略”为主题，连续五个月开展高中英语教材在线培训活动。该系列活动邀请高校专家、教研员和一线名师分享高考备考、词汇教学、语法教学、阅读教学等方面的丰富经验和独到见解。

此外，译林出版社还于1月推出了“译林英语共读营（高中营）”活动，旨在满足高中学生对英文书籍阅读的需求，丰富寒假生活。该活动通过名师带读形式，陪伴学生阅读优秀英文书籍，帮助他们在阅读中快乐成长。译林出版社关注教师和学生的需求，在提升高中英语教材的使用效果和教育教学质量方面作出了显著贡献。

2.4.2 中学多语言教材教师培训

2024年各语种课标教材出版后，全国范围内多家出版机构和教育文化机构举办了多场面向各语种学校和教师的培训活动。

外研社于8月7日—8日在北京举办了“2024全国基础教育阶段多语种学科建设与教学发展研讨会暨中学德语、法语、西班牙语课标教材发布会”。研讨会由北京外国语大学指导，全国基础外语教育研究培训中心多语种教育发展分中心、全国中等日语教学研究会共同主办，外研社承办。会议以“新课标 新教材 新课程”为主题，围绕教育教学改革、课程建设与创新发展、教师能力提升与发展路径、多语种课堂教学创新实践等教育发展重点话题展开权威解读与深入探讨，从宏观、中观、微观多个维度探索基础外语教育阶段多语种教育高质量发展的方向与目标、实践与路径，助力各校准确理解国家教育政策，全面落实国家人才培养要求。来自全国200余位外语教育专家、中学校长、多语种学科教研员和一线教师参会。

人教社于4月、6月、10月和12月举办“人教云教研”线上教研活动，邀请中学日语、俄语一线名师对中学教师进行线上培训。通过培训，教师们能够更有效地将新课程标准的理念融入日常教学，创新课堂教学方法，注重培养学生的核心素养和综合能力。同时，活动鼓励教师探索多种教学资源，灵活运用教材，促进学生的持续学习和发展，确保新课标要求在实际教学中得到切实的体现和落实。

7月13日—15日，华南师范大学外国语言文化学院举办了“2024年中学日语、俄语教师发展研修班”。研修班包括资深专家讲座、说课展示及专家点评、教学设计工作坊等。该活动深度聚焦中学日语、俄语课程与教材研究的前沿探索，精准对接一线需求，为教师搭建了交流和发展的平台。

8月22日—23日，内蒙古自治区赤峰市教育局主办的“赤峰市日语、俄语教师集中培训会”在赤峰市举行。全市68名日语和俄语教师参加了培训。来自北京师范大学、长春外国语学校和黑龙江省教师发展学院俄语教研室的专家学者举行专题讲座，聚焦课标解读、高考备考策略和高中阅读能力训练。参训教师开展集体备课和说课展示。该培训成功建立了赤峰市多语言教学教师的互动平台。

11月22日，由徐州市教育科学研究院主办，外研社承办，沛县教师发展中心和沛县歌风中学协办的“徐州市高中日语、俄语新教师培训”在徐州举办。培训旨在提升徐州地区多语言授课教师的教学能力和综合素养。

2.4.2.1 中学俄语教材教师培训

4月10日，“河南省俄乌白教育国际合作联盟高中联盟第二届年会暨2024年河南省高考俄语学科备考会”在延津县举办。在俄语学科备考会现场，来自全省36所高中的90名俄语教师观摩了优秀教师的观摩课，共同探索了高三备考策略。该活动为俄语教师提供了学习交流的平台，促进了教师专业水平的提升，为俄语教学注入新动力，并为进一步促进各高中俄语教学资源共享和共同发展奠定了基础。

4月27日，外教社组织了“全国中学俄语教师线上公益培训：新高考背景下的中学俄语教学”。培训邀请了中学俄语教育领域专家学者、俄语课标组重要教师及一线骨干教师，聚焦新高考背景下的俄语教学改革及备考策略等重点议题。

6月29日—30日，由东北师范大学、北京师范大学和俄罗斯莫斯科国立大学联合举办的“新时代·新课标·新思维：中学俄语教学国际研讨会”在长春举行。研讨会以“中俄文化年”和中俄建交75周年为契机，旨在探讨新时代俄语课程教学改革面临的新形势、新任务、新使命，以及新课标理念的落实路径。来自中国、俄罗斯、哈萨克斯坦、亚美尼亚等国家的近50所教学及研究机构的100余名代表参加了会议。

7月15日—18日，人教社在长春外国语学校举办了“人教版《义务教育教科书 俄语》（初中）教材培训会”。来自长春外国语学校、广州开发区外国语学校、济南外国语学校的共五位一线教师进行了说课分享。培训帮助全国广大教研员和教师更好地理解新教材如何落实课程标准的要求，把握新教材的内容、体系和特点，为用好新教材打下了坚实的基础。

7月29日—8月1日，由黑龙江省俄语学会主办，黑龙江大学俄语学院承办的首期“中学俄语教师专业技能暑期培训班”在哈尔滨举办。来自全国各地的近30名中学俄语教师参与了培训。培训分为专家讲座和圆桌会议两个环节，围绕新型俄语课堂教学、中学俄语教学策略和写作能力培养等专题展开探讨。其中，圆桌会议组织高校和中学教师共同讨论中学俄语教学理论与实践，分享教育经验，为中学俄语教育赋能。

2.4.2.2 中学日语教材教师培训

3月，外研社举办了“2024年高考日语综合改革专题培训”。该培训为线上形式，内容包括“新题型试题特点”“新题型教学方法”“新题型备考规划”和“新题型实战演练”四个板块，针对高考日语新题型试卷进行分析与讲解。

4月，由中等日语课程设置校工作研究会主办，华东理工大学出版社和卡西欧（中国）贸易有限公司协办的“中学日语大讲堂”线上直播讲座举行。讲座以“高考日语改革写作教学指导策略”为主题，围绕新高考日语背景下如何指导学生练习写作进行了讲解。

7月2日—5日，人教社在广州外国语学校举办了“2024年人民教育出版社《义务教育教科书 日语》教材培训会暨中学日语教师研修会”。来自25个省（区、市）的专家学者，约300名省市级日语教研员和骨干教师参加了会议，讨论义务教育阶段日语新课标、新教材和日语教育新理念、新实践。新教材培训以专题讲座、新教材介绍及教学建议分享、试教试用汇报、公开课展示、教学设计工作坊等多种形式展开。该培训会作为新版《义务教育教科书 日语》的首场培训会，帮助广大中学日语教师了解、熟悉新教材，进而更好地使用新教材开展教学。同时，中学日语教师研修部分的内容也助力了与会教师专业素养的提升，实现了教材为基、专业引领。

11月，外研社举办了“新题型背景下2025届高考日语三轮复习策略专题研讨会”。研讨会采用线上形式，聚焦“高考日语三轮复习”，邀请多位日语界专家，与来自全国20多个地区的2,000余名高中一线日语教师共同探讨如何高效进行三轮复习。

2.4.2.3 中学德语教材教师培训

3月30日，外研社举办了“2024年高考德语备考对策专题培训”。培训积极响应1月份发布的《2024年高考综合改革适应性测试：德语科新课标试卷、专家解读及问卷调查》，邀请了义务教育（德语）课程标准修订组专家和中学德语一线骨干教师，为高三备考教师提供了针对性强的备考策略和教学建议。培训内容涵盖了新课标背景下的命题方向、新题型特点分析、教学重难点把握以及高效复习方法等。培训不仅为高三备考教师提供了专业指导和教学资源，也搭建了充分交流与学习的平台，促进了全国中学德语教师的专业发展。

2.4.2.4 中学法语教材教师培训

4月13日，外研社举办了“2024年高考法语综合改革方案专家解读及备考对策专题培训”。培训积极响应1月份发布的《2024年高考综合改革适应性测试：法语科新课标试卷、专家解读及问卷调查》，邀请了义务教育（法语）课程标准修订组专家和中学法语一线骨干教师，为高三备考教师提供了针对性强的备考策略和教学建议。

4月27日，外教社组织了“全国中学法语教师线上公益培训：新高考背景下的中学法语教学”。培训邀请了中学法语教育领域专家学者、法语课标组重要教师及一线骨干教师，聚焦新高考背景下法语教学改革及备考策略等重点议题。

2.4.2.5 中学西班牙语教材教师培训

3月16日，外研社举办“2024年高考西班牙语综合改革方案专家解读及备考对策专题培训”。培训积极响应1月份发布的《2024年高考综合改革适应性测试：西班牙语科新课标试卷、专家解读及问卷调查》，邀请了义务教育（西班牙语）课程标准修订组专家和中学西班牙语一线骨干教师，为高三备考教师提供了针对性强的备考策略和教学建议。

北京外国语大学西葡语学院全国西葡语教师发展中心充分发挥平台作

用，在7月和8月分别以线下和线上形式主办了“2024年全国中学西班牙语青年教师教学研修班（第一期）”。通过专家讲学、先进示范、同行交流等方式，提升西班牙语教师的教学能力，分享教学资源与信息，促进教师全面发展，进一步提高人才培养质量。

第三章 职业院校外语教材建设

2024年7月，中国共产党第二十届中央委员会第三次全体会议审议通过了《中共中央关于进一步全面深化改革 推进中国式现代化的决定》，提出要“加快构建职普融通、产教融合的职业教育体系”。

9月，在全国教育大会上，习近平总书记指出，“要统筹实施科教兴国战略、人才强国战略、创新驱动发展战略，一体推进教育发展、科技创新、人才培养”“构建职普融通、产教融合的职业教育体系，大力培养大国工匠、能工巧匠、高技能人才”。

同年，职业教育围绕“构建职普融通、产教融合的职业教育体系，大力培养大国工匠、能工巧匠、高技能人才”这项主要任务，科学部署、扎实推进各项工作，为教育强国建设谱写职业教育崭新篇章。职业教育“五金”（金专业、金课程、金师资、金基地、金教材）建设作为职业教育教材的重要依托，服务教育高质量发展和教育强国建设，建成了一批校企联合开发、产教融合特征明显、体现协同育人、彰显类型特色的现代优质教材。

3.1 职业院校外语教材相关政策

2024年3月，教育部职业教育发展中心发布《关于“十四五”职业教育国家规划教材修订备案工作的通知》，要求已修订的、版次和书号发生变化的“十四五”首批职业教育国家规划教材提交教育部审核备案。通过备案的修订教材可继续使用“十四五”职业教育国家规划教材标识。

4月，教育部职业教育发展中心下发《关于编制〈2024—2025年度职业教育教材信息汇编〉的通知》。通知指出，出版单位应组织思政、美术、行业企业以及专业（学科）等不同方面的专家（专家总数不少于5位），对拟进入《2024—2025年度职业教育教材信息汇编》的修订教材进行严格审核，严把教材思政关和质量关，按要求将教材审核意见PDF版上传国家职业教育智慧教育平台教材资源中心备查。

3.2 职业院校外语教材出版概况

2024年，职业教育外语教材出版围绕构建职普融通、产教融合的职业教育体系，根据外语学科特点，出版了一批高等职业教育专科、本科外语教材。高职专科英语教材依据《高等职业教育专科英语课程标准（2021年版）》（简称《高职英语新课标》）编写或者修订，坚持落实立德树人根本任务，注重发展学生学科核心素养，践行产教融合，突出职业特色。高职本科英语教材在坚守职业教育类型定位的基础上，积极探索职普融通的大学英语教学特点。

3.2.1 职业院校英语教材

3.2.1.1 中职英语教材

2024年，中等职业院校公共基础课英语教材2023年修订版本全面投入使用。本年度教材没有新增，部分教材的配套数字资源在进一步丰富和优化。

3.2.1.2 高职英语教材

1）紧扣《高职英语新课标》，发展学科核心素养

为适应我国高等职业教育发展新形势，满足新时期人才培养需求，2024年，各出版机构依据《高职英语新课标》，立足高职公共英语教学实际，围绕四项学科核心素养，再版经典教材。再版内容呈现出以下共同特征：以“职场涉外沟通”为中心设置学习任务，以“多元文化交流”为导向丰富素材选取，采用贴合学生兴趣及社会热点的练习助力“语言思维提升”，借助打通课堂内外的教材开发模式促进“自主学习完善”。例如，外研社出版的《新技能英语》（第二版）在选材方面着重体现文化多样性，多维度展现人类优秀文明成果，使学生在阅读过程中拓宽国际视野，增进文化认同，坚定文化自信。外研社出版的《新视野英语教程》（第四版）对标不同学段语言技能要求，以多样化的练习盘活语言知识，在提升学生语言应用能力的同时，实现其思维能力、道德修养与文化素质的同步提升。外教社出版的《高职国际英语 进阶综合教程》（第二版）聚焦职场典型工作任务，培养学生在职场情境中运用英语解决实际问题的能力，提高职场涉外沟通能力。

2）响应党的二十大精神，增强思政引领力

为深入贯彻党的二十大精神，进一步落实立德树人根本任务，2024年，各出版机构立足时代需求，坚持育人为本，将中华文明精髓有机融入教材，持续发挥教材铸魂育人实效，为学生终身发展筑牢根基。例如，外研社出版的《新时代职业英语 通用篇》（第二版）以党的二十大精神为指引，在第一版基础上进一步优化主题、丰富选材、更新思政板块、完善活动设计、补充教学素材，将课程思政全面融入英语教学。北京语言大学出版社的《新航标职业英语》（第四版）在各单元增设Focus on China板块，同步配备思政视频，使思政元素的呈现更加生动、直观且富有感染力。中国人民大学出版社的《新实用英语》在各单元加入中英文对照的中华经典诗词赏析，弘扬中华优秀传统文化，并附有提示内容，引导学生从中领会并践行党的二十大精神。

3）突出职业特色，提升人才竞争力

为适应新一轮科技革命和产业变革需要，助力实现高质量充分就业，2024年，各出版机构基于高职院校英语课程设置，不断探索研发专业英语教材，凸显职业教育特色，精准对接职业岗位需求，深化产教融合。例如，外研社出版的《新时代职业英语 专业篇》是国内首套“1+19”体系高职专业英语教材，截至2024年，已实现“19个专业大类”全面覆盖，其内容紧跟产业发展趋势和人才培养需求，涵盖行业常见话题、典型工艺及真实场景，强化实习实训。外研社出版的《航空服务英语口语教程》通过模拟实际工作情景，引导学生练习并掌握民航服务所需的各种口语表达方式，满足社会对具备较高英语口语水平的高素质民航服务人员的需求。高教社出版的《沉浸式职业英语》基于工作过程构建教材内容体系，围绕个人职业成长构建教材逻辑主线，并创新采用活页式设计，拓展学习时空。

4）创新数字教材，强化科技支撑力

在教育数字化转型背景下，打造数字教育新引擎，以教育数字化推动教育现代化，已然成为职业教育发展的重要方向。2024年，各出版机构在延续经典教材优势与特色的基础上，着力开发数字化教学资源、搭建在线教学平台、打造新形态教材，推动数字技术与英语教学深度融合，积极构建数智化教学新生态。例如，外研社出版的《新职业英语》（第三版）（VR版）和《新生代英语》（第三版）（VR版）将虚拟现实技术与英语学习相结合，借助与单元主题紧密关联的VR课程，为学生营造互动性强、参与感高、可沉浸式体验的英语学习环境。高教社出版的《先声英语》配备二维码音视频资源，可通过扫码迅速实现内容听、看；配备iSmart数字平台，便于开展混合式教学。复旦大学出版社的《21世纪实用英语》（第四版）同样以二维码的形式呈现教材配套音视频，并配有“i学”移动学习平台，助力智慧教学。

5）坚守类型定位，探索职普融通

为满足经济社会发展对职业教育的更高要求，契合我国职业本科院校人才培养需要，2024年，各出版机构积极投身职业本科教材建设，重点关注教材实用性与创新性，精心打造一系列高质量职业本科教材，持续推进外语教学改革创新以及新时代外语人才培养模式创新。例如，外教社出版的《新世纪大学应用英语》注重提高学生的语言应用能力、学习策略和综合文化素养，选材内容兼具时代性、人文性与实用性，彰显应用特色。高教社出版的《先声英语》（职业本科）采用“语言技能运用+实战演练”的框架结构，促进学生有效参与，提升其独立思考、团队协作及创新思维能力，更好地满足学生职业发展需要。

3.2.2　职业院校多语言教材

为贯彻落实职业教育法，实施好专业目录，便于办学主体和社会各界更加准确地了解职业教育专业人才培养的基本内容，教育部于2022年在《职业教育专业目录（2021年）》的基础上修订并印发了《职业教育专业目录（2022年修订）》。2024年，各大出版机构紧扣《职业教育专业目录（2022年修订）》的培养要求，积极出版了15种高职日语类教材，出版方向涉及基础日语、商务日语和应用日语。

在基础日语教材出版方面，4月，大连理工大学出版社出版了《综合日语1》（第5版）、《综合日语2》（第5版）和《综合日语3》（第5版），这些教材在保留前一版特点的基础上进行了修订，新增了思政元素，把中华优秀文化和当代中国的发展成就与语言学习有机结合，旨在帮助学习者更好地理解中国话语体系的基本逻辑，掌握中国故事的叙述框架。5月，旅游教育出版社出版了《基础日语教程》的第二册和第三册，这些教材根据高职日语专业的教学需求和实际情况编写，注重培养学生的语言能力和跨文化交际能力。

在商务日语教材出版方面，4月，外研社出版了《日语商务公文写作》，该教材编写突出“实用性”和“人文性”的有机融合，介绍了常见商务公文的写作要点和各种商务场景下的写作要求，旨在帮助学习者掌握商务日语写作技能，提升跨文化交际能力和思辨能力。1月，同济大学出版社出版了《商务职场日语》（第2版），该教材遵循“实用性、实践性和以学生为主体”的编写原则，以培养学生职场日语交际能力为目标，将学生置于模拟工作环境中，培养其在涉外交流活动中的语言综合技能。8月，大连理工大学出版社出版了《商务日语听说教程》，该教材遵循“工学结合，知行合一”的教学理念，模拟实际外贸运转模式进行编写，贯彻“以学生为中心、教学做一体化”的教学方针，旨在通过实际操作任务帮助学生掌握岗位技能，提升日语沟通能力和商务实操能力。同月，同济大学出版社出版了《商务日语写作》，该教材设置了实际的商务场景，依托场景分章节编写，便于学生在学习的过程中更好地代入、想象、理解和应用，从而帮助学生在掌握写作技能的同时，加深对日本商务礼仪的理解。华中科技大学出版社也于同月出版了《跨境电商日语》，该教材秉持以日语实践技能为主体的编写理念，设计以学生为中心的活动，推出以任务为引领的教学模式，以跨境电商职业技能培养为主线，旨在培养具备较强实践能力和专业技能的高素质复合型人才。

在应用日语教材出版方面，8月，外研社出版了《日语视听说教程》，该教材遵循立德树人的教育理念，注重显性教育与隐性教育的统一，致力于培养具有国际视野和跨文化交际意识的人才，帮助学生借助实际生活场景掌握语言技能与跨文化交际能力。4月，华东师范大学出版社出版了《应用日语写作教程》，该教材依据日语写作体系框架进行编写，全面覆盖了基础阶段日语文体，帮助学生掌握写作技巧和表达要领。6月，大连理工大学出版社出版了《IT日语会话》，该教材收录了广泛的商务场景会话案例，旨在提高学生的日语沟通能力，培养灵活变通的商务思维。同月，北京理工大学出版社出版了《高铁客运日语》，该教材基于旅客的铁路旅行过程搭建教材体系，将铁路客运服务工作整合为三大教学模块，使教材内容与行业发展、岗位工作流程紧密结合，帮助学生提升实际工作能力。8月，华东师范大学出版社出版了《新实用职业日语综合教程（学生用书）（1）》（第2版），教材以"情景化"为引领，选取适合高职学生的主题场景，在导入语言学习内容的基础上新增思政内容，以培养学习者的文化自信和家国情怀。

表3.1 2024年职业院校外语教材出版一览表

课程类型	教材名称	作者	出版社	出版时间
高职公共基础课程	新时代职业英语 通用篇 通用英语 1-2（第二版）	鲁 昕	外语教学与研究出版社	2024年1-5月
	新时代职业英语 通用篇 通用英语 1-2（第二版）（VR版）	鲁 昕	外语教学与研究出版社	2024年6月
	新时代职业英语 通用篇 通用英语视听说 1	鲁 昕	外语教学与研究出版社	2024年7月
	新时代职业英语 专业篇 汽车英语	鲁 昕	外语教学与研究出版社	2024年7月

（待续）

（续表）

课程类型	教材名称	作者	出版社	出版时间
高职公共基础课程	新时代职业英语 专业篇 纺织服装英语	鲁　昕	外语教学与研究出版社	2024年5月
	新视野英语教程（第四版）读写教程 3-4	郑树棠	外语教学与研究出版社	2024年1-5月
	新视野英语教程（第四版）视听说教程 3-4	郑树棠	外语教学与研究出版社	2024年1-5月
	新视野英语教程（第四版）读写教程 1（VR版）	郑树棠	外语教学与研究出版社	2024年7月
	新视野英语教程（第四版）视听说教程 1（VR版）	郑树棠	外语教学与研究出版社	2024年8月
	新职业英语 职业综合英语 1-2（第三版）（VR版）	徐小贞	外语教学与研究出版社	2024年7月
	新职业英语 酒店英语 1-2（第三版）	徐小贞	外语教学与研究出版社	2024年7月
	新技能英语 基础教程 1-2 学生用书（第二版）	张连仲	外语教学与研究出版社	2024年5月
	新技能英语 高级教程 1-2 学生用书（第二版）	张连仲	外语教学与研究出版社	2024年5-6月
	新技能英语 基础教程 1-2 学生用书（第二版）（VR版）	张连仲	外语教学与研究出版社	2024年7月
	新技能英语 高级教程 1-2 学生用书（第二版）（VR版）	张连仲	外语教学与研究出版社	2024年7月
	新生代英语 基础教程 1（第三版）	顾日国	外语教学与研究出版社	2024年6月
	新生代英语 高级教程 1（第三版）	顾日国	外语教学与研究出版社	2024年6月
	新生代英语 基础教程 1（第三版）（VR版）	顾日国	外语教学与研究出版社	2024年7月
	新生代英语 高级教程 1（第三版）（VR版）	顾日国	外语教学与研究出版社	2024年7月

（待续）

（续表）

课程类型	教材名称	作者	出版社	出版时间
高职公共基础课程	捷进英语综合教程 1（第二版）	石　坚	外语教学与研究出版社	2024年7月
	航空服务英语口语教程	阮世勤、万　青、刘文兰	外语教学与研究出版社	2024年6月
	先声英语视听说基础教程	武春平	高等教育出版社	2024年6月
	先声英语视听说初级教程	武春平	高等教育出版社	2024年6月
	先声英语视听说中级教程	武春平	高等教育出版社	2024年6月
	先声英语视听说高级教程	武春平	高等教育出版社	2024年6月
	先声英语学生用书1-4（职业本科）	常红梅	高等教育出版社	2024年6月
	沉浸式职业英语 装备制造大类	彭新竹	高等教育出版社	2024年3月
	高职国际英语 进阶综合教程3学生用书（第二版）	张月祥	上海外语教育出版社	2024年3月
	新世纪大学应用英语 综合教程2-3 学生用书	傅　玉	上海外语教育出版社	2024年4月
	新航标职业英语 综合英语提高级 学生用书1-2（第四版）	老　青	北京语言大学出版社	2024年3月
	新航标职业英语 英语视听说教程 基础级2（第二版）	常红梅	北京语言大学出版社	2024年1月
	新航标职业英语 英语视听说教程 入门级1-2（第二版）	常红梅	北京语言大学出版社	2024年4月
	新航标职业英语 英语视听说教程 提高级2（第二版）	常红梅	北京语言大学出版社	2024年4月
	新航标职业英语 英语视听说教程 拓展级2（第二版）	常红梅	北京语言大学出版社	2024年4月
	新实用英语预备级（第二版）	老　青等	中国人民大学出版社	2024年9月

（待续）

（续表）

课程类型	教材名称	作者	出版社	出版时间
高职公共基础课程	新实用英语综合教程1	老　青等	中国人民大学出版社	2024年9月
	21世纪实用英语 综合教程1-4（第四版）	余建中等	复旦大学出版社	2024年8-9月
	21世纪大学英语 综合教程1-4（职业本科版）	崔　卫等	复旦大学出版社	2024年4-7月
	21世纪大学英语 视听说教程1（职业本科版）	崔　卫等	复旦大学出版社	2024年7月
	21世纪大学英语 阅读教程1（职业本科版）	崔　卫等	复旦大学出版社	2024年8月
高职基础日语课程	综合日语1（第5版）	李丽娜、鲁　峥、张明明	大连理工大学出版社	2024年4月
	综合日语2（第5版）	方芝佩等	大连理工大学出版社	2024年4月
	综合日语3（第5版）	鲁　峥、方芝佩、张胜芳	大连理工大学出版社	2024年4月
	基础日语教程（第二册）	卢友络	旅游教育出版社	2024年5月
	基础日语教程（第三册）	卢友络	旅游教育出版社	2024年5月
高职商务日语课程	日语商务公文写作	[日]白崎佐夜子	外语教学与研究出版社	2024年4月
	商务职场日语（第2版）	马亚琴等	同济大学出版社	2024年1月
	商务日语听说教程	林天宝	大连理工大学出版社	2024年8月
	商务日语写作	张桉药、施立洁、马亚琴	同济大学出版社	2024年8月
	跨境电商日语	李育英	华中科技大学出版社	2024年8月

（待续）

（续表）

课程类型	教材名称	作者	出版社	出版时间
高职应用日语课程	日语视听说教程	宋志强	外语教学与研究出版社	2024年8月
	应用日语写作教程	崔明姬	华东师范大学出版社	2024年4月
	IT日语会话	谷口惠等	大连理工大学出版社	2024年6月
	高铁客运日语	王　欣	北京理工大学出版社	2024年6月
	新实用职业日语综合教程（学生用书）（1）（第2版）	张厚泉	华东师范大学出版社	2024年8月

3.3　职业院校外语教材使用案例

3.3.1　职业院校英语教材使用案例

3.3.1.1　四川工商职业技术学院：依托优质教材，提升育人成效

四川工商职业技术学院致力于满足高等职业教育的实际需求，在教学过程中强调学科特点与职业特色的结合，践行立德树人根本任务。学院选用外研社出版的《新标准职业英语》作为教材，以“讲好中国故事”为教学核心，以职业素养和思政元素为关键抓手，通过教学主题、模块内容和学习素材的整合，构建“一核心两抓手三融入”的创新教学模式。

《新标准职业英语》是一套融新课标、新理念、新思政、新形态及新教研于一体的优质教材。学院在使用教材的过程中，以“讲好中国故事”为教学核心，依托教材提供的典型职场任务，创设真实职场情境，并结合教材中的育人线和丰富的思政素材，将教学主题、模块内容和学习素材有机整合，实现英语教学与课程思政的深度融合。

学院教师认为，《新标准职业英语》解决了以往教材中思政内容与课文材料不相关的问题，避免了教师需额外挖掘思政元素并寻找课外素材的困难。教材中贯穿始终的育人线以及思政元素丰富的选篇内容和活动设计，使思政之“盐”自然融入课程之“水”，有效落实了立德树人根本任务。

通过该套教材的使用，四川工商职业技术学院不仅提升了学生的英语水平和职业素养，还培养了他们的家国情怀和社会责任感。这一教学模式的成功实践，为培养具有中国情怀和国际视野的高素质技术技能人才提供了有力支撑。

3.3.1.2 陕西机电职业技术学院：探索赛教融合，促进职场交流

陕西机电职业技术学院结合国家政策、党政方针、职场需求以及学生学情，利用外研社出版的《新时代职业英语 通用篇 通用英语1》，不断探索如何实现赛教融合，促进职场交流。

在教学活动中，学院教师会根据课堂需求和学生个体差异，整合教材本身的资源和技能大赛中的资源，利用基于语音大数据的相关口语训练系统或者外研社开发的iWrite英语写作教学与评阅系统，采取线上线下混合教学模式，辅助教学过程中的智能练习与评价，帮助学生夯实基础，为英语技能大赛作准备，从而实现赛教融合的课堂教学模式。

另外，为了让学生更好地适应数字经济时代和智能时代的岗位新要求和行业新发展，教师在教学过程中，充分利用《新时代职业英语 通用篇 通用英语 1 》具有的产教融合优势，深挖教材，教会学生采取多种阅读策略理解专业相关的阅读材料，运用不同的听力策略听懂专业相关的听力材料，能够就专业话题进行对话、辩论和写作等，为学生未来的职场交流作好充分准备。

通过这些创新的教学方法，陕西机电职业技术学院有效地提升了学生

的英语综合运用能力和职场适应能力，为学生的职业发展奠定了坚实的基础，使学生将来在快速变化的职场环境中具备竞争优势。

3.3.1.3 江苏海事职业技术学院：利用数智技术，创设学习模式新形态

江苏海事职业技术学院顺应数字化转型在职业教育发展中的必然趋势，积极拥抱变革，不断探索创新教育模式和实践。学院选用外研社出版的《新视野英语教程（第四版）视听说教程》，利用数智技术，实现了新形态的教学模式。

《新视野英语教程（第四版）视听说教程》是一套可听、可视、可练、可互动的融媒体教材，内容丰富、形式新颖。学院教师充分发挥教材的这一特点，结合数字平台对教材进行重构，利用移动互联网和AI辅助课堂，以项目式课程为载体，创设真实的情景，创新教学方法，有效提升学生的语言能力与人文素养。

另外，学院采用线上线下相结合的混合式教学模式，利用全新呈现的纸质教材与依托U校园智慧教学云平台全新开发的数字课程、微信小程序等，为学生提供了更加便捷、高效的学习途径，促进了学生的自主学习和泛在学习。

江苏海事职业技术学院运用这种教学模式有效地提升了学生的学习体验和效果。学生在多元化的学习环境中，不仅提高了语言能力和人文素养，还培养了自主学习的能力和适应数字时代的技能，为未来的职业发展奠定了坚实基础。这种教学模式的成功实践为职业教育的数字化转型提供了有益的借鉴和启示。

3.3.1.4 四川建筑职业技术学院：以项目式教学为依托，有效进行课程思政实践

四川建筑职业技术学院基于高教社出版的《新编实用英语（第五版）综合教程》，采用项目式教学，充分挖掘教材的思政元素，不断探索如何在英语教学活动中有效地进行课程思政实践。

学院教师结合《新编实用英语（第五版）综合教程》的教材内容，设计具有思政教育意义的项目任务，通过小组讨论、角色扮演等课堂活动设计，激发学生的思考和交流，在帮助学生积累一定的语言和知识后，引导他们顺利完成项目。在项目实施的过程中，教师会引导学生思考职业选择与个人价值观及社会责任的关系，帮助学生树立正确的职业观和人生观。另外，学院把评价方式也列为课程思政教学的一个环节。在项目式教学中，教师评价不仅关注学生的语言能力，还关注他们在项目实施过程中的思政表现，全面评价学生的综合素质和思政教育效果。

这种教学方法不仅提升了学生的语言能力，也培养了他们的综合素质和社会责任感，为高校英语课程融入思政教育提供了新的思路和方法。

3.3.1.5 扬州市职业大学：创新融合思政，提升职业能力

扬州市职业大学坚持教学创新，融合思政教育，致力于培养具有家国情怀的高素质技术技能人才。他们选用外教社出版的《高职国际英语 进阶综合教程 1》（第二版），制定了推动学生全面发展的教学方案。

在课前导入环节，教师会利用翻转课堂和数据分析，引出教学主题，有效激发学生的学习兴趣。在教学过程中，教师采用问题驱动教学法（Problem-based Learning，简称“PBL教学法”），通过层层递进的教学环节，不仅锻炼学生的阅读技巧，还培养学生在真实情景下的交流能力。在思政融入方面，教师会根据单元主题和学生专业，把相关的中国文化元素融入课堂，培养学生的家国情怀，增强学生的文化自信。

此教学方案不仅符合职业教育对学生实际操作能力和创新思维的培养要求，还融入思政教育，塑造学生良好的品质，培养德技并修的高素质技术技能人才。

3.3.2 职业院校多语言教材使用案例

3.3.2.1 广东文艺职业学院：提升素养，扎根运用

广东文艺职业学院财贸与外语学院的商务日语专业，面向2024级学生使用《致用日语综合教程》。两个班级的46名大一学生参与了教学实践。该教材的教学效果可以概括为以下三点。

1）设计分类模块，形式内容多样，筑牢坚实基础

《致用日语综合教程》采用了模块式教学的设计思路，依托“核心句型会话、综合解说、主课文、基础会话”等环节，系统解构日语知识，将中日文化比较与交流融入各个模块，夯实实践基础。课文、解说和练习环节均突出了学生的学习主体地位，大量例句的设计体现出“工学结合、学以致用”的“日语+”职业教育理念。

2）演绎生活场景，强调思政素养，提升学习动力

《致用日语综合教程》依托“核心句型会话、基础会话、综合解说与随堂练习、交流短句、拓展会话和课后练习”等环节，系统解构日语学习中的基础知识和应用能力。以第一册第一课为例，该课的核心句型是AB会话形式，囊括了后续课文中的所有语法点。学生用心学习该部分，便能理解该课全部语法重点，减轻记忆负担。课文内容突破了传统的“这是什么？”“这是书，那是笔”的非生活场景，通过“菊”和“香蕉”是否属于“草”的讨论，跨越式地将学生带入富有趣味的学习环境中。同时，教材将社会主义核心价值观和素质教育的内容融入核心句型会话和美句共读中。例如，课文中融入日语翻译的“推进文化自信自强”等金句，教师可

据此引导学生拓展思维，深化对党的二十大精神的理解。如此，思政教育和素质教育润物无声地融入课堂，学生得以在学习语言文化的同时，提升思想层次，培养优良素质。

3）打破传统观念，转变学习方式，注重实践落地

在教学过程中，《致用日语综合教程》在打破传统观念、转变学习方式上进行精心的设计。比如，教材将“说”和“思”作为重点，帮助教师通过输出反向促进输入，这种方式不同于传统外语学习中“听”先行的做法。在“说”的会话设计中，学生可以通过在课堂上进行趣味性表演和交流，增强语言实践能力。

教材改版后的练习题型，在契合各类能力考试大纲的基础上，精炼内容，一题多用，加大了实训力度。通过训练，学生能够有效地将所学知识应用到多种实际场景中。

《致用日语综合教程》将生活实际与学生毕业后的职场需求有机结合，帮助教师以轻松有趣的教学内容和形式，让学生在课堂上将所学知识内化为深层次的思考，并落实到实际行动中，为跨文化交流和文化外宣奠定坚实的基础。同时，师生通过生活场景的课前与课后再现，体会到了教习之乐。此外，教师亦能在培养学生的应用能力之中，提升自身的教学自信，获取语言学习与研究的持续动力。

3.3.2.2 安徽新华学院：以多模态教学，促进高效吸收

安徽新华学院从2024—2025学年第一学期起，面向外国语学院日语专业本科三年级的28名学生，使用《日语视听说教程》作为“日语会话A（4）”课程的教材。

该课程旨在培养学生的国际视野和跨文化交际能力，使其能够在国际交流中讲好中国故事，用日语向日本朋友传达中国立场，承担中日经济、文化交流的重任。教学内容选取贴近现实生活的话题，激发学生对社会现

实和国际关系的思考，帮助学生形成独立见解和价值判断。课程采用“语言、文化、运用”三位一体的教学模式，将语言知识的理解与文化背景下的语言运用相结合，通过视频、图像、文本、语音等多种方式，提高学生的日语综合听说能力。

该课程依托雨课堂平台，采用线上线下混合式教学模式，将教学过程划分为热身、视听、讲解和挑战四个环节。热身环节通过雨课堂发布预习材料，展示影视剧梗概、场景和出场人物介绍，帮助学生快速了解故事背景，理清人物关系。视听环节播放视频，激发学生学习兴趣，进行实用性强的视听说能力训练，并利用雨课堂的在线测试功能，让学生在线完成判断正误、补充关键词语等任务。在讲解环节，教师逐句讲解对话脚本，引导学生深入思考视频中的现象或人物的行为与思想，利用多媒体资源，加深学生对语言知识和文化现象的理解。挑战环节设置与视频场景类似的主题，让学生组织对话，通过雨课堂的实时答题、弹幕互动等功能，增强学生的参与感和互动性。

通过对该教材一个学期的使用，该校实现了视听说输入与输出的有效结合。学生对会话课程的必要性和目的性有了更加明确的认识，多数同学认为在听说能力以及词汇表达能力等方面有了显著进步，日语综合能力也得到了提升。同时，多模态教学不仅调动了学生的学习积极性，也提升了学生的自主学习能力。

3.4　职业院校外语教材教师培训

3.4.1　中职外语教材教师培训

2024年，随着《中等职业学校英语课程标准（2020年版）》的深入实施，中职英语教育的重点逐渐从教材建设转向教学实践的深入和创新探索。在此背景下，本年度开展了一系列具有创新性的教师培训活动。这些活动优化了教师培训策略，更加突出实践性和针对性，促进了经验交流和教学创新，为提升中职英语教育质量提供了有力保障。

3.4.1.1 中职英语联合教研活动

3月和10月，北京外国语大学中国职业外语教育发展研究中心、北京外国语大学教育培训中心和外研社联合举办了两期中职英语联合教研活动。活动采取线上形式，搭建虚拟互动平台，开展跨地区教研联动，共有近两万名教师参与云端研修。

3月31日，“2024年中职英语联合教研活动（第一期）”成功举办。活动以“深耕思政育人，推进中职英语创新发展”为主题，基于“十四五”职业教育国规教材——外研版《英语》，通过专题讲座、课例展示、专家评析、资源分享等多种形式，探讨课程思政育人实践和学生学科核心素养培养。北京外国语大学张连仲教授在活动中强调，应落实立德树人目标，培养具有文化自信的新时代人才，充分运用多媒体资源开展有意义的语言教学，引导学生增强国家、文化、制度认同，注重培养学生的实际语言应用能力，尤其是英语阅读和信息获取的能力，以契合时代需要。此外，参研教师还就如何落实课程思政展开探讨，强调以充分的耐心、爱心和专心，提升教学感染力，深度优化教学方法与互动环节，推动中职英语课堂实现创新发展。

10月13日，“2024年中职英语联合教研活动（第二期）”成功举办。活动以“创新教学设计，提升育人实效”为主题，聚焦课堂教学设计和学生学科核心素养培养，通过专题讲座、专题分享、课例展示、专家点评等环节，助力中职英语教师创新教学理念、提升专业素养、激发课堂活力、落实育人目标，切实提升课堂教学的有效性、科学性与思想性。北京教育科学研究院刘海霞在活动中系统阐述了单元整体教学的概念、背景和方法。活动强调单元整体教学设计应整合教材内容，充分挖掘学习活动，注重语言与主题认知，融合教学与评价，全面促进学生核心素养发展。

两期中职英语联合教研活动立足国家职教政策，着眼学生全面发展，通过理论引领与实践创新相结合的方式，为中职英语教育的改革与发展指明了方向，也为广大中职英语教师提供了专业成长的平台和动力。

3.4.1.2 中职英语课堂教学探究

5月24日，由中国职业技术教育学会主办的“第三十三届‘说专业 · 说课程 · 说专业群 · 说教材’研讨会”在山东省济南市举办。研讨会以“英语教育：数智赋能 创新育人”为主题，推动智能技术与教育教学深度融合，促进职业教育英语教学深化改革、创新发展，响应“一带一路”倡议，加强多语种人才培养，助力“职教出海”，为培育发展新质生产力注入新动能。来自全国职业教育领域的专家、学者，以及全国职业院校的负责人、外语骨干教师共计4万人线上线下同时参会。

在案例展示环节，15所中职学校的教学团队从教材使用、课程设计、专业建设等维度展示了诸多优秀教学案例。案例立足院校特色和专业特点，围绕数智赋能教学、产教协同育人、课程体系建设、职业素养提升等热点话题，分享教学实践经验，打造数智教学新范式，汇聚创新育人新成果，为高质量职业教育体系建设贡献智慧方案。

该研讨会立足数字经济时代职业教育现代化发展的挑战和机遇，为教育强国背景下职业教育外语教学实现数字化转型、服务新质生产力发展指引方向，为广大教师提供可参考、可借鉴的外语课堂智慧教学成果与范式，助力院校培养兼具家国情怀与国际视野、兼备语言素养与创新精神的高素质技术技能人才。

3.4.2 高职外语教材教师培训

2024年，为加快推进职业教育高质量发展，构建具有中国特色的现代化职业教育体系，推动教师队伍数字化建设，一系列围绕“职业外语教育数智化实践探索”的研讨、培训和赛事活动在全国范围内广泛开展。活动涵盖教学改革、师资培养、教材使用等方面的内容，深入探讨数智赋能下的教育教学创新与发展，为其提供实践指导和创新思路。

3.4.2.1 高职教育外语教学改革研讨与交流

3月30日，由教育部职业院校外语类专业教学指导委员会、上海外国语大学共同主办，绍兴职业技术学院、外教社承办的“第十八届全国职业院校外语教育发展院长/系主任高级论坛”在浙江省杭州市成功举办。该论坛以“教育数字化背景下的职业外语教育高质量发展”为主题，设主旨报告、专题报告、嘉宾访谈三大模块，围绕职业教育人才多元培养路径、校企合作人才培养模式、职业教育提质培优、贯通培养、职教出海等多个议题展开深入探讨。共有来自全国职业院校的500余位外语教学负责人相聚论坛，共商职业外语教育发展新格局，为职业外语教育的高质量发展出谋划策，贡献智慧和力量。

4月12日—13日，由中国职业技术教育学会主办，外语教育工作委员会承办，外研社协办的“2024年新时代职业教育外语教学改革与发展高端论坛”在河南省郑州市成功举办。论坛以“标准引领 数字赋能 产业育人”为主题，“线上+线下”同步进行，共有万余名职业院校外语教师参会，为新时代职业教育的高质量发展集众智、聚合力、谋良策。“教学改革”专题论坛邀请一线专家学者，围绕数字经济时代职业院校数字化转型、课程思政建设等主题分享理论成果和实践经验，引领教学新变革，夯实教材新基建，打造育人新范式。

5月18日—20日，由教育部职业院校外语类专业教学指导委员会指导、全国高等学校教学研究中心及高教社主办，陕西职业技术学院承办的“‘以人为本，数字赋能’高等职业教育外语教学改革交流会”在陕西省西安市成功举办。该交流会聚焦新时代职业教育外语教学使命，强调了“跳出教育看教育”以及“牢牢把握教育本质”的双主线，既为与会教师提供数字赋能教育的宏阔视野，又带领教师回归教学本质、深挖教育内涵的设计初衷，探索职业教育外语教学高质量发展的新思路、新方法、新模式。

3.4.2.2 高职外语教材使用研讨

5月24日，由中国职业技术教育学会主办的“第三十三届‘说专业 · 说课程 · 说专业群 · 说教材’研讨会”在山东省济南市成功举办。在案例展示环节，18所高职院校的教学团队展示了优秀教学案例，覆盖应用多语种专业群和商务英语、旅游英语、应用英语、小学英语教育、烹饪、护理、法律事务等专业，立足院校特色和专业特点，聚焦英语教育融合发展与转型升级教学新路径，分享教学实践经验。与会专家就教学团队展示案例作了鞭辟入里、深刻透彻的点评，从落实学科核心素养、深化立德树人教学目标、提高教学内容与产业发展适配度等角度，为教学团队以及线下线上观摩的院校教师，提供实用的指导方法和创新思路。

3.4.2.3 高职院校外语教师发展研修

8月6日—8日，外研社举办了“2024年全国职业院校英语教学发展与创新研修班”暑期“云研修”。研修以“敢为、善为、有为”为主题，通过“标准引领、智慧赋能、产教协同”的专题报告和互动交流，打造互学互鉴、共研共享的研修平台，线上参研人次逾3万。来自全国各地的职业院校外语教师相聚云端，共同探索数智赋能、融合发展的新理念、新路径，助力职业教育外语教学高质量发展。

教育部高等职业教育专科英语课程标准研制组组长、北京外国语大学文秋芳教授作了“人机互动协商能力：ChatGPT与外语教育”专题报告。文秋芳教授指出，人机互动协商能力（human-AI interactive negotiation competence，简称HAINC）是实现人工智能赋能外语教学的关键，并具体阐述了人机互动协商能力的概念及内在构成要素之间的关系。文秋芳教授以《新标准职业英语》为例，借助AI模型工具进行教学演示，为外语教师利用数智技术赋能教学设计、培养学生人机互动协商能力、提升课堂教学效果提供了示范和启发。

3.4.2.4 高职外语教师教学技能竞赛

2024年，为推动高校外语师资队伍建设，促进高校外语教育改革发展，全国范围内举办了一系列外语教师教学技能大赛。这些赛事为高职外语教师提供了提升教学技艺和交流创新成果的契机与平台。2024年外研社“教学之星”大赛的主题为“外语教材的有效使用：数智融合，创新育人”，参赛教师示范如何有效使用教材，在教学全流程中有机融合数智技术，提升教学效果与育人成效。大赛自启动以来，共吸引了来自27个省（区、市），116个教学团队，近600名教师参与。晋级高职组全国半决赛的31支参赛团队依托精品教材，融合数字技术，切磋教学技艺，彰显讲坛风采。大赛评委会针对团队展示情况进行专业点评，提供优化建议，帮助广大外语教师增强教学能力，提升育人成效。

3.4.2.5 高职外语教学云教研活动

9月—10月，北京外国语大学中国职业外语教育发展研究中心和外研社依托《新视野英语教程》（第四版）读写教程和视听说教程，共同举办了云教研活动。云教研活动围绕四个专题展开，包括“立德树人：外语教学课程思政的有效落实”“能力提升：听说能力培养与国际传播力提升”“教材使用：高效英语课堂的设计与实施”和“教法创新：数智时代的混合式教学创新”，邀请职业院校优秀教师团队进行说课和教学示范，同时邀请外语教育领域专家学者进行说课点评，搭建了跨院校线上互动交流平台。来自全国各地的逾万名职业院校外语教师相聚云端，精研教学设计，分享教学经验，激发创新灵感，提升育人实效。

第四章 高等学校英语教材建设

2024年是全面贯彻落实党的二十大精神的关键之年，是实施教育强国建设规划纲要的开局之年。高等教育坚持以习近平新时代中国特色社会主义思想为指导，主动服务国家发展战略全局，以教育、科技、人才一体化推进为抓手，力求成为拔尖创新人才培养的主阵地、高水平科技创新的推动者、经济社会发展的支撑者，以龙头之力支撑引领中国式现代化。高等英语教材建设以新时期高等英语教育改革和人才培养为指导，紧紧围绕立德树人根本任务，服务国家重大战略需求，拥抱人工智能技术浪潮，驱动高等英语教育改革创新、提质增效，全面提高人才自主培养质量。

4.1 高等学校英语教材相关政策

2024年1月，国家教材委员会就加强教材建设和管理作出重要工作部署，并开展系列行动。系列活动以习近平新时代中国特色社会主义思想为指导，聚焦落实立德树人根本任务、服务国家重大战略、完善教材管理体制、强化教材建设支撑等关键问题，着力开展四方面工作。一是进一步强化教材编写修订，加强大中小学思政课教材一体化建设，推进新时代马克思主义理论研究和建设工程重点教材建设，强化资源建设，全面推进马克思主义中国化时代化最新成果进课程教材。二是提升中小学教材编修质量，建设现代职业教育产教融合优质教材，建设支撑高等教育人才自主培养的系列教材，加快推进教材数字化转型，促进教材建设服务国家重大战略和人才培养需求。三是落实部门、地方、学校、出版单位职责分工，健全教材使用监测、问题监督和处置、责任追究、引导激励等机制，提高教辅读物出版质量，提升管理信息化水平，进一步完善统一领导、分工负责的教材管理体制。四是加强教材队伍建设和教材研究工作，加强教材建设经费保障，强化教材建设支撑。

1月，2024年全国教育工作会议在北京召开。会议指出，要坚持教育服务高质量发展这个硬道理，以习近平新时代中国特色社会主义思想为指导，构建中国特色、世界水平、与中国式现代化相匹配的高质量教育体系，扎实推动教育强国建设重点任务落地见效。会议提出以下几点具体举措。一要着力构建落实立德树人根本任务新生态新格局。坚持不懈用习近平新时代中国特色社会主义思想铸魂育人，启动实施立德树人工程，全面加强教材建设和管理，以身心健康为突破点强化五育并举，促进高校毕业生高质量充分就业，引导学生坚定听党话、跟党走。二要强化高等教育龙头作用。持续抓好“两个先行先试”，深化科教融汇、充分发挥高校基础研究主力军作用，深化产教融合、以技术转移为纽带推动“四链”融合，服务治国理政、推进高校哲学社会科学高质量发展。……五要不断开辟教育数字化新赛道。坚持应用为王走集成化道路，以智能化赋能教育治理，拓展国际化新空间，引领教育变革创新。六要坚定推进高水平教育对外开放。完善战略策略，统筹高水平“引进来”和“走出去”，找准参与全球教育治理的切入口，不断增强我国教育的国际影响力。七要以教育家精神为引领强化高素质教师队伍建设。大力弘扬践行教育家精神，拓展教师队伍培养培训新思路，推进教师资源配置优化和管理制度改革，营造尊师重教、尊师重道社会风尚，以教师之强支撑教育之强。

同月，教育部、中国联合国教科文组织全国委员会、上海市人民政府共同举办2024世界数字教育大会。大会以“数字教育：应用、共享、创新”为主题，重点围绕教师数字素养与胜任力提升、教育数字化与学习型社会建设、全球数字教育发展趋势与指数评价、数字变革对基础教育的挑战与机遇等议题进行深入交流讨论。期间，教育部相关负责同志作“携手推动数字教育应用、共享与创新”主旨演讲，他指出，数字教育公平、包容、开放、共享等优势，为解答教育如何更好服务现代化、更好成就人的全面发展提供了全新路径，打开了希望之门。中国国家教育数字化战略行动将从联结为先、内容为本、合作为要的“3C”走向集成化、智能化、国际化的“3I”。具体措施包括以下四点：一是更大规模开展应用示范，放大服务倍增效能；二是更高质量开发汇聚资源，建强国家平台；三是更智能化发展数字技术，服务人的全面发展；四是更高水平开展国际交流，建设世界数字教育合作平台。

3月，教育部在京召开2024年度全国教材工作会议，深入学习领会习近平总书记关于教材工作的重要指示精神，总结经验，分析形势，部署推进2024年教材工作。会议指出，要紧扣用习近平新时代中国特色社会主义思想铸魂育人主题主线，聚焦教育强国建设规划纲要重点任务，以建设中国特色高质量教材体系为目标，全面加强大中小学教材建设和管理。会议提出从以下五个方面着力推进教材建设工作。一要在把牢方向上下功夫，深入推进习近平新时代中国特色社会主义思想进课程教材。二要在守好阵地上下功夫，强化教材建设全过程监管。三要在打造精品上下功夫，加快中国特色高质量教材体系建设。四要在形成合力上下功夫，共同营造教材建设良好环境。五要在狠抓落实上下功夫，确保各项重点工作落地见效。

同月，第八届全国高等学校外语教育改革与发展高端论坛在北京召开。会上，教育部高等教育司相关负责同志指出，要认真贯彻落实习近平新时代中国特色社会主义思想和党的二十大精神，准确把握教育强国建设的战略意义、本质特征和主要任务，深刻认识新时代高等教育面临的新形势新要求，坚持问题导向、目标导向和效果导向，深化高等外语教育改革，加快新文科建设，更好服务新质生产力发展，更好服务国家战略急需和区域经济高质量发展。他指出，要深入开展《习近平谈治国理政》多语种版本“三进”，推动课程扩围、资源提质、实践升级，深化外语教育课程思政高质量建设；要研制外语专业、大学外语教学要点，推动外语教育与中华优秀传统文化教育、“四新”专业教育有机融合，构建中国自主的外语人才培养体系；要深化外语教育与文理工农医不同学科专业交叉融合，强化高校与实务部门产教融合、科教融汇，培养实战型拔尖创新外语人才；要深化数字赋能外语教育改革，推动外语教育与人工智能双向互促，加快培养有家国情怀、有全球视野、有专业本领的复合型外语人才，形成有部署、有推动、有落实、有成效的工作闭环，切实回答好“强国建设 外语何为”的时代命题。

4月，教育部启动教材建设和管理国家级培训。教育部相关负责同志指出，开展教材建设和管理国家级培训是贯彻落实党的二十大精神的重大举措，是国家教材委员会成立以来第一次大规模、成体系、专业化的培训，目的是推动建设一支政治立场坚定、专业水平过硬、熟悉教材政策的教材工作队伍。教材战线要深入学习贯彻习近平总书记关于教材工作的重要指示精神，全力抓好教材建设国家事权落地、铸魂育人实效提升、服务国家战略、中国自主知识体系构建、教材治理体系完善、教材研究组织化实施等关键任务，全面提升新时代教材建设和管理水平。

7月，教育部高等教育司发布关于开展2024年度普通高等学校本科专业设置工作的通知。相关工作要求包括：加大本科专业调整力度，着力优化同新发展格局相适应的专业结构和人才培养结构，更好服务中国式现代化建设；服务国家战略需求，支持高校面向集成电路、人工智能、量子科技、生命健康、能源、绿色低碳、涉外法治、国际传播、国际组织、金融科技等关键领域布局相关的专业，有的放矢培养国家战略人才和急需紧缺人才；推动专业优化升级，支持高校深化新工科、新医科、新农科、新文科建设，对现有专业进行改造，培育交叉融合的新兴专业，打造特色优势专业集群。相关工作旨在贯彻落实党的二十大和习近平总书记有关重要指示精神，贯彻落实中央关于动态调整高校学科专业的决策部署，聚焦教育强国建设重点任务，构建高质量高等教育体系，更好服务高质量发展。

同月，教育部根据《“十四五”普通高等教育本科国家级规划教材建设实施方案》有关要求，开展“十四五”普通高等教育本科国家级规划教材第一次推荐遴选工作，以深入贯彻党的二十大精神，全面落实党的教育方针，加强教材建设与管理。遴选范围为2022年12月以来，国内出版、修订或重印（以版权页的版次、印次时间为准），正在我国全日制普通高等学校本科教学活动中使用的教材。遴选数量为3,000种左右。遴选条件包括坚持价值引领、坚持应用为要、坚持质量为先、坚持守正创新、严守出版规范、严守纪律底线。

9月，全国教育大会在北京举办。习近平总书记出席大会并发表重要讲话。讲话强调，要坚持不懈用新时代中国特色社会主义思想铸魂育人，实施新时代立德树人工程；不断加强和改进新时代学校思想政治教育，教育引导青少年学生坚定马克思主义信仰、中国特色社会主义信念、中华民族伟大复兴信心，立报国强国大志向、做挺膺担当奋斗者。讲话指出，要统筹实施科教兴国战略、人才强国战略、创新驱动发展战略，一体推进教育发展、科技创新、人才培养；以科技发展、国家战略需求为牵引，着眼提高创新能力，优化高等教育布局，完善高校学科设置调整机制和人才培养模式，加强基础学科、新兴学科、交叉学科建设和拔尖人才培养；强化校企科研合作，让更多科技成果尽快转化为现实生产力；构建职普融通、产教融合的职业教育体系，大力培养大国工匠、能工巧匠、高技能人才。讲话强调，要深入推动教育对外开放，统筹“引进来”和“走出去”，不断提升我国教育的国际影响力、竞争力和话语权；扩大国际学术交流和教育科研合作，积极参与全球教育治理，为推动全球教育事业发展贡献更多中国力量。

11月，教育部相关负责同志向全国人大常委会报告建设中国特色、世界一流的大学和优势学科（以下简称"'双一流'建设"）工作情况并指出，建设高校扎根中国大地，牢牢把握立德树人根本任务，加快推进各项建设和改革任务，若干高校和学科逐步进入世界一流前列，一批高校和学科逐步进入世界一流行列，中国特色、世界一流大学方阵加速形成，更好地满足了人民群众对接受优质高等教育的美好期待，整体提升了中国高等教育的国际影响力、竞争力和话语权。教育部将坚决贯彻落实习近平总书记重要指示精神，深入贯彻党的二十大和二十届二中、三中全会精神，落实全国教育大会、全国科技大会部署，坚持党的全面领导，自主科学确定"双一流"标准，构建高质量拔尖创新人才自主培养体系，建设高素质专业化教师队伍，打造支撑高水平科技自立自强的战略力量，创新国际交流合作机制，改革组织管理体系，提升资源配置和财务治理水平，高质量推进"双一流"建设。

12月，2024世界慕课与在线教育大会在英国举办。大会以"智能时代下的未来高等教育重构"为主题，首次提出全球高等教育进入"智慧教育元年"的概念，发布《世界高等教育数字化发展报告（2024）》和《世界高等教育数字化发展指数（2024）》，首次发布智慧教育典型应用场景，举办教育数字化前沿成果展，展示各国教育数字化最新成果。教育部相关负责同志在会议致辞中表示，中国高等教育数字化秉持集成化、智能化、国际化的"3I"理念，坚持应用为王、共建共享、系统集成、能力为重，实现数字技术与教育教学的深度融合，正在推进一场"学习革命"，深化"教学革命"，进而走向"教育革命"，走出一条中国特色高等教育数字化发展道路。伴随人工智能快速兴起，高等教育正在加速进入智慧教育阶段，"智慧教育元年"已经到来。中国将与世界各国高校携手行动，共同把握和适应数字变革时代新要求，夯实智慧教育根基、丰富智慧教育理念、创新智慧教育模式、构建智慧教育生态，不断推动数智赋能、促进开放合作，为构建起数智时代更有韧性、更可持续的高等教育体系作出新的贡献。

4.2 高等学校英语教材出版概况

4.2.1 大学英语教材

2024年，大学英语教材工作者紧跟时代步伐，立足教育强国建设发展全局，系统践行课程思政，全面兼顾学科特色，深度融合数智技术，积极寻求突破与创新，精心编写兼具时代性、思想性、创新性的教材，全面提升学生的英语应用能力、跨文化能力、思辨能力、学习能力等综合素养，通过教材建设为国家人才培养与教育强国战略贡献力量。

4.2.1.1 系统践行课程思政，强化教材育人功能

课程思政是全面提高人才培养质量的重要任务，是建设高质量教育体系的重要内容，是落实立德树人根本任务的重要抓手。教材编写者深入挖掘课程思政内涵，将思政建设与不同课程相结合，全面强化教材的育人功能。

在通用英语课程方面，多套教材通过修订改版贯彻党的二十大精神、融入社会主义核心价值观等思政关键话题、丰富中国相关元素，加强价值引领，践行思政育人。外研社修订出版《新视野大学英语 视听说教程》（第四版）和《新标准大学英语 视听说教程》（第二版），增设中国文化板块，以时新、生动的素材展现可信、可爱、可敬的中国形象，结合多样的视听与口语活动，帮助学生传播好中国声音。外教社修订推出《全新版大学进阶英语 视听说教程》（第二版），在保持教材多元文化特色的同时，增加丰富的中国主题视频、图片与练习内容，帮助学生坚定文化自信、讲好中国故事。高教社修订出版《新大学英语 视听说教程》（第二版）和《大学创新英语 综合教程》（第二版），贯彻党的二十大关于加快建设高质量教育体系的精神，多维融合语言与文化、知识与价值、本土与世界，以润物无声的方式落实课程思政建设要求。

在跨文化交际课程方面，教材编写者充分结合课程特点，探索思政建设方案。外研社全新推出《新标准大学英语文化中国》，精选与中国相关的话题，通过原创阅读文章和视频，成体系、多角度地呈现中华优秀传统文化、革命文化和社会主义先进文化，帮助学生坚定理想信念，提升中华文化传播能力。外教社修订出版《中国文化英语教程》（第二版），新增中国共产党百年历史和中国梦等内容，帮助学生更好地理解中国共产党的百年奋斗重大成就和中国未来发展的宏伟蓝图。清华大学出版社修订推出《英语国家社会与文化》（第2版），在介绍主要英语国家国情的基础上，收入跨文化交际案例、关于中国传统文化的翻译练习和关于当代中国的拓展阅读，丰富教材的思政内涵。

4.2.1.2 全面兼顾学科特色，积极服务“四新”建设

教育强国建设要求全面提高人才自主培养质量，注重优化学科专业布局，深入推进“四新”建设，加强基础学科、新兴学科、交叉学科建设和拔尖人才培养。教材编写者深刻理解国家发展战略，响应“四新”建设号召，针对新型人才培养需求与模式，着力研发多种专门用途英语（English for Specific Purposes，简称ESP）和研究生学术学科英语教材。

在本科教育方面，外研社出版的《“一带一路”国家跨文化商务交际教程》（第二版），聚焦多个“一带一路”共建国家，展现人文地理、民俗风情和文化价值观，讲解商务礼仪规范和商务沟通知识，助力培养具备跨文化商务能力的国际化人才。清华大学出版社出版的《国际胜任力英语教程》《医学人文英语教程》《能源人文英语视听教程》《双碳通识英语教程》等多类型新品，以服务国家战略需求为导向，紧扣国际胜任力、医学、能源、双碳等关键领域话题，涵盖听、说、读、写等多维度训练，体现语言技能与学科知识的双向培养，为院校培养复合型国际化人才提供支持。

研究生教育肩负着高层次人才培养和创新创造的重要使命，是国家发展、社会进步的重要基石。面向研究生教育，外研社推出《卓越研究生英语 综合教程》系列教材。该系列教材分为“理工篇”和“人文篇”，以探究式学习为理念，以学科交叉融合为特色，结合理工、人文学科前沿和热点话题，引导学生深入探究分析，提高解决问题的能力，助力培养高层次拔尖创新人才。中国人民大学出版社出版《医学院校研究生英语视听说》（第四版）、《教育硕士英语教程》（第二版）等教材，复旦大学出版社出版《机械工程研究生学术英语读写教程》，以上教材基于真实交流场景和学科语料库设计编写，强调输入与输出、理解与应用的循序渐进与有机统一，旨在培养医学、教育和机械工程等关键学科领域的高素质人才。

4.2.1.3 深度融合数智技术，推动教育数字化变革

人工智能技术迅猛发展，教育数字化战略纵深推进，高等教育面临深刻变革。教材编写者紧跟时代步伐，持续将前沿科技融入教材研发，以技术革新推动教材形态与教学模式变革。

外研社依托U校园AI版，创新出版《新视野大学英语 视听说教程》（第四版）、《新标准大学英语 视听说教程》（第三版）、《卓越研究生英语 综合教程》、《“一带一路”国家跨文化商务交际教程》（第二版）等一系列AI外语教材，深度融合纸质教材、数字资源与AI功能，革新教材形态与教学模式。U校园AI版基于先进数智技术，打造数字人语伴，提供AI口语陪练、AI助教、AI评阅等全新功能，创设高效、智能的教学体验；推出“1+N+X”教学模式，支持纸质教材、线上自选单元、院校自建内容自由结合，满足个性化教学需求；配备微课视频等多模态学习资源和在线交互式课件等数字化教学手段，构建开放、交互、共享的智慧教学环境。

复旦大学出版社推出《听说中国——大学英语视听说智慧教程》，以数智技术赋能教材形态转变。教材采用多媒体展示、互动式学习模块、虚拟现实体验等技术手段，打造立体化、沉浸式学习环境，增强学习的趣味性和参与感，提升教学效率与成效：学生可以通过在线资源库随时获取所需资料，通过虚拟实验室进行实验操作练习，通过网络论坛交流与他人共同完成项目任务；教师可以借助教材中的互动式学习模块促进课堂讨论，利用模拟实验或VR体验增强实践操作能力，通过线上平台跟踪学生的学习进度，提供及时反馈。

清华大学出版社依托国家级线上一流本科课程推出新形态教材——《新思维英语写作》。教材的上篇配套慕课视频资源，聚焦有效写作原则；下篇独立于慕课之外，关注写作实践应用。学生既可以在教师的带领下进行混合翻转学习，也可以进行自主泛在、碎片化的学习，构建线上线下的循环学习共同体。

表4.1 2024年大学英语教材出版一览表

课程类型	教材名称	主编	出版社	出版时间
通用英语课程	新编大学英语 综合教程（第四版）4	何莲珍	外语教学与研究出版社	2024年2月
	新视野大学英语 视听说教程（第四版）1-4	郑树棠	外语教学与研究出版社	2024年3月
	新标准大学英语 视听说教程（第三版）1-4	文秋芳	外语教学与研究出版社	2024年3-6月
	大学英语文化翻译教程（第二版）	陈毅平、秦学信	外语教学与研究出版社	2024年4月
	领航大学英语 综合教程 4	刘建达	上海外语教育出版社	2024年2月

（待续）

（续表）

课程类型	教材名称	主编	出版社	出版时间
通用英语课程	全新版大学进阶英语 综合教程（第二版）3-4	李荫华	上海外语教育出版社	2024年3-7月
	全新版大学进阶英语 视听说教程（第二版）1-2	朱晓映	上海外语教育出版社	2024年3月
	全新版大学进阶英语 视听说教程（第二版）3-4	孙倚娜	上海外语教育出版社	2024年6-7月
	新大学英语 视听说教程（第二版）1-2	王海啸、余渭深	高等教育出版社	2024年4月
	新大学英语 视听说教程（第二版）3-4	余渭深、王海啸	高等教育出版社	2024年4-6月
	大学创新英语 综合教程（第二版）1-2	安晓灿、全　冬	高等教育出版社	2024年4-9月
	新思维英语写作	廖　敏	清华大学出版社	2024年3月
	英汉互译实践与技巧（第六版）	许建平	清华大学出版社	2024年5月
	英语口语交流（上册、下册）	唐利芹等	清华大学出版社	2024年7月
	21世纪大学英语读写教程（第五版）1-3（A版）	范　烨、冯　豫	复旦大学出版社	2024年2月
	21世纪大学艺术英语 综合教程（第二版）1-4	贺春英、隋晓冰	复旦大学出版社	2024年2月
	应用型本科大学英语实用教程（上）	刘　欢、孙　伟、李　爽	复旦大学出版社	2024年6月
	新时代大学英语实用口语教程（上、下）	郑愿华、张薇薇	复旦大学出版社	2024年8-10月
专门用途英语课程	“一带一路”国家跨文化商务交际教程（第二版）	秦丽莉、强薇如	外语教学与研究出版社	2024年8月
	新医科英语系列教材 医学人文英语教程	黄立鹤、吴　赟	清华大学出版社	2024年1月

（待续）

（续表）

课程类型	教材名称	主编	出版社	出版时间
专门用途英语课程	高校专门用途英语（ESP）系列教材 能源人文英语视听教程	赵秀凤	清华大学出版社	2024年5月
	高校专门用途英语（ESP）系列教材 财经基础英语	周　茜、罗志高	清华大学出版社	2024年8月
	高校英语选修课系列教材 双碳通识英语教程	刘长江	清华大学出版社	2024年8月
	通用学术英语系列教材 学术英语听说交流（中级、高级）	庞红梅	清华大学出版社	2024年8月
	通用学术英语系列教材 学术英语研究论文阅读与写作	庞红梅	清华大学出版社	2024年8月
	通用学术英语系列教材 学术英语议论文阅读与写作	庞红梅	清华大学出版社	2024年8月
	初级IT英语 读写教程（第二版）1	司炳月	清华大学出版社	2024年9月
	初级IT英语 听说教程（第二版）1-2	司炳月	清华大学出版社	2024年9月
	高级实用英语系列教材 航海类大学英语实践教学教程	余　锋	中国人民大学出版社	2024年8月
跨文化交际课程	新标准大学英语文化中国1-4	文秋芳	外语教学与研究出版社	2024年3-6月
	新目标大学英语系列教材 中国文化英语教程（第二版）	束定芳	上海外语教育出版社	2024年8月
	新目标大学英语系列教材 西方文化英语教程（第二版）	殷启平、李　颖	上海外语教育出版社	2024年8月

（待续）

（续表）

课程类型	教材名称	主编	出版社	出版时间
跨文化交际课程	英语国家社会与文化（第2版）	王　焱、杨　倩	清华大学出版社	2024年5月
	国际胜任力英语教程（国际理解）	王　吴	清华大学出版社	2024年7月
	国际胜任力英语教程（通用）	郝运慧	清华大学出版社	2024年8月
	中国文化英语阅读教程	吉红卫、林继红	复旦大学出版社	2024年5月
	听说中国——大学英语视听说智慧教程1-2	陈坚林、杨　港、李延勇	复旦大学出版社	2024年5-8月
研究生英语课程	卓越研究生英语（理工篇）综合教程1-2	李　雪	外语教学与研究出版社	2024年4-8月
	卓越研究生英语（人文篇）综合教程1-2	侯俊霞	外语教学与研究出版社	2024年4-7月
	新编研究生英语系列教材 学术综合英语（第二版）	张秀峰、庞红梅、张彩华	上海外语教育出版社	2024年8月
	研究生英语实用教程	苏永刚、杜新宇	清华大学出版社	2024年8月
	理工科研究生学术英语系列教程 机械工程研究生学术英语读写教程	常　乐等	复旦大学出版社	2024年3月
	21世纪研究生英语系列教材 研究生英语（通用基础版）	刘建达	复旦大学出版社	2024年6月
	21世纪实用研究生英语系列教程 医学院校研究生英语视听说（第四版）	卢凤香等	中国人民大学出版社	2024年8月
	21世纪实用研究生英语系列教程 研究生学术英语写作	王文俊、赵　镭	中国人民大学出版社	2024年8月

（待续）

（续表）

课程类型	教材名称	主编	出版社	出版时间
研究生 英语课程	21世纪实用研究生英语系列教程 教育硕士英语教程（第二版）	李中山	中国人民大学出版社	2024年8月

4.2.2 英语类专业教材

教材建设是育人育才的重要依托，事关人才培养的方向与质量，是从教育大国迈向教育强国的重要支撑。2024年，英语类专业教材以服务教育强国建设、深化教育综合改革为目标，积极推动专业学科建设，提升实战能力和国际传播能力，促进数字化转型，助力培养有家国情怀、有全球视野、有专业本领的复合型国际化人才。各类英语类专业教材陆续出版，体现出如下特点。

4.2.2.1 服务学科建设，推动外语学科高质量发展

在全球化和信息化迅速发展的背景下，加强外语学科建设，提高外语人才自主培养质量，已成为我国高等外语教育的重要任务。2024年，英语类专业教材强化内核，守正创新，在保持人文性和学术性的同时，积极与其他学科交叉融合，助推外语教育高质量发展，培养具有专业素养、国际视野和思辨能力的高素质外语人才。

在文学领域，教材注重凸显人文性、思想性和学术性，引导学生培养思辨能力，拓展文化视野，陶冶高尚情操。例如，外研社出版的《英语文学导论》选取英语文学史上的经典名篇作为案例介绍文学要素，同时纳入族裔文学作品，提供理解和评价不同文化和社会现象的新视角。此外，外研社出版《外国文学理论》，该教材以古希腊时期到21世纪的外国文学理论发展为脉络，呈现外国文学理论的立体图谱，并融入中国学者视角，

引导学生感受理论魅力，唤起理论自觉。外教社出版的《新编英国文学史教程》和《新编英国文学选读》以问题意识和学术探析为导向，以文学关键词和“共同体”“现代性”“跨学科”等前沿理念阐释英国文学，引导学生培养良好的逻辑思辨习惯。此外，外教社出版的《外国文学理论》旨在帮助学生掌握外国文学的重要理论，使学生对外国文学现象和思潮有更深入的理解，为其未来开展文学批评和文学研究打下良好基础。

在语言学领域，教材开发注重培养学生对人类语言的理性认识，通过分析语言现象来理解语言背后的思想、文化与人文内涵，提高学生的语言文化意识。例如，外研社出版的《语言学导论》（第二版）不仅涵盖语言学中的语音学、句法学、语用学等主要分支学科，还介绍了语言学研究中的新兴或交叉学科，如心理语言学、社会语言学、认知语言学等，引导学生认识语言与思维、心理、认知、语言习得等之间的关系。教材还深挖语言学中蕴含的思想价值和精神内涵，将价值塑造、知识传授、能力培养相融合。浙江大学出版社出版的《英语语言学导论》兼顾中西方语言现象，借助生活中的实例，具体直观地阐释抽象的语言学理论。该教材还聚焦语言学理论与课程思政的有机融合、跨学科专业的交叉融合与现代信息技术的融合赋能，注重培养学生的多元能力，助力高校新文科背景下的人才培养。

4.2.2.2 立足实践需求，培养实战拔尖外语人才

拔尖创新人才是国家的重要战略资源，高等外语教育迫切需要“脱虚向实”，以国家战略需求为牵引，完善人才培养模式，培养实战型、复合型拔尖外语人才。在此背景下，英语类专业教材立足实战场景和实践需求，强化学生综合运用能力，有力支撑人才自主培养体系构建，提升中国国际影响力。

在商务英语专业领域，教材开发从国家和区域社会发展“需求侧”出发，着力培养商务实践所需的关键商务技能和商务语言能力。外研社出版

的《新标准商务英语 阅读教程》涵盖广告促销、定价策略、团队建设、财务管理等多元话题，涉及商业评论、商务信函、商务合同、公司年报等多种体裁，讲解推测词义、概括主旨、推断观点等阅读策略，对接职场商务阅读能力要求。外教社出版的《商务英语视听说教程》（第2版）立足职场人士视角，构建真实语境，将上岗培训、接待客户、销售、谈判、报告等一系列商务活动和职场历练贯穿起来，紧扣学生就业的实际需要。清华大学出版社出版的《商务对话口译实战》，复旦大学出版社出版的《跨文化商务交际教程》，对外经济贸易大学出版社出版的《商务英语口语》（第三版）、《商务礼仪实训（双语）》（第二版）等，分别针对商务英语口译、商务英语口语、商务礼仪、商务交际等领域，搭建实训场景，助力培养能够胜任各行业商务工作的国际化复合型外语人才。

在翻译专业领域，各出版机构聚焦不同类型的翻译能力，注重理实结合，出版满足口笔译语言服务及国际交流工作需求的多种翻译教材。外研社出版的《非文学翻译》（第二版）及《计算机辅助翻译》（第二版）的修订重点之一是解析人工智能翻译工具发展，引导学生紧跟新时代翻译实践趋势，而《英汉口译教程》（第二版）语料真实丰富，系统介绍公共演讲、意义听辨、语言转换等口译技能，并专门设置“译前准备”板块，使教材更加贴合口译实战流程。外教社出版的《英汉翻译基础教程》在讲授理论与概念、方法与技巧的基础上，系统讲解文本与语境，涉及广告翻译、旅游翻译、财经翻译、影视翻译、政务翻译、法律翻译等，侧重学生翻译策略与能力的开发和应用。清华大学出版社出版的《网络新闻编译》汲取新闻传播、新闻翻译研究的前沿成果，基于与环球网等国内主流媒体的产学合作项目，融汇典型国际新闻编译案例，提升学生对各类数字新闻进行编译的综合能力。北京大学出版社、对外经济贸易大学出版社、浙江大学出版社分别出版《职场翻译：数字人文新形态教程》《跨学科口译实训教程》及《科技英语翻译》（第二版）等，通过强化实训实践，增强学生实战信心和综合竞争力。

4.2.2.3 融通中国文化，服务国际传播能力建设

国际传播能力建设的关键在于国际传播人才培养，高等外语教育要有的放矢培养国家战略人才和急需紧缺人才，为解决我国国际传播“卡嗓子”问题提供人才支撑。在此背景下，各出版机构积极打造了一系列融通中国文化、提升综合口语技能、增强跨文化素养的教材，切实提高学生的国际传播能力。

外研社出版的《大学思辨英语教程 口语》和《新编英语口语教程》通过创设真实的交流情境，探讨广泛深刻的社会话题，稳步提升学生的综合口语表达能力。同时，教材注重有机融入中华优秀传统文化、革命文化、社会主义先进文化，帮助学生更好地理解中国文化，在国际交流中更有效地展示中国形象。外教社出版的《中国思想经典》通过对中国思想史的梳理和对经典文本的解析，帮助学生建立对中国思想史发展脉络的宏观认知，引导学生用英语讨论中国思想经典，培养学生用英语表述中国文化传统和文化精髓的能力。

外教社出版的《跨文化交际精要》揭示跨文化交际的内在规律和本质特征，剖析跨文化交际的疑点和难点，为培养学生跨文化能力提供指导和建议。浙江大学出版社出版的《中医跨文化传播》通过理论讲解、模拟展示、案例分析、实际操练、角色扮演等方式，介绍了如何从跨文化传播的角度重新审视中医国际化，创新性地打造中医跨文化传播模式。中国人民大学出版社出版的《跨文化思辨阅读教程（文化篇）》涉及历史、教育、哲学、人物、文学、节日、经济、语言等文化维度，通过中外英语名家名篇的阅读教学培养学生的跨文化能力和思辨能力，将中外文化对比、阅读思辨能力培养、思政元素挖掘等融合在一起。

4.2.2.4 纸数深度融合，赋能教育教学模式创新

教育数字化是教育强国的重要内容，是开辟教育发展新赛道和塑造教

育发展新优势的重要突破口。在教育数字化发展的大背景下，各出版机构主动作为，探索教材数字化转型的新路径，实现纸质教材与数字产品的深度融合，推动英语类专业教育教学的创新与发展。

外研社出版的《现代大学英语 精读》（第三版）、《大学思辨英语教程 精读》、《新时代核心英语教程 综合英语》、《应用英语教程 综合英语》，依托U校园AI版开发数字课程，提供多模态学习资源和在线交互式学习，赋能教与学新发展；依托“外研U词”小程序，提供英语专业四级词汇，并配有释义、音频、例句和题型多样的互动练习，全面升级词汇学习体验。《实用英语语音教程》将慕课与教材内容紧密结合，并通过“外研随身学”深度融通纸质教材与音视频资源，学生扫描教材中的二维码即可获取音视频，进一步巩固重难点知识。

外教社出版的《新思路英语专业系列教材 综合教程》，基于WE Learn智慧教学平台开发数字课程，在从教材中精选适合移动学习的内容的基础上，增补课文梗概、词汇详解、词汇操练、单元测试等内容，并提供便捷的教学管理功能和形成性评价体系，方便师生开展线上线下融合教学。

清华大学出版社出版的《经典英美文化：五维课堂》采用新形态教材编写理念，厘清线上和线下功能，设计大量服务翻转课堂的教学活动。学生通过扫描教材二维码，可进入教材“云空间”，观看视频、收听音频、阅读文档、在线做题，实现实体课堂与课下自学的相互补充。

表4.2 2024年英语类专业教材出版一览表

课程类型	教材名称	主编	出版社	出版时间
综合英语课程	现代大学英语 精读1-4（第三版）（外研U词版）	杨立民	外语教学与研究出版社	2024年6月

（待续）

（续表）

课程类型	教材名称	主编	出版社	出版时间
综合英语课程	新时代核心英语教程 综合英语1-4（外研U词版）	蒋洪新	外语教学与研究出版社	2024年6月
	大学思辨英语教程 精读1-4（外研U词版）	孙有中	外语教学与研究出版社	2024年6月
	应用英语教程 综合英语1-4（外研U词版）	薛家宝	外语教学与研究出版社	2024年6月
	新世纪高等院校英语专业本科生系列教材（修订版） 综合教程（第3版）5	何兆熊	上海外语教育出版社	2024年6月
	新思路英语专业系列教材 综合教程3	许立冰	上海外语教育出版社	2024年2月
英语视听说课程	英语听力教程3-4（第四版）	张民伦	高等教育出版社	2024年2-8月
英语口语课程	新经典高等学校英语专业系列教材 新编英语口语教程（中级）	吴祯福	外语教学与研究出版社	2024年9月
	大学思辨英语教程 口语1-4	孙有中	外语教学与研究出版社	2024年7月
	新经典高等学校英语专业系列教材 实用英语语音教程	田朝霞	外语教学与研究出版社	2024年2月
	新英语语音教程——正音与品韵	常俊跃	高等教育出版社	2024年4月
	全人教育英语专业本科教材系列 英语交际语音教程	刘希瑞	中国人民大学出版社	2024年9月
英语阅读课程	新世纪高等院校英语专业本科生系列教材（修订版） 阅读教程（第3版）3	巫喜丽、蒋静仪	上海外语教育出版社	2024年9月
	英语泛读教程1-2（第四版）	吕洪灵	高等教育出版社	2024年7-8月
	新开端英语专业基础课系列教材 阅读拓展3-4	朱蕴轶、王　敏	安徽大学出版社	2024年3-8月
	英语阅读与写作中级教程（修订版）	余玲丽、励哲蔚、林渭芳	复旦大学出版社	2024年8月

（待续）

（续表）

课程类型	教材名称	主编	出版社	出版时间
英语写作课程	新国标英语专业核心教材 写作教程1-3	[美]秦彼得（Peter Chin）	上海外语教育出版社	2024年7月
	新世纪高等院校英语专业本科生系列教材（修订版） 英语创意写作教程	戴　凡	上海外语教育出版社	2024年1月
	实用英语写作	陈　钰	清华大学出版社	2024年1月
中国文化概要课程	新世纪高等院校英语专业本科生系列教材（修订版） 中国思想经典	陈　兵、朱雪峰、范　浩	上海外语教育出版社	2024年4月
语言学方向课程	新经典高等学校英语专业系列教材 语言学导论（第二版）	文　旭	外语教学与研究出版社	2024年9月
	英汉对比研究（增订本）	连淑能	高等教育出版社	2024年3月
	高等学校英语专业系列教材 英语语言学导论	祝　敏	浙江大学出版社	2024年6月
文学方向课程	新经典高等学校英语专业系列教材 英语文学导论	曾艳钰	外语教学与研究出版社	2024年8月
	外国语言文学学科核心课程系列教材 外国文学理论	金　莉、陈　榕	外语教学与研究出版社	2024年7月
	新世纪高等院校英语专业本科生系列教材（修订版） 新编英国文学史教程	李维屏	上海外语教育出版社	2024年9月
	新世纪高等院校英语专业本科生系列教材（修订版） 新编英国文学选读	殷企平	上海外语教育出版社	2024年9月
	外国语言文学学科研究生核心课程教材 外国文学理论	乔国强、曾　军	上海外语教育出版社	2024年4月
	当代英美文学选读教程	陈文玉	复旦大学出版社	2024年10月

（待续）

（续表）

课程类型	教材名称	主编	出版社	出版时间
文学方向课程	英美诗歌欣赏	洪　流、马广利	复旦大学出版社	2024年6月
	启真 · 高等院校全球化卓越人才培养英语系列教材 英美文学关键词（英国卷）	孙艳萍、苏　忱	浙江大学出版社	2024年5月
	高级实用英语系列教材 英美文学欣赏（第五版）	刁克利	中国人民大学出版社	2024年4月
比较文学与跨文化方向课程	新世纪高等院校英语专业本科生系列教材（修订版） 西方思想经典	朱　刚	上海外语教育出版社	2024年6月
	跨文化交际精要	翁立平	上海外语教育出版社	2024年4月
	中医跨文化传播	徐宁骏、黄在委	浙江大学出版社	2024年6月
	全人教育英语专业本科教材系列 跨文化思辨阅读教程（文化篇）	袁凤识	中国人民大学出版社	2024年4月
	国家级一流本科课程配套教材 经典英美文化：五维课堂	骆　蓉、文晓华	清华大学出版社	2024年3月
翻译专业课程	新经典高等学校英语专业系列教材 英汉口译教程（第二版）	任　文	外语教学与研究出版社	2024年9月
	全国翻译硕士专业学位（MTI）系列教材 非文学翻译（第二版）	李长栓	外语教学与研究出版社	2024年7月
	全国翻译硕士专业学位（MTI）系列教材 计算机辅助翻译（第二版）	钱多秀	外语教学与研究出版社	2024年6月
	新经典高等学校英语专业系列教材 英汉交传入门	邓小文、王海若	外语教学与研究出版社	2024年4月
	新国标英语专业核心教材 英汉翻译基础教程	李德凤、陈科芳	上海外语教育出版社	2024年9月

（待续）

（续表）

课程类型	教材名称	主编	出版社	出版时间
翻译专业课程	新编英汉笔译教程（第2版）	张林影	清华大学出版社	2024年9月
	英语专业系列教材 网络新闻编译	贺　莺、 张　旭、 崔振峰	清华大学出版社	2024年6月
	翻译专业基础课系列教材 汉英翻译方法经典案例解析	武光军、 蒋雨衡	华东师范大学出版社	2024年9月
	高等学校英语专业系列教材 英汉互译实用教程（第五版）	郭著章、 郭丽君	武汉大学出版社	2024年9月
	英语写译系列教材 英汉翻译教程（第3版）	司显柱、 赵海燕	东华大学出版社	2024年8月
	职场翻译教材系列 职场翻译：数字人文新形态教程	岳　峰、 林世宋	北京大学出版社	2024年6月
	非文学翻译——应用与方法	朱　华	北京大学出版社	2024年4月
	新文科英语系列教材 跨学科口译实训教程	唐中黎	对外经济贸易大学出版社	2024年6月
	翻译新论	董晓波、 郭　洁	对外经济贸易大学出版社	2024年2月
	英汉翻译技巧与实践	李思龙、 傅　霞	浙江大学出版社	2024年6月
	翻译专业群特色系列教材 科技英语翻译（第二版）	张干周	浙江大学出版社	2024年1月
商务英语专业课程	高级商务英语系列教材 高级商务笔译（第二版）	温建平、 吴　朋	外语教学与研究出版社	2024年9月
	新标准商务英语 阅读教程2-4	卢　珊	外语教学与研究出版社	2024年1-12月
	新世纪商务英语专业本科系列教材（第二版） 商务英语视听说教程（第2版）1-3	姜荷梅	上海外语教育出版社	2024年5-8月

（待续）

（续表）

课程类型	教材名称	主编	出版社	出版时间
商务英语专业课程	新世纪商务英语专业本科系列教材（第二版） 商务英语阅读教程（第3版）1-2	叶兴国	上海外语教育出版社	2024年8月
	商务英语立体化系列教材 商务英语翻译（英译汉）（第三版）	李　明	高等教育出版社	2024年1月
	商务英语翻译（第二版）	丁立福	安徽大学出版社	2024年11月
	商务对话口译实战	曾思予	清华大学出版社	2024年9月
	国家级一流本科专业建设配套教材 商务翻译实用教程	鲁　伟	清华大学出版社	2024年6月
	新国标应用型本科商务英语系列教材 商务礼仪实训（双语）（第二版）	刘艳萍、石丽云、郑晶晶	对外经济贸易大学出版社	2024年7月
	应用型翻译系列教材 实用商务英语翻译（第四版）	段云礼	对外经济贸易大学出版社	2024年7月
	应用型高等院校精品系列教材 商务英语口语（第三版）	王　淙、马　青、曾晓慧	对外经济贸易大学出版社	2024年7月
	新世界商务英语系列教材 高级商务英语视听说（第五版）	江　春	对外经济贸易大学出版社	2024年4月
	四川外国语大学新文科系列特色教材 管理学基础：理论、应用及案例（英文）	李佩瑾	对外经济贸易大学出版社	2024年3月
	新基点商务英语专业本科系列教材·商务知识子系列 跨文化商务交流案例分析（第三版）	窦卫霖	对外经济贸易大学出版社	2024年1月
	新视界商务英语系列教材 商务英语视听说 3-4册（第二版）	郭桂杭、刘白玉	中国人民大学出版社	2024年8月
	新视界商务英语系列教材 商务英语阅读 第3册（第二版）	赵淑荣、宋君霞	中国人民大学出版社	2024年2月

（待续）

（续表）

课程类型	教材名称	主编	出版社	出版时间
商务英语专业课程	新视界商务英语系列教材 综合商务英语 第3册（第二版）	高嘉勇、 吉　慧、 黄业胜	中国人民大学出版社	2024年1月
	跨文化商务交际教程	罗　靖、 谢宝霞、 徐　玲	复旦大学出版社	2024年8月

4.3 高等学校英语教材使用案例

4.3.1 北京邮电大学："数智赋能，新质教学"理念指导下的大学英语教学改革与创新

北京邮电大学人文学院大学英语教学团队基于学校信息科技的特色优势，依托《新标准大学英语》（第三版），以团队原创的LEGO课程思政教学理念为指导，打造"数智赋能"的大学英语课堂，推动大学英语教学改革与创新。教学团队结合学生的理工科背景和专业特点，有效使用教材中主题丰富多元的篇章，如"媒介素养""航天发展"等，深入挖掘贯穿教学任务设计、语言技能练习、产出活动等各环节的思政元素，系统培养学生的语言能力、批判性思维、家国情怀和全球视野，全面提升学生"讲好中国科技故事，传播中国科技文化"的能力，充分彰显"文化源代码，科技中国芯"的校本英语课程特色。

在数字化转型背景下，教学团队积极探索并使用教材配套的U校园AI版、外研U词等智能平台与工具，有效赋能大学英语课堂。教师在智能平台上提前布置产出任务，根据教学需要提供课外资源，延展课堂教学时间，助力学生个性化自主学习；使用即时投票和词云等课堂教学互动工具增强课堂互动性，深化学生对知识的理解；借助数字人"子言"激发学生

学习兴趣，提升课堂参与度；依托智能平台的任务诊断功能帮助教师及时了解学生的学习进度与难点，精准调整教学策略，同时将AI评阅与教师评阅相结合，构建多元评价体系，使课堂教学更为科学有效，推进落实“新质教学”。

4.3.2 苏州大学：依托智慧教材使用推进大学英语课程内涵建设、教师发展与人才培养

苏州大学东吴学院大学英语教学团队秉持创新教学理念，基于《全新版大学高阶英语 综合教程》的使用，培养具有英语应用能力、高阶思维能力、国际视野和跨文化交际能力的新型外语人才。在教学实践中，该团队以“价值引领，数智赋能”理念为指导，依托WE Teach、WE Learn等数智化平台，践行深度混合式教学模式，探索智慧教学新范式：使用覆盖词汇、语法、听力、阅读、口语等多个方面的教材配套数字化资源，满足不同学生的学习需求；创设真实情境的学术项目式学习活动，如撰写英文论文、模拟国际会议发言等，帮助学生在实践中提升英语综合运用能力和批判性思维；利用智能技术对学生的学习成果进行量化和质化分析，全面评估基于智慧教学的混合式教学模式在提升学生英语能力方面的效果，并根据评估结果进行教学模式的优化和调整。这一过程亦助力教师团队成长，促使教师探索创新教学方法，提升教学与科研水平，实现教学相长。该团队依托智慧教材的使用，显著提高了教学有效性，极大促进了大学英语课程内涵建设、教师发展以及人才培养。

4.3.3 哈尔滨工业大学：以卓越（EXCEL）教学理念为引领的研究生英语教学模式改革

哈尔滨工业大学依托《卓越研究生英语（理工篇）综合教程》，结合院校研究生人才培养方案，创新提出卓越（EXCEL）教学理念和模式。

该模式深度融合语言学习与学科内容，聚焦人工智能、自动驾驶等国家重大战略需求和理工学科前沿热点话题；通过探究式学习，围绕核心议题，串联教学素材和练习活动，启发学生深入探究学科前沿领域，拓宽视野格局，提升科研和学术能力。在教学过程中，学院始终以育人为核心目标，将中国相关发展、成就与智慧有机融入课程内容，通过多样化教学活动潜移默化地传递社会主义核心价值观，引导学生坚定文化自信，培养具有国际视野和社会责任感的高素质人才。在具体的教学实施中，学院充分利用U校园AI版，科学规划线上线下、课内课外教学内容。在面授课上，学生围绕素材核心要义、学科前沿知识、学术技巧等展开深入学习与讨论。课后，教师引导学生在线完成相关练习作业，并借助AI助教、AI评阅等智能工具进行自主学习，推动线上线下教学的有机结合。这一创新教学实践使学生的学科视野得以拓宽，各项能力显著提升，为深入开展学术研究打下坚实基础。

4.3.4 华北电力大学：多维并进，数智赋能，持续提升“三进”教学成效

华北电力大学高度重视“理解当代中国”系列教材使用，构建“三进”工作管理机制与教学实践协同机制，成立“‘三进’外语教育与研究中心”，将其同课程思政和新文科建设协同推进。学校聚焦课程体系与教学内容改革，实现学段专业全覆盖，提升教师“三进”教学能力，培养学生用外语讲好中国故事的能力。

数字资源研发 学校建成《习近平谈治国理政》平行双语语料库。该语料库包括约33万中文形符、45万英文形符，近1.5万句对。基于此，学校建成《习近平谈治国理政》系列慕课和教学知识库，内容涵盖中国特色表达、翻译策略、专有名词、学术语言表述等，为数字课程建设打下扎实基础。

教学模式转型 学校运用U校园AI版数字课程设计全新混合式教学方案。课前，教师结合教学实际为学生设置线上产出任务，学生自主完成任务；课中，基于学生的课前线上表现，教师通过问答、测试等互动方式，组织学生对重难点展开讨论和评价；课后，学生完成与教学内容相关的练习，巩固学习效果。同时，教师基于平台集成的多维度数据分析功能，持续优化教学设计，适时调整教学内容和策略，不断提升教学成效。

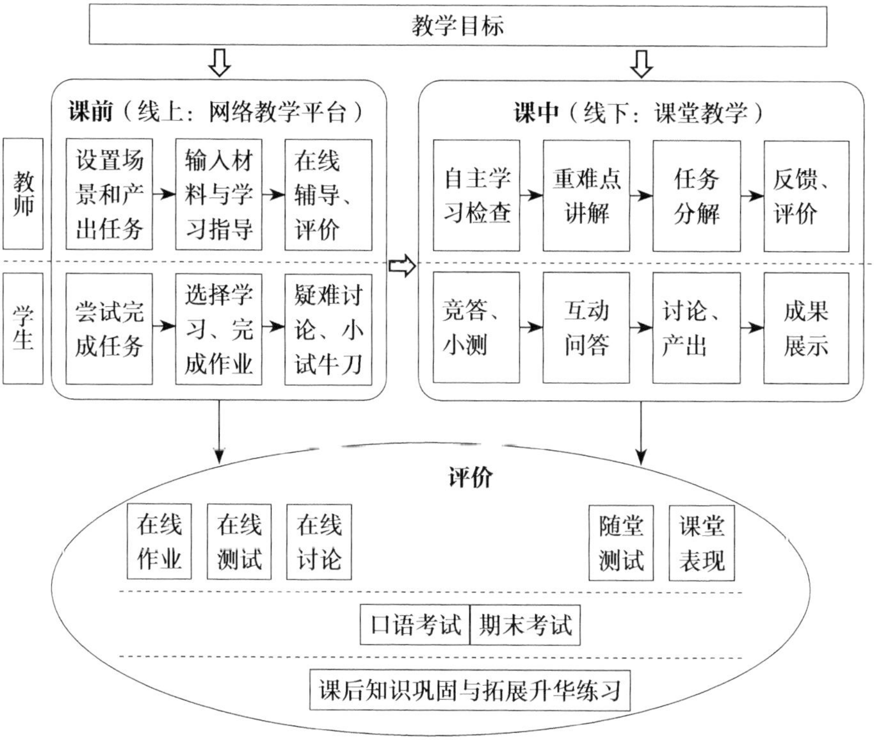

图4.1 基于U校园AI版数字课程的混合式教学方案

教研项目申报 学校优先推荐完整使用“理解当代中国”系列教材的教师申请“三进”教学改革立项，鼓励教师聚焦教材重难点开展研究，深化教学改革。目前已立项五项省级专题研究，涵盖融渗机制、资源库建设、课程思政建设、“七位一体”协同机制建构等内容。

以赛促学促践 学校强化竞赛指导，培养学生用外语讲好中国故事的能力。学校组织学生积极参加“‘外研社·国才杯’‘理解当代中国’全国大学生外语能力大赛”，取得国家级银奖3项、铜奖8项以及省级金奖18项、银奖15项、铜奖10项的优异成绩。

4.3.5 南京师范大学：课程思政与数字赋能双驱动，助力卓越外语人才培养

南京师范大学依托《现代大学英语精读》（第三版）秉承的“以语言训练为纲，兼顾人文素质培养”的育人理念，有效开展语言和内容有机融合的教学，帮助学生全面提升语言能力与综合素养，为英语专业人才培养增添新助力。教师深入挖掘课程思政元素，充分利用教材中的中国优秀传统文化、当代中国声音以及人类文明发展先进成果等素材，设计、开展思辨性教学活动，实现价值塑造、知识传授和能力培养相统一的教学目标。通过精析课文内容，教师引导学生探索文学、社会和人生的深层关系，帮助学生树立正确的价值观，提升其独立思考和深入研究的能力，培养具有国际传播能力和教研双优素养的卓越外语人才。

学校积极探索数字技术赋能教学创新的路径与方法，打造新型智慧课堂。教师依托U校园AI版，发布课前预习任务，开展过程性考核；基于在线学习平台进行师生、生生多维互动与评价，充分利用数字资源辅助教学实践，提升教学效果。同时，学校鼓励学生主动学用、善用数字资源，并将其运用到自身学习的各个方面，提升自身作为外语学习者和职前英语教师的数字素养，实现以教促学、教学相长的良性循环。

依托《现代大学英语精读》（第三版），南京师范大学在多项教学比赛中屡获佳绩，如外研社“教学之星”大赛全国特等奖、全国高校外语课

程思政教学案例大赛一等奖、江苏省高校教师教学创新大赛一等奖，为新时代英语教育改革和人才培养提供宝贵经验，并起到示范引领作用。

4.4 高等学校英语教材教师培训

4.4.1 全国性教师培训项目

4.4.1.1 “理解当代中国”系列教材教师培训

为推动“三进”工作走深走实，帮助教师深入理解教学要求与教材理念，充分运用教材与数字资源，推动“理解当代中国”课程建设和教学创新，教育部高等学校外国语言文学类专业教学指导委员会、北京外国语大学、外研社、北京外国语大学中国外语教材研究中心于7月31日—8月1日举办“全国高等学校‘理解当代中国’系列教材任课教师培训”。教育部高等学校外国语言文学类专业教学指导委员会委员、各高校外语院系负责人、“理解当代中国”各语种任课教师共计9.6万人次线上线下参会，深入领会“三进”教学要求，创新推动“理解当代中国”课程建设，共同探索提升外语人才自主培养质量的新路径。10月，教育部高等学校外国语言文学类专业教学指导委员会和外研社举办“全国高等学校‘理解当代中国’系列教材讲师团培训”，旨在培养一批政治素质过硬、教学能力突出、善用数智资源的“理解当代中国”课程授课教师，充分发挥示范和辐射作用，带动全国任课教师专业发展。2024年全年，各省（区、市）教育主管部门全面推进《习近平谈治国理政》多语种版本“三进”工作，提升高校外语教师育人能力，共举办相关研讨会19场，就教材使用、课程建设等方面展开研讨，推动“三进”工作走深走实，促进拔尖创新外语人才培养。

4.4.1.2　2024年外研社全国高等学校外语学科中青年骨干教师高级研修班

2024年，外研社全国高等学校外语学科中青年骨干教师高级研修班根据新时代高等教育人才培养、学科建设、课程改革与教师发展需要，设计教育教学、学术研究、信息技术和国际传播四大类别15期研修课程，打造“开放互动、合作共享”的教师专业学习共同体，助力外语教师学习先进教学理念与创新教学方法，精研数字技术，拓展科研路径，增进教研水平，提升育人素养，为推动高等外语教育高质量发展奠定理论和实践基础。

4.4.1.3　2024年全国高校外语教研室主任系列研修班

5月，为进一步激发基层教学组织活力，探索教研室建设与管理新途径，通过创新机制提升外语教师数字素养，外研社与北京外研在线数字科技有限公司（以下简称“外研在线”）举办“全国高校外语教研室主任系列研修班”。研修班以“创新教研组织，提升数字素养”为主题，分2期展开，具有理念强化与应用示范相结合的特点，旨在推动教研室主任带领教学团队探索创新模式、产出创新成果。

4.4.1.4　2024年外研社暑期全国高校外语教学研究与教师发展系列研修班

7月—8月，外研社举办“2024年暑期全国高校外语教学研究与教师发展系列研修班”。系列研修班以“敢为、善为、有为”为主题，涵盖专家讲座、院校分享、教学大赛等形式，线下与线上相结合，共开展17期线下研修班和10场线上活动，线下参与人数近9,000，线上参与人次超19万。全国高等院校外语教育专家及一线外语教师共享有效使用教材、有机融合数智技术的外语教学新方案，共探数智时代外语课程育人新范式。

4.4.1.5 外教社2024年全国高校外语骨干教师高级研修班

2024年，为全面贯彻教育部提高高等教育质量、加强师资队伍建设的精神，推动高校外语教学与科研发展，满足广大外语教师专业发展的需要，上海外国语大学中国外语教材与教法研究中心和上海外教社教育培训中心联合多家学术机构共举办11期研修班。研修班涵盖外语教学、学术研究、国际传播、跨文化等多方面内容，帮助教师夯实专业基础，更新教育理念，创新育人方式，助力外语教师实现高质量专业发展。

4.4.2 虚拟教研室

2024年，外研社基于“理解当代中国”英语系列教材、《新视野大学英语》（第四版）、《新标准大学英语》（第三版）、《现代大学英语》（第三版）等，共举办40期虚拟教研室活动。虚拟教研室紧扣数智赋能教学、有效使用教材及建设优质课程等话题，邀请教材编者和一线教师解读教材理念、示范教学设计、交流教学经验，推动教师教学能力及外语课程建设质量提升。

上海外国语大学英语学院“英语专业课程研究型教学改革虚拟教研室”举办2期教研活动。活动主题分别聚焦“合作教学在翻译课堂的应用”和“创意写作课程教学与实践”，活动内容包括示范课堂教学实录、课程设计与实施等，旨在促进各高校及广大教师交流互鉴，推动课堂教学改革。

9月—11月，外教社思飞学院“全国高校高质量课程虚拟教研室”以课程类型为核心，共举办30余期线上讲座，围绕《新目标大学英语》（第二版）、《全新版大学高阶英语》（第三版）、《新思路英语专业系列教材 综合教程》、《新国标英语专业核心教材 综合教程》等教材，充分关注教学实际需要，结合数智教学资源与平台，突出不同课型的教材在教学中的高效使用，为外语教师提供丰富全面的教学支持与服务。

教育部多语种教学改革虚拟教研室暨第三期产出导向法云共同体共开展11期教研活动。该虚拟教研室为教育部首批虚拟教研室建设试点。第三期产出导向法云共同体以跨地域、多语种为特色，以“云连接论”为云共同体建设的理论基础，以“产出导向法”教学和研究为抓手，围绕《新标准大学英语》（第三版）等基于“产出导向法”（Production-Oriented Approach，简称POA）理论体系编写的教材展开教研，旨在探索数字化时代外语教师发展新模式，全面提升教师专业素养，助力教师实现可持续发展。

教育部首批虚拟教研室建设试点“大学思辨英语课程虚拟教研室”共开展6期虚拟教研活动。该虚拟教研室依托《大学思辨英语教程》系列教材展开，教研活动主题涵盖英语专业听力、写作等课程设计与教学、信息与交流技术在语言教学中的应用等。该虚拟教研室为全国大学思辨英语教师团队和个人提供了一个交流、共商、学习的平台，促进了教学质量的提升和资源的共享。

“综合英语课程虚拟教研室”基于《现代大学英语》（第三版）等教材共开展9期虚拟教研活动。该虚拟教研室为教育部第二批虚拟教研室建设试点，由国际关系学院英语系骨干教师团队牵头，综合语言、文学、翻译、文化、国别五大类英语课程，为高校英语教师提供交流互鉴平台，促进教师提升教学能力，培养高质量复合型外语人才。

由北京外国语大学与外研在线联合建设的“教育部英语课程群虚拟教研室”共开展7期教学研讨会。研讨会聚焦AI赋能英语课程改革和建设、慕课建设与应用等主题，以《新探索研究生英语》《大学思辨英语教程》《高级英语》等教材为例，开展集体备课、观摩、培训、教研等活动，助力外语教师深挖课程中的思政元素，提升融通中外的能力，建设一流课程和课程思政示范课，促进互学互促，构建虚拟教学共同体。

4.4.3 教材编写与使用讲座

2024年，外研社依托“外研社高等英语资讯”视频号、钉钉“外研社 · U讲堂社区”等平台，围绕《新编大学英语 视听说教程》（第四版）、《大学英语文化翻译教程》（第二版）、《非文学翻译》（第二版）、《外国文学理论》等教材，举办14期公益讲座。活动邀请教材编者与一线教师，阐释教材编写理念、分享教学实践经验、示范单元教学设计，助力提高课程建设质量，提升育人成效，培养实战型拔尖外语人才。

3月—5月，外教社思飞学院举办6期教学公益讲座，主题为“服务国家战略，引领外语教学改革”。活动邀请高校专家围绕《中国文化英语综合教程》《领航大学英语综合教程》等教材，开展专题报告和教学示范，助力教师在课程中充分融入思政元素、在实践中主动变革教学模式手段，利用新理念、新方法、新技术丰富课程设置、创新教学内容。

5月，上海外国语大学外语教材研究院与中国高校外语学科发展联盟课程与教材建设委员会联合推出“外语教材研究名家讲坛”（第五季）系列讲座。系列讲座围绕2024年外语教材研究项目的课题申报展开，包括外语教材使用的实证研究方法述评、新形态外语教材研究、数智时代中华文化在外语教材中的融入与呈现、新质生产力视域下的外语教材研究、中外英语教材对比研究等主题，旨在梳理选题方向，厘清申报思路，助力提高课题申报质量，提升外语教材研究水平。

5月，高教社举办3期“外语课程思政教学设计系列讲座”。讲座基于《新大学英语》（第二版）、《新编实用英语》（第五版）等教材展开，引导教师充分挖掘教材语篇内涵和育人价值，提升外语课程思政教学质量，培养具有中国情怀、国际视野，能够用英语进行有效沟通的高素质技能人才。

第五章 高等学校多语言教材建设

2024年，高等学校多语言教材建设深刻把握教育强国的战略意义，领悟新时代高等教育面临的新形势新要求，积极助力高等外语教育改革与新文科建设，为国际传播能力提升、新质生产力发展以及高素质外语人才培养提供支撑。在体系建设方面，贯彻落实习近平新时代中国特色社会主义思想和党的二十大精神，深化外语教育课程思政体系构建。在教材类型优化、教材质量把关、教材使用指导等方面加大力度，形成“管好教材、编好教材、用好教材”的科学联动机制。在教材内容方面，以学习目标为导向，注重语言技能的综合培养，突出实用性。紧跟时代发展，增设社会热点话题与最新发展趋势，确保教材具备时代性与创新性。同时，融入文化对比，培养学生的跨文化意识及跨文化交际能力。在教材形式方面，进一步推进数字化转型，实现纸质教材和数字教材的融合创新。借助人工智能技术，深化数字赋能外语教育改革，为新质生产力的发展输送更多兼具家国情怀与全球视野、创新意识与实践能力的复合型国际化人才。

5.1 高等学校多语言教材相关政策

3月，“第八届全国高等学校外语教育改革与发展高端论坛”在北京举办。会议提出，高等外语教育应服务国家对外开放战略，深化外语学科改革，推动外语与中华优秀传统文化、“四新”专业以及文理工农医等学科的交叉融合，强化数字化赋能和人工智能引领，培养有家国情怀、有全球视野、有专业本领的复合型外语人才，为强国建设提供有力支撑。

5月，习近平总书记对学校思政课建设作出重要指示，强调要“构建以新时代中国特色社会主义思想为核心内容的课程教材体系”。构建以习近平新时代中国特色社会主义思想为核心内容的课程教材体系，是深入推进思想政治教育一体化建设的关键所在，要求在课程目标、教材内容等方面下功夫，实现思政课建设与党的创新理论武装同步推进的目标。

7月，教育部办公厅发布《关于开展“十四五”普通高等教育本科国家级规划教材第一次推荐遴选工作的通知》，指出教材需要遵循教育教学规律和人才培养规律，体现先进教育理念，鼓励学科交叉、产教融合、科教融汇，鼓励建设知识图谱和能力图谱，适应高等学校多样化人才培养需求，反映人才培养模式和教学改革创新成果，将价值塑造、知识传授和能力培养三者融为一体。

12月，“第六届中国高校外语学科发展联盟年会”在北京举行。大会聚焦外语学科创新发展和高质量教育体系建设，提出外语教育要积极服务国家重大发展战略需求，主动应变求变，推进新文科建设，创新交叉学科与“外语+专业”培养模式，不断推动人工智能赋能外语教育改革，培养兼具家国情怀与国际视野的外语人才，构建具有中国特色的外语学科新体系。

党的二十大报告提出“推进教育数字化”重大战略部署。2024年的政府工作报告强调要“大力发展数字教育”。教材数字化及教学资源数字化是教育数字化的重要形式，也是教材建设工作的重要组成部分。高质量数字教材的建设，对于推进教育数字化、培养数字时代高素质人才、建设教育强国具有重要意义。高等学校多语言教材是高质量教材体系的重要组成部分，加强数字化外语教材建设，有助于促进产教融合、赋能新质生产力、增强外语教育特色。

5.2 俄语教材

5.2.1 俄语教材出版概况

在《普通高等学校本科专业类教学质量国家标准（外国语言文学类）》（以下简称《国标》）和《普通高等学校本科外国语言文学类专业教学指南》（以下简称《教学指南》）的指导下，教材出版机构着眼于市场需求和师生的实际需求，针对高校俄语专业不同学段和方向的特点，创新教材选题，扩大教材覆盖范围，弥补现有教材的不足，致力于满足新时代对俄语专业人才培养的多样化需求，构建一个更加全面和系统的教材体系。

2024年，在《教学指南》指导下，各出版机构进一步扩大俄语教材出版版图，外研社、外教社、黑龙江大学出版社等多家出版机构共出版34种俄语教材。总体来看，俄语教材出版呈现出以下特点。

5.2.1.1 持续推动“三进”工作

各出版机构严格落实《习近平新时代中国特色社会主义思想进课程教材指南》，贯彻党的二十大精神，落实立德树人根本任务，纵深推进“三进”工作。外研社出版了《习近平总书记教育重要论述讲义》（俄文版）。该教材为加强教材建设，推进理论体系向教材体系转化，提高俄语教育质量，培养高素质俄语人才提供了重要保障。

外研社积极落实《习近平谈治国理政》多语种版本“三进”工作，中国高校外语慕课平台基于教材推出包含“俄语读写”课程在内的“理解当代中国”多语种系列慕课，系统融入习近平新时代中国特色社会主义思想，落实立德树人根本任务，促进全国院校学生对“理解当代中国”系列教材的全面学习，培养学生讲好中国故事、传播中国理念的素养。

5.2.1.2 升级核心教材形式

在本科基础阶段教材建设方面，外研社出版了“十二五”普通高等教育本科国家级规划教材《“东方”大学俄语（新版第2版）（2）学生用书》（配U校园APP）和《“东方”大学俄语（新版第2版）（3）学生用书》（配U校园APP）。该教材第1版曾获首届全国教材建设奖全国优秀教材（高等教育类）二等奖、第二届全国高校俄语专业优秀教材奖一等奖、北京市高等教育教学成果奖二等奖，并获评“十一五”“十二五”普通高等教育本科国家级规划教材和北京高等教育精品教材。第2版教材根据时代发展和教学反馈更新部分教学材料，并为教材配备U校园APP资源以及精读、语法教学课件和讲解视频，兼顾了教材的经典性和实用性。黑龙江大学出版社出版了《俄语日常情景听说教程》。该教材解决了教师和学生实际教与学中遇到的听力材料过长、词汇难度过大、存在大量俗语和表述口语化等问题，为俄语低年级听力教学提供有趣易学、满足实际教学需求的可靠材料。高教社出版了《新标准基础俄语2》。该教材有机融入社会主义核心价值观和中华优秀传统文化，注重搭建跨学科知识结构，提高学生人文素养。

在本科提高阶段教材建设方面，外教社出版了《俄语演讲与辩论》。该教材通过大量的演讲实例与分析，帮助学生培养批判性思维，从而提高学生的创新能力、俄语思辨能力和俄语语言输出能力。

5.2.1.3 拓展专业教材体系

2024年，俄语语言学领域出版了许多新教材。在语法教材建设方面，黑龙江大学出版社出版了《新编实用俄语语法》和《俄语实用语法（词法篇）》，北京大学出版社出版了《俄语语法》（第2版），商务印书馆出版了《俄语动词体精讲精练》，辽宁教育出版社出版了《俄语语法要略》。此外，武汉大学出版社出版了《俄语语用学（俄语）》，商务印书馆出版了《古俄语通论》。这些教材为俄语语法教学提供了更多选择。在文学方向课程建设方面，上海文化出版社出版了《高级俄语——俄罗斯文学经典选读》。在翻译学方向课程建设方面，外研社出版了《俄苏文学经典汉译评析》。该教材将文学和翻译有机融合，在讲解文学翻译理论与技巧的同时，通过对翻译问题的讨论，深入分析汉语和俄语在文学翻译中的交叉与碰撞，有效提升学生的文学翻译水平。此外，黑龙江大学出版社还出版了《俄罗斯学研究成果外译》（第三至六卷），社会科学文献出版社出版了《基于语篇语言学的俄语口译研究》，北京大学出版社出版了《汉俄外交翻译》。

5.2.1.4 开发通用职业教材

在大学公共外语、第二外语教材建设方面，外研社出版了《走遍俄罗斯（第2版）自学辅导用书》（1—4册）。高教社出版了《大学通用俄语4》，该教材主要面向已有俄语基础知识的二外学生和有进阶学习需要的社会学习者。中国商务出版社出版了《零起点大学俄语基础教程》，该教材侧重新工科院校专业特点，采用最新的、涉及日常生活和科学普及领域的俄语语料，并融入思政元素。中国纺织出版社出版了《新俄语》，该教材主要面向中俄贸易商务人士、赴俄旅游人士、参加国内高考的学习者和赴俄留学的社会学习者。在商务俄语教材建设方面，浙江大学出版社出版了《实用商务俄语会话》。在旅游俄语教材建设方面，外教社出版了《旅游俄语》（第2版），旅游教育出版社出版了《旅游基础俄语》（第2版）。在职业教育俄语课程教材建设方面，西南交通大学出版社出版了《应用俄语》。该教材以中俄合作办学专业学生赴俄留学的语言标准和“俄语专业”复合型人才培养为指导原则，面向高职院校中俄合作办学专业学生以及俄语爱好者。

表5.1 2024年俄语教材出版一览表

课程类型	教材名称	主编	出版社	出版时间
专业核心课程	“东方”大学俄语（新版第2版）（2）（学生用书）（配U校园APP）	刘素梅、史铁强	外语教学与研究出版社	2024年1月
	“东方”大学俄语（新版第2版）（3）（学生用书）（配U校园APP）	史铁强、黄玫	外语教学与研究出版社	2024年7月
	新世纪高等学校俄语专业本科生系列教材 俄语演讲与辩论	童丹、张廷选	上海外语教育出版社	2024年4月
	俄语日常情景听说教程 学生用书、教师用书	管月娥等	黑龙江大学出版社	2024年7月
	新标准基础俄语2	许宏、白屹	高等教育出版社	2024年3月
专业课程语言文学方向课程	高级俄语——俄罗斯文学经典选读	李新梅、[乌克兰]娜·弗·安德留先科、[俄罗斯]柳·根·尤恩	上海文化出版社	2024年7月
	新编实用俄语语法	聂继武	黑龙江大学出版社	2024年7月
	俄语实用语法（词法篇）	张艳、邢朝立	黑龙江大学出版社	2024年7月
	现代俄语学研究	杜桂枝	北京大学出版社	2024年1月
	俄语语法（第2版）	张会森、汤雅茹	北京大学出版社	2024年8月
	俄语动词体精讲精练	卜云燕、孙尔业	商务印书馆	2024年1月
	古俄语通论	马福聚、叶其松	商务印书馆	2024年6月

（待续）

（续表）

课程类型	教材名称	主编	出版社	出版时间
专业课程语言文学方向课程	俄语语法要略	苗　颖	辽宁教育出版社	2024年7月
	俄语语用学（俄语）	王　群	武汉大学出版社	2024年9月
专业课程翻译学方向课程	习近平总书记教育重要论述讲义（俄文版）	本书编写组	外语教学与研究出版社、高等教育出版社	2024年12月
	俄苏文学经典汉译评析	宁　琦	外语教学与研究出版社	2024年4月
	俄罗斯学研究成果外译（第三卷）	靳会新	黑龙江大学出版社	2024年8月
	俄罗斯学研究成果外译（第四卷）	靳会新	黑龙江大学出版社	2024年7月
	俄罗斯学研究成果外译（第五卷）	靳会新	黑龙江大学出版社	2024年9月
	俄罗斯学研究成果外译（第六卷）	靳会新、姜振军	黑龙江大学出版社	2024年9月
	基于语篇语言学的俄语口译研究	顾鸿飞	社会科学文献出版社	2024年5月
	汉俄外交翻译	陶　源、余　源	北京大学出版社	2024年1月
专业课程商务方向课程	实用商务俄语会话	陈少雄	浙江大学出版社	2024年2月
专业俄语旅游方向课程	新世纪高等学校俄语专业本科生系列教材 旅游俄语（第2版）	郝　斌、时映梅、戴卓萌	上海外语教学出版社	2024年5月
	旅游基础俄语（第2版）	周丽霞、赵　哲	旅游教育出版社	2024年2月
大学俄语课程	走遍俄罗斯（第2版）自学辅导用书1	周海燕	外语教学与研究出版社	2024年7月

（待续）

（续表）

课程类型	教材名称	主编	出版社	出版时间
大学俄语课程	走遍俄罗斯（第2版）自学辅导用书2	张海燕	外语教学与研究出版社	2024年7月
	走遍俄罗斯（第2版）自学辅导用书3	赵桂莲	外语教学与研究出版社	2024年11月
	走遍俄罗斯（第2版）自学辅导用书4	单荣荣	外语教学与研究出版社	2024年11月
	大学通用俄语3 教学参考书	武晓霞	高等教育出版社	2024年9月
	大学通用俄语4	武晓霞	高等教育出版社	2024年12月
	零起点大学俄语基础教程	李文戈等	中国商务出版社	2024年8月
	新俄语	[俄罗斯]丽　娜、袁　良	中国纺织出版社	2024年5月
职业教育俄语课程	应用俄语	王蜀涵、陈长在	西南交通大学出版社	2024年8月

5.2.2 俄语教材使用案例

高等学校依托《习近平谈治国理政》（俄文版）及“理解当代中国”俄语系列教材，持续推进“三进”工作，并结合教材内容举办了丰富多彩的学生赛事活动，取得了显著成果。

哈尔滨师范大学斯拉夫语学院于2023年12月—2024年3月举办“第二届研究生‘理解当代中国’金篇诵译微视频大赛”。通过大赛，学生不仅进一步坚定了“四个自信”，开阔了全球视野，而且更加明晰了中国特色话语体系的特点，提升了用俄语解读中国理论和中国实践，从跨文化视角阐释中国道路和中国智慧，用外语讲好中国故事的能力。

上海外国语大学俄罗斯东欧中亚学院、南京大学外国语学院俄语系、浙江大学外国语学院俄语语言文化研究所和安徽师范大学外国语学院于2024年5月举办了“第二届‘理解当代中国’长三角地区高校俄语翻译演讲大赛”。参赛学生的精彩表现体现了俄语专业学生对当代中国文化发展的深刻理解和出色的语言运用能力，同时也彰显了全国俄语专业推进“理解当代中国”系列教材进校园实践的阶段性成果。

北京外国语大学于2024年12月举办“2024‘外研社·国才杯’‘理解当代中国’全国大学生外语能力大赛”。大赛开设多语言组，其中包括俄语组别。大赛以“理解中国，沟通世界”为主题，引导选手深入领会习近平新时代中国特色社会主义思想的核心要义，理解中国之路、中国之治、中国之理的深刻内涵。该赛事进一步推动了“理解当代中国”俄语系列教材的推广与使用，助力俄语教育新发展，提升俄语专业大学生的外语能力、跨文化能力、思辨能力和创新能力，为培养能够“讲好中国故事，传播好中国声音”的新时代优秀外语人才作出了贡献。

这种以教材为依托、以赛促学的方式，在一定程度上解决了时政文献翻译学习难度大的问题，提升了学生时政文献外译的技能，增强了学生学习的积极性，并提高了教材的使用效果和学生的学习效果。

5.2.3　俄语教材教师培训

5.2.3.1　“理解当代中国”系列教材教师培训

7月31日—8月1日，由教育部高等学校外国语言文学类专业教学指导委员会、北京外国语大学、外研社、北京外国语大学中国外语教材研究中心共同举办的“全国高等学校‘理解当代中国’系列教材任课教师培训”成功召开。教育部高等学校外国语言文学类专业教学指导委员会委员、各高校外语院系负责人、“理解当代中国”系列教材各语种任课教师共计9.6万人次线上线下参会，深入领会“三进”教学要求，创新推动“理解当代中国”课程建设，共同探索提升外语人才自主培养质量、构建国际传播人才培养体系的新路径。

外研社联合大连外国语大学分别于4月26日、5月17日、6月21日、9月27日、11月1日和11月22日举办了6期“理解当代中国俄语系列”虚拟教研室活动。虚拟教研室邀请来自天津外国语大学、大连外国语大学、厦门大学、哈尔滨理工大学、黑龙江大学和西安外国语大学的“理解当代中国俄语系列”课程授课教师分享教学心得。虚拟教研室旨在通过具体单元讲解教学设计思路、教学步骤、教学重点和难点等，帮助授课教师更好地把握教材的指导思想和教学方法，深刻理解教材编写理念，准确把握教材核心内容，确保教材使用效果和人才培养成效。

5.2.3.2 俄语专业教学法培训

5月12日，由中国俄罗斯东欧中亚学会俄语教学研究分会主办，安徽师范大学外国语学院承办，上海外国语大学俄罗斯东欧中亚学院、浙江大学外国语学院俄语语言文化研究所、南京大学外国语学院俄语系合办的“2024年‘长三角地区高校俄语专业骨干教师教学研讨会’”在芜湖顺利召开。来自各高校的近70名专家、学者和骨干教师参加了研讨会。研讨会紧扣“新时代俄语专业建设中的机遇与挑战”主题，围绕数智转型、人工智能+外语教育等议题，帮助与会者深入了解俄语教育教学的动态和发展趋势，进一步加强了长三角地区高校俄语专业骨干教师之间的相互交流与学习，促进了长三角地区俄语教育事业的发展。

5月31日—6月2日，由高教社与上海外国语大学俄罗斯东欧中亚学院共同主办的“新文科 新标准 新赋能——高等学校俄语专业教学改革与发展会议暨《新标准基础俄语》新书发布会”在上海成功举行。会议在全国高校学习贯彻党的二十大精神、推动建设教育强国的背景下召开，吸引了来自全国各高等学校和科研机构的近80名专家与学者参会。大会设置了主旨发言、专题报告、主题分论坛、圆桌活动等环节，围绕“数智时代，外语何为”的共同课题，以俄语专业新文科、数智化建设为引领，深入探讨了俄语教学与教材建设，为俄语专业对接国家战略注入了新动力。

10月11日—14日，由《俄罗斯文艺》编辑部主办，西南大学外国语学院、西南大学俄语国家研究中心承办，中国外国文学学会俄罗斯文学研究分会、中国俄罗斯东欧中亚学会俄语教学研究分会、北京大学出版社、外研社、外教社协办的“《俄罗斯文艺》学术论坛暨‘俄罗斯文学研究与中国学术话语’学术研讨会”在西南大学召开。来自全国60余所高校从事俄罗斯文艺、俄语语言文学教学与研究的学者、师生共计100余人参加了论坛。大会设有七个分论坛和三个主题讨论环节。论坛举办期间，专家学者们从专业角度剖析了俄苏经典文学作品相关文学问题，推动了俄罗斯文艺学术界的交流和合作。

11月8日—9日，由教育部高等学校外国语言文学类专业教学指导委员会俄语专业教学指导分委员会、中国俄罗斯东欧中亚学会俄语教学研究分会主办，深圳北理莫斯科大学语言系和俄语中心联合承办，外研社协办的“‘中国俄语教学与研究：趋势与展望’国际研讨会”在深圳北理莫斯科大学顺利召开。来自中俄两国俄语教学与研究单位的近50名专家学者参加了会议。研讨会围绕俄语教育的新趋势、跨文化交流及创新教学模式等热点话题展开了深入探讨，分论坛主题紧跟时代发展，涵盖课程创新与实践、数字教学资源开发、跨文化交际能力培养、语音语调教学等议题，旨在为中俄语言教育的未来发展提供创新思路和国际视角。研讨会为中俄语言教育领域搭建了国际交流平台，促进了国内外俄语教育专家学者的深度合作，为两国在教育、文化领域的深化合作注入了新的动力。

11月22日—24日，由中国俄罗斯东欧中亚学会俄语教学研究分会、上海外国语大学俄罗斯东欧中亚学院、教育部区域和国别研究培育基地上海外国语大学俄罗斯研究中心、北京大学出版社主办，教育部“俄语人才培养模式改革虚拟教研室”协办的“智能时代俄语教育高质量发展论坛暨

2024全国俄语教学研究年会”在上海外国语大学召开。会议设有五个分论坛，分别围绕“智能时代教育理念的俄语专业发展战略”“智能时代的俄语教学：教材编写与课程设计的创新实践”“文明互鉴视域下俄语专业课程体系建设研究”“一流俄语专业建设的标准与路径：挑战与对策”“跨学科俄语人才培养模式探索”等主题展开讨论，来自60余所高校的近100名专家学者在各分论坛上进行了深入的研讨。

11月30日—12月1日，由教育部高等学校外国语言文学类专业教学指导委员会俄语专业教学指导分委员会、中国俄罗斯东欧中亚学会俄语教学研究分会主办，西北师范大学、北京外国语大学、外研社承办的“第九届全国高校俄语专业教学法学术研讨会”在兰州成功举办。会议以“数智提质 创新育人 奋楫笃行”为主题，吸引了来自全国90余所高校的130余名俄语专家学者与一线教师参加会议。会议包括主旨报告、专题报告和教学研讨等环节：主旨报告聚焦高等俄语教育改革方向与创新路径；专题报告展现数智融合创新育人实践，为高校俄语专业四、八级水平测试指导方向；教学研讨环节邀请一线教师围绕俄语专业核心课程进行教学分享，探讨真问题，研究新对策，催生新突破。会议旨在全面贯彻落实党的二十大精神，服务国家发展战略，回答“强国建设，俄语何为”的时代命题，共探数智时代高校俄语教育教学新方法、新途径，共商高校俄语教育高质量发展新格局、新高地。

5.3 德语教材

5.3.1 德语教材出版概况

2024年，外研社、外教社、同济大学出版社、上海译文出版社四家出版机构共出版11种德语教材。各大出版机构不断推动德语教材的改版升级以及教材体系建设，以顺应国家需求，构筑国际视野，推动外语教育高质量发展，服务新质生产力变革。

新出版的德语教材呈现出以下两个特点：完善教材体系建设，加快教材迭代升级；数字赋能教材新形态，促进教材纸数融合。

5.3.1.1 完善教材体系建设，加快教材迭代升级

在德语专业教材建设方面，外研社继续对德语专业基础教材进行升级换代，继2023年出版《新经典德语1学生用书》之后，2024年又出版了《新经典德语2学生用书》。该教材面向德语专业本科一、二年级学生，以中国特色外语教育理论“产出导向法”为基础，从中国外语教学环境和教学实践出发，融合了“教”（课程论）和“学”（二语习得）两个视角的理论精华。

在大学公共外语、第二外语的德语教材建设方面，外研社加快了“新一代大学德语”系列教材的出版进程，该系列教材根据《大学德语教学指南（2021版）》编写，突出“以学生为主体”“以任务为导向”“以能力为目的”的教学理念，强调德语学习过程中的自我文化主体意识。

在引进教材方面，外研社完成了引进教材的全品种出版。2022年推出的“你好！德语（视频版）”系列教材于2024年完成了B1级别全套教材的出版，至此，该系列教材A1至B1初级阶段的教材完成全部出版。

外教社在2010年和2016年分别推出了“交际德语教程”系列的第一版和第二版之后，于2024年推出了“交际德语教程（第三版）”系列教材。新版教材采用全媒体融合理念，将所有学习资源嵌入学习应用中，进一步提升学生的学习体验。同济大学出版社也在引进版教材的迭代升级上取得进展，对2012年出版的《柏林广场》（新版）进行修订，并于2024年推出了《柏林广场1》（修订版）。上海译文出版社引进了“欧标德语教程”系列，出版了B1+级别和B2级别的学生用书。

5.3.1.2 数字赋能教材新形态，促进教材纸数融合

外研社出版的“你好！德语（视频版）”“新经典德语”和“新一代大学德语”系列教材均配备了音频、视频和课件资源，为读者提供全方位、多维度的学习支持。

表5.2 2024年德语教材出版一览表

课程类型	教材名称	主编	出版社	出版时间
专业核心课程	新经典德语2学生用书	贾文键	外语教学与研究出版社	2024年7月
德语二外、基础课程	“你好！德语（视频版）”B1系列教程（包含学生用书、教师手册、练习手册、同步测试、强化训练）	[德]史黛芬妮·登格勒等编	外语教学与研究出版社	2024年8月
	交际德语教程（第三版）A2学生用书	[德]丰克等编	上海外语教育出版社	2024年9月
	柏林广场1（修订版）	[德]克里斯蒂安娜·莱姆克等	同济大学出版社	2024年8月
	欧标德语教程B1+（包含学生用书和练习册）	[德]比吉特·布劳恩等	上海译文出版社	2024年5月
	欧标德语教程B2（学生用书）	[德]伊尔塞·桑达等	上海译文出版社	2024年5月
语言学方向课程	新经典高等学校德语专业高年级系列教材 德语语言学教程（新版第三版）	王京平、齐冬冬编著	外语教学与研究出版社	2024年5月
读写方向课程	新世纪高等学校德语专业本科生系列教材 悦读中国：德语读写实训教程	黄克琴主编；陈洋洋编	上海外语教育出版社	2024年4月

（待续）

（续表）

课程类型	教材名称	主编	出版社	出版时间
听说方向课程	新世纪高等学校德语专业本科生系列教材 聆听中国：德语听说实训教程	黄克琴主编；赵国伟编	上海外语教育出版社	2024年6月
阅读方向课程	新世纪高等学校德语专业本科生系列教材 德语阅读教程1	冯亚琳	上海外语教育出版社	2024年7月
	新版欧标德语中级阅读教程B1	倪晓姗	同济大学出版社	2024年1月

5.3.2 德语教材使用案例

自2022年秋季学期起，高等学校“理解当代中国”德语系列教材面向全国普通本科高校德语语言文学类专业的本科生和研究生推广使用。自系列教材出版以来，多所院校对该系列教材的使用从逐渐融入课程到开设专门课程，鼓励学生学以致用，提高讲好中国故事的能力，增强传播中国声音的信心。在德语专业基础阶段的教材建设方面，外研社完成了“新经典德语”系列教材学生用书1—2册的出版。经调研，截至2024年12月，全国共有45所院校使用该系列教材。此外，2022—2024年，“新一代大学德语”系列教材已完成学生用书1—3册的出版，经调研，截至2024年12月，全国共有45所院校使用该套教材。

5.3.2.1 上海交通大学：理论学习和应用实践互动融合

上海交通大学注重理论学习与应用实践互动融合的链条，形成了完善的课程体系和课堂内外协同的培养机制，推动学生构建合作学习模式。以《德语读写教程》为例，“中国智慧”板块提供与各单元主题相关并蕴含中国智慧的古代名言警句；“讲好中国故事”板块则通过创设写作任务并设置情境，让学生综合运用单元内提供的课文和多种资源，就与单元主题相关的话题向国际受众分享中国改革与发展的经验，提高跨文化写作能力。

5.3.2.2 浙江大学：单独开设特色课程，将教材融入现有课程体系

浙江大学将《德语演讲教程》作为本科三年级下学期“德语辩论与演讲”课程的主教材，每周安排两个课时，学期内共计32个课时。该校还将《德语读写教程》《汉德翻译教程》和《高级汉德翻译教程》融入现有课程，具体而言，《德语读写教程》用于本科二年级下学期的“综合德语4”课程，《汉德翻译教程》与《高级汉德翻译教程》融合应用于本科和硕士的翻译课程。

5.3.2.3 北京外国语大学：教材理念先进，凸显中华元素

“新经典德语”系列教材是北京外国语大学规划教材重点项目，也是北京高等教育“本科教学改革创新项目”的重点内容。在教材使用前，学校组织初级阶段教师基于新教材开展教师培训和集体备课。在教学过程中，教师围绕明确的交际目标，将词汇、语法与语篇和语用知识精准融合，循序渐进地展开课堂活动，确保教学顺畅开展，使学生通过环环相扣的学习步骤，将所学知识转化为实际应用。

在授课过程中，教师充分利用新教材在主题和素材方面的选篇优势，特别强调价值引领，突出中华元素和本土文化的重要性，帮助学生从初级阶段开始学习，有意识地对外讲述中国故事。

5.3.2.4 武汉大学：落实立德树人根本任务，构建多元文化意识

“新经典德语”系列教材的选篇内容积极向上、导向正确，能引导学生树立正确的世界观、人生观和价值观，帮助学生厚植中国情怀，开阔国

际视野。教师在授课时注重知识与能力的双重培养，帮助学生掌握语言文化知识和国情知识，构建多元文化意识，着力培养学生的跨文化能力、思辨与创新能力和自主学习能力，将语音、词汇、语法的学习与具有真实性的交际场景相融合，注重学用结合，符合教学规律，可以满足课堂教学实践要求。

5.3.2.5 青岛城市学院：紧扣时代脉搏，突出实用性和适用性

“新经典德语”系列教材的设计理念契合时代发展，符合《教学指南》人才培养目标，同时满足学校应用型人才培养需求。在课堂教学中，教师按照“驱动—促成—评价”的教学流程，充分调动学生的学习积极性，达成教学目标。教材练习形式多样，且具有梯度性，教师根据学生实际情况选择性地布置练习内容，从而满足不同水平学生的学习需求。

5.3.2.6 西安外事学院：单元结构清晰，注重学以致用

“新经典德语”系列教材遵循产出导向法，每个单元结构清晰，且在单元末尾设置翻译练习、口语或书面产出任务，确保学生能够学以致用。该校的基础阶段教师在教学过程中围绕明确的交际目标，注重学用结合，重视培养学生的跨文化能力，按照产出导向法“驱动—促成—评价”的教学流程，实现了较好的教学效果。

5.3.2.7 中国政法大学：内容实用，提供多样化教学方法

“新一代大学德语”系列教材突出实用性，注重培养学生的实际语言运用能力。教师在授课时结合教材话题，围绕学生日常生活开展教学活动，以与话题相关的交际场景为主线，通过交际任务的设置将各项语言技能的训练贯穿其间。教师通过小组讨论、角色扮演、问卷调查等活动，使学生在实践中学习和运用德语。

5.3.2.8 同济大学：培养文化自信，提供丰富的多媒体资源

“新一代大学德语”系列教材在教材设计和教学方法上均有创新之处。教师在授课时充分利用教材，结合中德两国国情和文化选篇的特点，将词汇、语法的学习与具有真实性的文化和交际场景相融合，让学生在学习德语的同时增强文化自信，提升用德语讲好中国故事的跨文化交际能力，帮助学生形成正确的世界观、人生观和价值观。此外，教师积极利用配套慕课资源，将线上线下学习结合起来，使课堂教学更加高效。

5.3.3 德语教材教师培训

5.3.3.1 “理解当代中国”德语系列教材教师培训

为帮助任课教师深入理解教材编写理念，准确把握教材核心内容，及时交流教材教学方法，切实提高教师教材使用和人才培养成效，2024年4月—12月，外研社共举办了四期“理解当代中国”德语系列教材虚拟教研室活动。

5.3.3.2 德语专业教材教师培训

5月18日—19日，由教育部高等学校外国语言文学类专业教学指导委员会德语专业教学指导分委员会全国德语教师发展中心主办，西南交通大学与外研社联合承办的“2024‘新经典德语’课程设计与高等学校德语专业教学法研讨会”在西南交通大学成功举办。来自全国40多所高校的80余名德语教育专家、学者与一线教师齐聚一堂，围绕“新形势下国家战略需求与高校外语专业人才培养定位”“使用新教材培养能够理解并讲解当代中国、担当民族复兴大任的时代新人”“提升教师教学理论素养、教学设计与教学实践能力”“推动德语专业师资队伍建设”等主题展开深入讨论，助推德语教育教学高质量发展。

除线下教师培训外，外研社特邀教材编写团队分别于8月14日、8月15日、9月29日和11月7日举办了四期“新经典德语”虚拟教研室活动。

5.3.3.3 大学德语教材教师培训

外研社分别于3月15日和9月25日举办了两期“新一代大学德语”虚拟教研室活动，活动对教材编写理念进行了阐释，指出了教材教学的核心内容，也为与会教师互相交流教学方法提供了平台。

5.3.3.4 数智化时代德语测试及命题新方向研讨会

5月24日—26日，“2024年全国德语教师发展研讨会：数智化时代德语测评实践与研究”在浙江大学紫金港校区顺利举行。活动由教育部高等学校外国语言文学类专业教学指导委员会德语专业教学指导分委员会全国德语教师发展中心主办，浙江大学德国文化研究所、北京德国文化中心·歌德学院（中国）承办，外研社、外教社和同济大学出版社支持，共有来自全国40多所高校的70余位嘉宾及教师参会。会议围绕“如何进行外语测试命题及教学评价”“如何对测评数据进行统计和分析”和“如何以评促学，推动教学评研一体化”三个核心问题展开探讨，重点关注语言测试概论、命题原则与理念、命题实践与命题研究、课堂评价及研究、测评数据统计与分析等内容。

5.4 法语教材

5.4.1 法语教材出版概况

教材建设是事关“两个大计”的战略工程、基础工程。2024年，党的二十届三中全会通过《中共中央关于进一步全面深化改革 推进中国式现代化的决定》，对高校改革发展作出新指示，强调加快构建中国话语和中国叙事体系，全面提升国际传播效能。高校外语教育紧密围绕党和国家事业发展对人才培养的新要求，推动学科专业调整和人才培养模式创新，提升新时代高校外语教育的针对性和实效性。各出版机构主动服务国家战略发展，用心打造培根铸魂、启智增慧的中国特色高质量教材，全面助力培养国家和社会所需的综合素质过硬的国际化人才。

2024年，各出版机构共出版21种法语教材，其中法语专业教材14种，大学法语教材7种。新出版的法语教材呈现出以下特点。

5.4.1.1 担当使命，全面提升国际传播能力

习近平总书记在2024年召开的全国教育大会上强调，要深入推动教育对外开放，统筹“引进来”和“走出去”，不断提升我国教育的国际影响力、竞争力和话语权；要扩大国际学术交流和教育科研合作，积极参与全球教育治理，为推动全球教育事业发展贡献更多中国力量。外语专业教育积极回应时代之需，主动服务国家战略要求，突出国际传播能力培养，致力让外语专业教材成为中国特色社会主义道路、理论、制度、文化的阐释者和传播者。由外研社出版的《习近平总书记教育重要论述讲义》（法文版）应运而生。

《习近平总书记教育重要论述讲义》（法文版）以习近平总书记在全国教育大会上关于“九个坚持”的重要论述为统领，对党的十八大以来习近平总书记关于教育的一系列新理念、新思想和新观点进行了系统梳理、全面研究和深入解读，阐述了习近平总书记教育重要论述的时代背景、科学内涵、主要内容和重大意义。全书由导言和九讲构成，包括坚持党对教育事业的全面领导、坚持把立德树人作为根本任务、坚持优先发展教育事业、坚持社会主义办学方向、坚持扎根中国大地办教育、坚持以人民为中

心发展教育、坚持深化教育改革创新、坚持把服务中华民族伟大复兴作为教育的重要使命、坚持把教师队伍建设作为基础工作等内容。

《习近平总书记教育重要论述讲义》(法文版)将标识性概念、原创性理论转化，构建教材话语体系，把文化自信全面渗入教材建设之中，掌握教材建设的主导权、话语权，同时打造和传播中国话语的新概念、新范畴、新表述，全面提升国际传播力。《习近平总书记教育重要论述讲义》(法文版)经权威专家审定，译文准确流畅，不仅可以作为国内学习者重要的法文理论读物和学习材料，助力培养讲述中国故事、塑造中国形象和对话世界、引领世界的新时代国际传播人才，也让国外读者了解新时代中国特色社会主义教育改革发展，用反映中国特色、蕴含中国智慧的知识内容、文化思想、价值观念、理论体系为世界教育发展贡献中国智慧和中国方案。

5.4.1.2 顺时应变，推动经典教材扩充升级

打造经典传承教材是加快自主知识体系建设的重要环节。为深入贯彻党的二十大精神，全面贯彻党的教育方针，落实教材国家事权，各出版机构用心培育和打造具有典范性、权威性、创新性的经典传承教材，与时偕行，推动经典教材体系扩充和产品迭代，让经典教材持续焕发生命力。

在专业核心课程教材建设方面，外研社持续搭建和完善经典教材体系。2021年，外研社出版的《新经典法语》(第1—2册)获“北京市优质教材课件”奖项。2024年，外研社围绕“新经典法语”系列进一步完善教材建设，推进教材改版升级。基于院校反馈，外研社根据新的教学需求继续推出《新经典法语3(学生用书)》(第二版)，顺应教学规律，对教材内容进行优化迭代，同时引入中国文化知识，培养学生的家国情怀和全球视野，实现经典教材常修常新、与时俱进。此外，外研社还出版了《新经典法语1(学生用书)》(第二版)的同步听说教程——《新经典

法语听说教程》（1）。该教材紧密围绕主教材的交际主题设计，遵循由浅入深、由整体到细节的设计思路，巩固精读课所学内容、强化主题词汇与相关表达，在训练学习者听力能力的同时提升其语言输出能力，并通过地道真实的语料帮助学习者提高交际能力。

外教社再版经典精读教材《新法语课本》（第五册）和《新法语课本》（第六册），一改旧版教材开本小、字号小、体例杂乱、版式单一的问题，提升内容的准确性与规范性，优化教材的呈现形式，并配套电子课件，以适应当代师生的教学与学习需求，延续经典教材的生命力。此外，外教社还出版了《法语综合教程：听说能力提升》（2）。该教材作为专业核心课程教材《法语综合教程2》（第二版）的配套练习册，侧重训练学生的听说技能和听写技能，内容与学生用书相呼应，帮助学生全面提升听说读写能力。

在大学公共外语、第二外语教材建设方面，外教社再版《新公共法语》（初级），通过重新调整语音板块、更新部分过时内容、融入思政元素，提升了教材的可读性和与学生的贴近性，集价值塑造、知识传授和能力培养于一体，更加契合新时代高校育人需求。

5.4.1.3 纸数融合，着力教材形式迭代创新

推进教育数字化是建设教育强国的重要内容，也是教材建设的未来趋势。各出版机构积极应对，主动布局，加快推进教材数字化和教学资源数字化建设，以教材形态迭代升级助推育人方式变革。

在教材数字化方面，外研社推出公共外语、第二外语法语教程——“totem大家的法语”系列。该系列教材依托外研社法语APP，搭建教材纸数融合矩阵，配有互动式电子教材的纸质版教材，包含学生用书、练习册和同步学习手册，为学习者提供全方位学习体验和学习资源。互动数字教材按单元板块对纸质版教材内容进行拆解，融合文字、图片、音视频等

资源，提供音视频互动练习、录音跟读以及核查答案等功能，每课还设置工具箱，整合交际句型、语音和语法要点，并配备知识总结和对应习题跳转等辅助功能，以交互体验的形式提供互动自学工具，充分发挥数字赋能作用，提升学生学习体验。此外，外研社对“马晓宏法语”系列中的《法语》（1）、《法语》（1）（修订本）、《法语》（2）（修订本）进行介质改造，配备外研社法语APP数字资源，实现经典教材的“数字化变身”。

在教学资源数字化方面，外教社基于《新公共法语》教材，继国家精品慕课“新公共法语初级（上）”和“新公共法语初级（下）”课程之后，又推出了“新公共法语中级（上）”课程。课程依托中国大学MOOC（慕课）平台，构建了模块化教学模式，各模块既可自成一体，也可串联合并，形成了系统的语言知识与社会文化体系，满足了不同层次学生的学习要求，实现了教学资源的“精品化”和“精细化”，助力线上线下混合教学。高教社完成了《新大学法语》全系列教材慕课配套，课程采用板块式教学，既包含教材重要知识点的系统讲解，又对教材内容进行拓展补充，满足了不同层次和水平学生的需求，同时也为教师灵活使用慕课开展多样化教学提供了资源支撑。

5.4.1.4 打破专业区隔，搭建学科发展新景观

加快新文科建设，推动文科领域的学科建设、理论创新与人才培养模式改革升级，是建设教育强国、推进中国式现代化的内在要求。各出版机构根据高校人才培养的多层次需求，推动学科交叉融合与新文科建设的深度汇流，探索“外语+”人才培养模式，开发不同门类的法语教材，助力培养“一专多能”的高素质复合型法语专业人才。

基于文科教育特点和人才成长规律，文科学科专业之间进一步深度融通。外研社出版国别和区域研究方向教材——《法国历史教程：从大革命

到第二次世界大战》。教材以清晰的思路、独特的视角和深入浅出的语言对法国自大革命到第二次世界大战期间重大历史事件的前因后果进行了梳理，帮助读者了解和熟悉法国历史；同时，教材融入了与中国文化、中法交流相关的元素，鼓励学生以客观、辩证的态度看待历史，培养更多具有深厚文化底蕴、家国情怀、国际视野的时代新人。外教社再版《旅游法语》。该教材融旅游知识和语言知识于一体，具有较强的实用性和可操作性，旨在教授学生旅游行业知识和导游业务技能，培养学生运用语言与不同游客进行有效沟通的能力。上海译文出版社推出《法语经典课文选读》（初级）上、下两册。每册图书从众多法语经典书籍中遴选相应级别的选段，内容丰富，语言地道，让学生在练习阅读的同时获得新知。

根据新时代新需求，教材开发进一步拓展传统外语学科的外延，实现文科与理工农医学科交叉融合。重庆大学出版社出版《民航乘务法语》。教材针对航空服务类专业学生的外语学习进行设计，以民航客舱服务为核心，以法语交流为出发点，紧密结合行业，情境真实，实用性强，着重培养学生在民航乘务服务法语交流情境中的口语表达能力，助力学科交叉与国家人才培养需求的深度耦合。

表5.3 2024年法语教材出版一览表

课程类型	教材名称	主编	出版社	出版时间
专业核心课程	习近平总书记教育重要论述讲义（法文版）	本书编写组编；法文翻译组译	外语教学与研究出版社、高等教育出版社	2024年12月
	新经典法语3（学生用书）（第二版）	吴云凤、胡　瑜	外语教学与研究出版社	2024年10月
	新经典法语听说教程（1）	张　霞、杨燕萍	外语教学与研究出版社	2024年7月

（待续）

（续表）

课程类型	教材名称	主编	出版社	出版时间
专业核心课程	法语（1）（24新）	马晓宏、柳　利	外语教学与研究出版社	2024年9月
	法语（1）（修订本）（24新）	马晓宏、柳　利	外语教学与研究出版社	2024年9月
	法语（2）（修订本）（24新)	马晓宏、林孝煜	外语教学与研究出版社	2024年9月
	新法语课本（第五、六册）	束景哲	上海外语教育出版社	2024年8-9月
	法语综合教程：听说能力提升（2）	吴贤良	上海外语教育出版社	2024年1月
专业方向课程	新经典高等学校法语专业高年级系列教材 法国历史教程：从大革命到第二次世界大战	[法]Nicolas Joël Koudlanski、余春红	外语教学与研究出版社	2024年6月
	新世纪高等学校法语专业本科生系列教材 旅游法语	王明利、卞文佳、盖莲香	上海外语教育出版社	2024年5月
	法语经典课文选读（初级）上、下	曹德明、杨　姗	上海译文出版社	2024年1月
	新时代航空服务类系列教材 民航乘务法语	萧　筠、林珂妍、冉芷旖	重庆大学出版社	2024年5月
大学法语课程	totem大家的法语（1）（学生用书）（A1）	董遥遥等	外语教学与研究出版社	2024年1月
	totem大家的法语（1）（练习册）（A1）	[法]Corina Brillant等	外语教学与研究出版社	2024年1月
	totem大家的法语（1）同步学习手册（A1）	董遥遥等	外语教学与研究出版社	2024年1月
	totem大家的法语（2）（学生用书）（A2）	陈　昉等	外语教学与研究出版社	2024年6月

（待续）

（续表）

课程类型	教材名称	主编	出版社	出版时间
大学法语课程	totem大家的法语（2）（练习册）（A2）	[法]Marine Antier等	外语教学与研究出版社	2024年7月
	totem大家的法语（2）同步学习手册（A2）	陈　昉等	外语教学与研究出版社	2024年7月
	外教社新公共法语系列 新公共法语（初级）（第2版）	吴贤良	上海外语教育出版社	2024年8月

5.4.2 法语教材使用案例

5.4.2.1 南京大学：以多模态课堂教学助力读写能力提升

南京大学法语系将“理解当代中国”法语系列教材中的《法语读写教程》用于本科三年级“高级法语”课程教学，课堂设计充分考虑当代大学生的认知行为方式和信息接收习惯，围绕教材单元主题设置，依托网络资源，将文字、图片、音频、视频等多模态资源合理搭配与叠加，既能加强学生对习近平新时代中国特色社会主义思想的法语译文的理解与分析能力，又能引导学生关注丰富多样的中国实践，培养用相关理论解读实践的意识和能力，从而更好地将阅读输入转化为写作输出。

在教学过程中，教学团队将《法语读写教程》的整体教学目标分解为三个层次：普及目标、提优目标和拔尖目标，分别对应帮助学生看得懂、讲得清与辩得明，并根据不同层次目标挖掘、遴选、调配、整合适切的多模态教学资源。教师首先引导学生通过对课文和多模态延展内容的学习，理解和把握习近平新时代中国特色社会主义思想的核心要义与内在逻辑；其次利用多模态协同，以“读”“视”“听”促“写”促“说”，为学生提供用法语进行书面和口头表达的内容支撑，供其模仿借鉴并最终内化吸收，提升自身通过跨文化写作和演讲向国际受众讲述中国改革与发展经验的能力。在此基础上，教师引导学生主动关注国际社会对中国理论与中国实践的理解与误解，思考如何在遭遇国际社会误解甚至攻讦或责难时，予以有力、有效的澄清和驳斥。

任何跨文化实践都离不开翻译能力的支撑。因此，教师在课堂上还十分注重对相关内容语言特色的分析，继而探究这些语言特色为翻译带来的困难，以引导学生从跨文化表达的原则和目标、中法语言表达习惯的差异等维度综合考量跨文化实践涉及的各种因素，洞悉方式方法选择的理据。

5.4.2.2 重庆工商大学：用足用全，综合会通

重庆工商大学外国语学院法语系自2023年起启动“理解当代中国”法语综合课I、II、III系列课程，全面贯彻“三进”工作理念，系统使用“理解当代中国”法语系列教材，包括《法语读写教程》《汉法翻译教程》和《法语演讲教程》。该系列课程覆盖本科三年级（上、下）与本科四年级（上）三个学期，由“三进”教学团队的三位教师协同授课。

课程以产出为导向，遵循“读写输入—翻译强化—演讲输出”的教学链条，全面挖掘教材中涵盖的政治、文化、经济等主题，通过课堂讲授、案例分析和项目实践等方式，将习近平新时代中国特色社会主义思想与法语教学深度融合，帮助学生在跨文化语境中深刻理解中国现实与中国价值观念。

课程特别注重培养学生的社会实践能力与创作能力。学生通过深入基层、走访区县，完成了“讲好川渝中法故事”、编辑《南山》杂志、“讲好重庆民间文学故事”等一系列活动，将课堂学习成果转化为文化传播实践。这些活动不仅提升了学生的语言应用能力，也增强了他们传播中国文化的自信心和使命感。

此外，教学团队与马克思主义学院紧密合作，围绕习近平新时代中国特色社会主义思想定期开展跨学科教研活动、共同备课和思政水平测试。

这种协作大幅提升了课程的理论深度与思想性，为学生提供了多学科交叉学习的广阔平台。

同时，法语系将“理解当代中国”系列教材与法语视听说、笔译和口译课程有机融合。通过设计基于教材的翻译训练、主题演讲和模拟口译任务，学生在多样化的语言技能训练中，深入理解教材核心内容，实现了语言能力与文化理解能力的全面提升。

5.4.2.3 中国人民大学：“学用一体、知行融合”的教学模式

中国人民大学中法学院以“新经典法语”系列中的《新经典法语听说教程1》为教材，面向所有专业一年级学生开设“法语视听说1”课程。学生使用纸质版教材进行课前预习、课上学习和课后复习，教师在U校园AI版上使用数字版教材进行备课和授课。

《新经典法语听说教程1》在内容上与精读教材《新经典法语1学生用书》（第二版）紧密关联，并在后者相关章节的主题词汇和交际板块基础上予以延伸，因此，“法语视听说1”的课程进度与精读课程“初级法语1”的课程进度高度相关，视听说课程一般在精读课程对应章节结束授课的下一周开始授课。这种安排一方面给学生充分的时间理解并吸收与精读教材相关的内容，另一方面让学生为视听说课堂上的听力训练和口语练习作好知识积累和心理准备。

视听说课堂在搭载触屏视听设备以及可移动桌椅的智慧教室中进行，这样的配置既方便教师操作屏幕上的数字版教材，又方便教师走近学生进行互动。教师每次都先布置课前任务，让学生预习精读教材中的主题词汇和句型。课上，教师先以中、法文谚语、俗语或成语开篇点题，并明确教学目标；随后进入热身环节，通过观看视频，搭配即兴口语互动，引导学生进入学习状态；然后进入训练和提升环节，通过特定场景下难度逐级提升的音视频资料、丰富的练习和教师讲解，培养学生抓取重要信息、关注

细节要点的能力；最后是表演环节，学生在观看示范视频后，可以选择在现场简单排练后即兴演出，或者课后精心准备并在下一堂课登台展示。此外，自测环节由学生在课后完成，教师在下一堂课针对相关问题进行答疑后正式结束该课的学习。

教师在授课过程中时刻关注学生反馈，并据此调整课堂节奏，引导学生边学边用，学用一体，在全面提升学生听力理解和口语表达能力的同时，也通过积极反馈帮助学生树立信心，提高其参与语言交际的主动性，为其进行跨文化交流奠定坚实基础。

5.4.2.4 北京城市学院：七年一贯制特色项目法语定制衔接课程

北京城市学院自2019年起开设“小学教育+多语言”复合专业的七年一贯制高本贯通项目，“新编大学法语”系列教材主要用于“小学教育+法语”专业的专科二年级，可以更好地衔接本科阶段法语教学，以及帮助学习者备考大学法语四级考试。

在该项目中，学生利用高中三年从零起点开始夯实法语基础，每学期18周，每周10课时，但进入专科阶段之后，小学教育相关专业课程逐步增加，法语课程缩减至每学期15周，每周6课时，教学目标也转变为以系统复习语法知识、培养学生法语读写能力为主，同时通过植入法语教学法理念，帮助学生树立良好的教师职业价值观。因此，“新编大学法语”系列教材的章节主题设置以及每课教学内容的体量和结构，均能够较好地起到过渡衔接的作用。这既能够帮助学生重点复习和巩固需要在该学年结束时参加的全国大学法语四级考试的相关考点，又能够帮助学生适应课时减少、教学思路转换所带来的变化。更重要的是，在该学年的第二学期，学生将赴各小学开展教学见习，该教材的法语教学法及思政内核能够帮助学生意识到从学生到教师的身份与思维方式的转变，从而为实施教学实践作好知识、技能和心理的多重准备。

5.4.3 法语教材教师培训

5.4.3.1 教学发展论坛及研讨会

由教育部高等学校外国语言文学类专业教学指导委员会法语专业教学指导分委员会、中国法语教学研究会主办，外研社、福州外语外贸学院共同承办的“第七届高校法语专业课程设计与教学方法研讨会”于6月14日—17日在福州外语外贸学院开幕。会议设置主旨报告、观摩研讨等环节，来自全国40余所院校的80余位院系领导、教学专家、学科负责人和一线教师齐聚一堂，共同探讨和交流法语教学的新理念、新方法，推动全国高校法语专业以党的二十大精神为指引，主动担当作为，助力我国高素质国际化人才培养，切实提升高校法语教师的专业水平和教学能力，共同促进法语专业教育高质量发展。

由教育部高等学校外国语言文学类专业教学指导委员会法语专业教学指导分委员会、中国法语教学研究会、上海外国语大学和苏州大学主办，外教社承办的“第七届全国高校法语专业院长/系主任高级论坛”于4月20日在苏州大学成功举办。论坛聚焦中法建交60周年，以“回望六十载奋进新征程”为主题，汇集了来自全国各地80余所院校的近百位法语专业院长、系主任和学科负责人。与会者围绕中法文化交流与合作、法语专业改革与发展、课程建设与思政育人、教师素养提升与教材编写等议题展开了深入讨论，通过探讨法语专业在新时代的新征程和新发展，为全面提升中国特色外语人才的培养贡献力量。

由教育部高等学校大学外语教学指导委员会法语组、全国大学法语四六级考试设计组、同济大学、山东大学联合主办，同济大学外国语学院承办的“全国大学法语年会2024暨全球胜任力视阈下的大学法语教学改革与发展论坛”于9月20日—22日在同济大学四平路校区成功举办，来自全国40多所高校的70余名专家学者、大学法语骨干教师参加了会议。会议回顾和总结了中国大学法语教学的历史与现状，分析和探讨了大学法语教学面临的挑战与机遇，旨在提升大学法语服务国家战略的意识与能力，助力培养高素质复合型国际化人才，推动新时代大学法语教学高质量发展。

由北京外国语大学和法国驻华大使馆联合主办的“语言教学与文明互鉴——纪念中法建交60周年国际研讨会暨第六届世界法语教师日主题培训活动”于11月22日—23日在北京外国语大学举行。会议设置中法专家讲座、教学示范课、圆桌论坛等环节，共有来自近70所高校或机构的约140位法语教师参加了会议。与会者围绕语言学、外语教学法、文明互鉴与翻译、文明互鉴与文学等研究领域进行探讨，助力中法人文交流和法语教学事业发展。

由教育部外国语言文学类教学指导委员会法语专业教学指导分委员会、中国法语教学研究会主办，外教社协办，黑龙江外国语学院承办的“全国法语专业工作会议暨学术研讨会”于12月13日—15日在黑龙江外国语学院举办。来自北京大学、北京外国语大学、上海外国语大学、四川外国语大学等全国69所高校的100余位专家学者参加会议，共同探讨在百年未有之大变局和教育强国的背景下，法语专业人才培养的新模式、新路径，为推动我国法语教育事业的高质量发展提供智力支持。

5.4.3.2 虚拟教研室

为全面推进落实“三进”工作，帮助外语高校深入领会习近平新时代中国特色社会主义思想、用好“理解当代中国”系列教材，外研社于2024年4月—11月围绕《法语读写教程》《法语演讲教程》和《高级汉法翻译教程》在线上举办了四期“理解当代中国法语系列”虚拟教研室活动。活动邀请优秀一线教师紧扣教学需求，结合具体授课单元及真实教学案例，讲解教学设计思路，并开展集体备课，深化教师对教材指导思想、编写理念与教学方法的把握，为教师的教材使用和人才培养提供借鉴。

外研社于4月22日举办“新编大学法语”虚拟教研室活动，围绕“线上线下混合教学模式下高校二外法语课程：教学设计与实施方案”主题，邀请一线高校法语教师进行语音说课和交流答疑，共享教学研究与实践成果，为在新时代线上线下混合教学模式下提升教师教学能力提供实践借鉴和指导。

北京五高校法语课程思政研究虚拟教研室于1月—11月举办了三期教学交流活动，来自北京第二外国语学院、北京语言大学、国际关系学院、外交学院和北京外国语大学的法语专业教师齐聚一堂，分别围绕“中国文化融入法语课堂”“学科方向课的课程思政实践经验”和“法语教学与文明互鉴”主题进行交流，分享了在法语课程中依托专业教学，有机融入课程思政的实践和感悟，并就文化互鉴、人工智能应用等前沿热点话题展开探讨。

由上海外国语大学法语系领衔的法语专业课程思政虚拟教研室于5月23日举办“法语报刊阅读”课程思政线上研讨会，来自各虚拟教研室成员单位的20余位法语教师相聚云端，共同探讨法语专业课程思政建设。研讨会展示了思政内容融入“法语报刊阅读”课程的具体实施路径，旨在提升学生语言能力，拓展学生的国际视野，培养学生的家国情怀，为各校法语教师提供了有益借鉴。

5.5 日语教材

5.5.1 日语教材出版概况

2024年，各出版机构在日语高等教育教材出版方面都结出了累累硕果。外研社、外教社、高教社和北京大学出版社等出版机构共出版了28种教材，其中日语专业教材23种，大学日语教材5种。总的来看，教材出版呈现出以下特点。

5.5.1.1 紧扣政策要求，着力迭代更新

2021年5月，国家发展改革委联合教育部、人力资源和社会保障部印发《“十四五”时期教育强国推进工程实施方案》（以下简称《方案》），提到要促进高等教育内涵发展，增强教育改革发展活力，加快建设教育强国，显著提升人才培养能力。2024年是中华人民共和国成立75周年，也是实现“十四五”规划目标任务承上启下的一年。为深入贯彻党的二十大精神，全面落实党的教育方针，加强教材建设与管理，外研社积极响应《方案》要求，聚焦专业核心课程教材《新经典日本语》（第二版），对其进行修订改版，推陈出新，出版了《新经典日本语 基础教程》（第三版）第2—3册、《新经典日本语 听力教程》（第三版）第2—3册、《新经典日本语 会话教程》（第三版）第2—3册和《新经典日本语 高级教程》（第三版）第1册。第三版教材依据《国标》和《教学指南》的培养目标、培养规格（素质要求、知识要求、能力要求）以及课程体系的要求编写，将立德树人作为教育、教学的首要任务，积极融入党的二十大精神，致力于实现专业课程与课程思政的同向同行。《新经典日本语》（第三版）系列教材秉持基础阶段“学习日语”、高年级阶段“用日语学”的创新教学理念，旨在培养学生的日语学习能力、语言运用能力、跨文化交际能力以及用日语讲好中国故事的能力。教材强调同一阶段不同课程间的横向衔接，重视不同课程在教学上的相互配合，旨在解决不同课程在教学目标、课时分配等方面相对独立造成的矛盾和冲突。同时，第三版教材以数字技术为驱动，通过人工智能技术赋能语言学习，依托U校园智慧教学云平台，为教师及学习者提供“教—学—测—评—研”的一站式教学服务。2024年7月，教育部办公厅开展“十四五”普通高等教育本科国家级规划教材第一次推荐遴选工作，要求各省市积极推选经过时间检验的、体现先进教育理念的本科教材。外研社积极响应号召，对《新经典日本语 基础教程》（第三版）、《新经典日本语 听力教程》（第三版）和《新经典日本语 会话教程》（第三版）进行了申报工作。

为紧跟新时代外语教育教学发展的步伐，反映时代特点，北京大学出版社对其出版的本科日语专业核心课程主教材《综合日语》进行改版修订，推出了《综合日语》（第四册）（第三版）。修订后的教材注重并借鉴了语言学理论、外语教育学理论、学习理论、第二语言习得理论的前沿研究成果，同时关注外语教材的时效性及互联网时代年轻人的认知特点等，旨在深入培养学生的语言能力、跨文化交际能力，帮助学生树立正确的世界观、人生观和价值观。

此外，为适应时代发展的需求和学习模式的改变，外教社也对其出版的本科专业核心课程主教材《新编日语》进行改版升级，推出了《新编日语重排本》第1—3册。此次修订符合日语教学的规律与要求，在培养学生基础阶段扎实的日语知识和灵活的运用能力方面起到了良好的作用，在逐步培养学生直接用外语思考的能力的同时，注重培养其文化自信，助力学生树立正确的世界观、人生观和价值观。同时，为了更好满足学习者的学习需求，《新编日语重排本》配备了移动学习APP，使教材更具时代气息和年轻风貌。

5.5.1.2　响应时代号召，探索数字转型

随着新一轮科技革命和产业革命的深入发展，数字化转型已成为全球教育界共识。党的二十大对推进教育数字化作出专门战略部署，明确提出要“推进教育数字化，建设全民终身学习的学习型社会、学习型大国”。2023年，首届世界数字教育大会在上海举办，大会呼吁政府、学校、机构、企业和社会各方共同参与数字教育事业，共商共建共享，共同推动教育的数字化变革，构建数字教育合作长效机制。为响应这一号召，进一步推动日语教育界的纸数融合，外研社对其出版的大学公共外语／第二外语主教材《新标准日语教程》进行数字化升级，依托U校园智慧教学云平台积极开发配套数字资源，为教师提供PC端和移动端的教学管理工具，提

供微课讲解视频、日语语音测评、教学PPT课件、期末试题、单词语法检测题等资源，致力于打造全方位立体式的数字教学资源平台，全力支持教师开展智慧教学。教材以新形态的形式呈现，重视内容与结构，主题涵盖流行文化、科技创新、时代发展等，配套思政数字课程，突出中华优秀文化，引领学生坚定文化自信，培养家国情怀。同样，《新经典日本语》（第三版）的开发也顺应时代潮流，聚焦纸数融合，依托U校园智慧教学云平台，为授课教师提供标准化、规范化的课件、教案、微课视频、示范课和题库等，助力打造智慧课堂，为一线教学提供有力支持。

5.5.1.3 迎合发展需要，优化教材结构

根据《普通高等学校本科日语专业教学指南》规定的培养目标，日语专业旨在培养具有良好的综合素质、扎实的日语基本功和专业知识与能力，掌握相关专业知识，适应我国对外交流、国家与地方经济社会发展、涉外行业、日语教育与学术研究需要的日语专业人才和复合型日语人才。外研社积极贯彻该指南精神，聚焦语言文学方向课程发展，出版了《日语认知语言学入门教程》。该教材属于《新经典日本语》系列高年级阶段教材，通过八个章节的内容，深入浅出地介绍了认知语言学的基本理念，使学习者在系统掌握日语认知语言学框架的基础上，激发学习积极性，引发更加深入的思考。教材编写兼顾知识系统性和取材趣味性，使学习者在潜移默化中叩响日语认知语言学的大门，为进一步的深入学习作好铺垫。此外，在视听说课程教材的开发方面，外研社出版了《新媒体日语视听说进阶教程》。该教材与《新媒体日语视听说教程》有机衔接，内容实用、形式新颖，既注重日语视听说内容的学习与应用能力的培养，也注重帮助学习者构建国际文化视野，即学即用，旨在促进学习者有机结合听和说两个技能，切实提高日语应用能力和思辨能力。

为进一步提高日语专业学习者的研究素养，夯实论文写作能力，华中

科技大学出版社出版了《日语毕业论文实践与答辩》。该教材通过全流程指导学生完成日语毕业论文，锻炼学生论文构思与写作的逻辑思维，培养学生综合运用所学知识独立分析和解决问题的能力。作为具有创新意义的应用型本科模块化教材，该教材也关注课程思政方面的探索和实践。

此外，各出版机构聚焦翻译方向课程，为提高日语专业学习者的汉日互译能力，夯实用日语讲中国故事的能力，中国宇航出版社和上海交通大学出版社分别出版了《新编日语口译教程》（全2册）和《实用日汉翻译教程》。《新编日语口译教程》（全2册）注重结构编排的实用性，贴合学生口译学习过程，结合思政点及产出导向法教学理念，针对学生的学习难点，按照词汇、词组、句子、篇章的思路进行板块设置，旨在帮助学生理解汉日两种语言的文化背景，进而提升语言转化能力和翻译能力。《实用日汉翻译教程》聚焦日语专业学生的笔译能力，通过对日汉翻译的各种理论、方法和技巧的介绍与讲解，旨在培养和提高日语学习者从事日汉翻译所需的各项能力，尤其是检索能力、策略能力和仿写能力。

为服务新时代国家对外开放战略和“一带一路”建设，教育部与教育部人才办、高校学生司等单位密切合作，推动形成高素质国际化复合型人才培养、选拔、推送、使用的全链条，为国家战略培养和储备“一精多会、一专多能”的国际化人才。为此，全面深化公共外语教学改革，推动开设第二、第三公共外语课程，提高公共外语教学改革的针对性和实效性迫在眉睫。为响应国家战略需求，完善大学公共日语／第二外语日语教材体系，外研社出版了《新一代大学日语预备册》。该教材依据《大学日语教学指南（2021版）》《大学日语课程教学要求》《大学日语四、六级考试大纲》编写而成，适用于高等教育非零起点的大学日语学习者。作为高中日语学习者与大学日语学习者的衔接教材，该教材注重语言的工具性和人文性统一，设置四个与本科一年级新生密切相关的主题：“语言学习”“学习方式的转变”“人际关系”“对待学问的态度”，帮助他们了解大学期间的学习和生活特点，拉近课堂与生活的距离，旨在培养学生听、说、读、写、译等日语综合运用能力。同时，教材注重加强学习者对中外文化异同的认识，培养其跨文化交际能力，加深对中国文化的理解，服务中国文化对外传播。与此同时，高教社也在大学公共外语、第二外语日语教材出版上发力，出版了《新大学日语标准教程》（提高篇）（2）（第2版）。教材内容涉及职场文化、AI Chatbot、中国时装与和服、传统美术与现代科技、虚拟偶像、电子游戏、年轻人的婚姻观等具有时代性的话题，每课基于“导入—充实—产出”的流程展开教学，旨在让学生在夯实语言基础的同时提高口语表达能力，体会中日两国在文化、思维方式等方面的异同，并引导学生针对相关问题充分阐述个人见解，培养思辨能力和跨文化交际能力。此外，大连理工大学出版社出版了《新思路大学日语2》。该教材以培养知识能力为主，涉及中国文化、中日国际交流等领域，涵盖传统文化、科技创新、跨文化交际等多个话题。教材以用日语传播中国优秀文化为目标，以积极拓展学生的国际化视野为导向，科学合理地设置了内容和板块。

表5.4 2024年日语教材出版一览表

课程类型	教材名称	主编	出版社	出版时间
专业核心课程	新媒体日语视听说进阶教程	韩兰灵	外语教学与研究出版社	2024年2月
	新经典日本语 基础教程 第二册（第三版）	胡晓春、王　猛、于　飞	外语教学与研究出版社	2024年3月
	新经典日本语 基础教程 第三册（第三版）	贺静彬、陈　丽、徐二红	外语教学与研究出版社	2024年8月
	新经典日本语 高级教程 第一册（第三版）	李　燕、刘　艳、于　飞	外语教学与研究出版社	2024年3月

（待续）

（续表）

课程类型	教材名称	主编	出版社	出版时间
专业核心课程	新经典日本语 听力教程 第二册（第三版）	罗米良、苏君业、刘晓华	外语教学与研究出版社	2024年3月
	新经典日本语 听力教程 第三册（第三版）	王　昱、苏君业、李　燕	外语教学与研究出版社	2024年8月
	新经典日本语 会话教程 第二册（第三版）	吕　萍、于　飞、王　猛	外语教学与研究出版社	2024年3月
	新经典日本语 会话教程 第三册（第三版）	徐文智等	外语教学与研究出版社	2024年8月
	综合日语（第四册）（第三版）	彭广陆、[日]守屋三千代	北京大学出版社	2024年4月
	日语中高级阅读教程	毛　莉等	北京语言大学出版社	2024年5月
	新编日语重排本（1）-（3）	周　平、陈小芬	上海外语教育出版社	2024年6月
	新编日语视听说教程（上、下）（第2版）	王　磊	苏州大学出版社	2024年7月
	基础日语写作教程（1）-（2）（第2版）	李运博	高等教育出版社	2024年7-8月
	日语毕业论文实践与答辩	曹春玲、郁　青	华中科技大学出版社	2024年8月
专业课程语言文学方向	日语认知语言学入门教程	韩　涛	外语教学与研究出版社	2024年7月
专业课程翻译方向	新编日语口译教程（全2册）	张　蠡、徐　坚、曲永红	中国宇航出版社	2024年1月
	实用日汉翻译教程	张秀梅	上海交通大学出版社	2024年5月
专业课程商务方向	实用商务日语会话	赖军芳、高　丽	上海交通大学出版社	2024年6月

（待续）

（续表）

课程类型	教材名称	主编	出版社	出版时间
大学公共外语、第二外语日语教材	新标准日语教程 第三册（智慧版）	张元卉、高 阳	外语教学与研究出版社	2024年6月
	新一代大学日语预备册	杨 峻	外语教学与研究出版社	2024年8月
	新思路大学日语2	陈德超、孙 萌、孙 旭	大连理工大学出版社	2024年2月
	新大学日语标准教程（提高篇）（2）（第2版）	陈俊森、陶 芸	高等教育出版社	2024年2月
	新时代大学日语5 学生用书	徐 滔	上海外语教育出版社	2024年7月

5.5.2 日语教材使用案例

5.5.2.1 惠州学院：课上翻译思考师生并行，课外思政学习师生互促

惠州学院自2021年修订日语专业人才培养方案起，每年面向日语专业三年级学生（规模约45人）开设两个学期的“日语笔译理论与实践”课程，课程使用“理解当代中国”日语系列的《汉日翻译教程》为主教材。结合教材自身的特色，学院设定了“学好中国故事，传播好中国声音”的课程目标，运用线上线下混合式教学方式，利用AI赋能，将以学生为中心的理念贯穿教学开展的各个环节，切实培养学生的自主学习能力、跨文化思辨能力和国际传播能力。

课前，学生讨论重点词汇、语句和段落，并完成翻译任务。课上，教师点评学生的不足，构建知识框架，再次引导学生讨论并修改译文，然后进行师生共评。课前任务与课上任务都是以小组为单位完成，学生可以使用AI，但须保留AI对话记录，并对AI答案进行判断和修改。课后，教师

通过“学习通”平台进行小测，检验学生对知识点的掌握程度，并要求学生撰写译后反思日志。

《汉日翻译教程》注重理论与实践结合，提供了丰富的翻译技巧讲解和练习题，且语篇类型集中，思政内容密集。教师在授课中不仅深挖教材涵盖的思政内容，还引导学生进行细微拓展，并鼓励共建教学资源库。学生每周将中日文新闻稿和音频上传至“学习通”平台共享，作为教材外的拓展资料，在课堂上供同学共同分析与思考。

为提高学生主动性，教师鼓励学生完成反思周志，即概括所学知识，整理学习档案，并在此基础上进行自我反思。教师对学生的反思周志给予反馈，并根据学生的提问和建议调整教学设计和教学进度。

经过三年的检验，该教学模式获得了显著的教学成效，学生在国家级、国际级翻译比赛中屡获佳绩。其中，学生在2024年国家级、国际级翻译比赛中获得5个二等奖、5个三等奖、1个优秀奖。

5.5.2.2 岭南师范学院：依托交互式学习平台，实现教学效果最大化

岭南师范学院日语专业于2017年开始改用《新经典日本语》系列教材。2019级学生使用《新经典日本语》（第二版），2024级学生改用第三版，截至目前已有8届学生，累计660余人使用该套教材进行日语专业学习。目前，该校日语专业在校生约230人，日语专业开设的16门课程均使用《新经典日本语》系列的16册教材及相对应的6册配套练习册。

虽然近几年高考日语学生数量不断增多，但学生的语言基础差异较大，教材设计通过循序渐进的学习路径，帮助不同基础的学生找到适合自己的学习节奏。《新经典日本语》系列教材突出了以学生为中心的教学理念，融入了丰富的课程思政内容，并配备了充足的教学资源，为日语教学提供了有力支持。

在教学模式方面，学校结合学生特点，采用线上线下混合式教学模式。课前，学生通过U校园智慧教学云平台进行自学；课中，教师进行讲解，展开互动式学习；课后，学生通过云平台的交互式练习等，巩固知识点。

以《新经典日本语 基础教程 第二册》（第二版）第8课“病院で”为例，该课课堂教学共8课时。基于该课内容，教师设定知识目标：熟记疾病、医院等相关的词汇与表达（低阶）；掌握そうだ、ようだ、みたいだ、らしい这四个语法知识点，并能熟练应用（低、中阶）；运用所学知识，看懂与疾病、医院主题相关的日语资料（中阶）。此外，教师还要设定能力目标：能够用日语准确地叙述病情（中阶）；能够就疾病等相关话题进行造句、口语阐释、合作表达（高阶）。最后，教师设定思政目标，培养学生对社会主义核心价值观中的“文明、和谐、友善、爱国”理念的理解。根据教学目标和教学内容，教师的整体安排如下。

词汇与语法部分共4课时。学生已经在课前通过U校园AI版、“学习通”等平台进行了预习，通过观看微课视频完成了预习任务，对该课的内容有了初步的认识。课上，通过讲授法、检测法、小组合作等，结合基础会话的场景巩固新单词和句型。应用会话及正文部分共3课时。教师通过分享视频、数据，采用情境教学法、任务驱动法，要求学生明确新语法在实际生活中的应用。练习和小知识部分共1课时。学生通过头脑风暴法、小组合作法等反复练习课程内容，巩固所学。

课后进行内容延伸，达到评价主体的多元化，促使学生进行课后自主学习和反思，更好地达成教学目标。同时，教师通过线上平台和线下课堂的辅导，对基础薄弱的学生进行有针对性的训练。教师设计适合全体同学的内容，采用“i+1”（i代表学生现有水平，1代表略高于学生水平的内容）思维，鼓励“传帮带”，促进全体同学的进步提高。

《新经典日本语》系列教材注重语言的实际应用，融入大量贴近生活的情景对话，显著提高了学生的语言应用能力。课后反馈显示，大多数学生对教材的内容安排和难度设置表示满意，认为教材内容既丰富又具挑战性，能激发他们的学习兴趣和信心。

5.5.2.3 广州大学：依托“新一代”教材，培育新一代日语人才

针对高考日语学生，广州大学面向大一、大二学生开设大学日语公共课。课程选用外研社出版的《新一代大学日语》系列教材。该套教材面向非零起点的大学日语学习者，依据《大学日语教学指南（2021版）》《大学日语课程教学要求》《大学日语四、六级考试大纲》编写而成，具有突出的“育人”价值。以《新一代大学日语》第二册的内容为例，该教材涵盖生命变迁的各个阶段，包括孩童时期、青少年时期、成人时期和老年时期，通过对职业选择、自我实现、亲密关系、照顾家人、直面老去等话题的探讨，引导学生思考职业规划，激发其社会关怀意识，增强其社会责任感。

教师结合教材编写理念，适应当下日语人才从“懂日语”到“懂日本”的现实需求变化，将培养学生日语应用能力及帮助其利用日语了解日本文化、社会、经济等知识作为教学目标。以2023—2024年秋季学期面向大二学生开设的“大学日语3”课程为例，教师会围绕每一课的主题和教材的“课前热身”“课文学习”“语法学习”“挑战学习”四个环节进行整体的课程设计。在“课前热身”环节，教师会引导学生从听与说的角度思考课程主题与自己的日常生活、学习等的关系，这样能更好地调动学生的参与感。在进入“课文学习”环节前，教师先引导学生自主梳理“语法学习”环节的单词和语法，接着对其中的重点进行针对性讲解，同时适当地增加一些课外练习题，以加强学生的语法应用能力。“课文学习”环节是教学的重点。教师一方面会利用导读提供的阅读线索，引导学生在阅读中思考，提升准确阅读的能力；另一方面导入与课文内容相关的日语视频材料（如新闻、电视节目等）或与日本相关的书籍、调查报告等，为学

生提供了解真实日本文化、社会的机会，并引导学生进行中日比较，培养学生的跨文化意识与能力。最后，教师利用课后的思考题带领学生用日语讨论，逐步提升他们的口语能力。在“挑战学习”环节，教师基于教材课题挑选与学生相关度高的内容组织开展小组发言。

基于《新一代大学日语》系列教材的内容，结合教师对教材的深度理解与独创性应用，学生逐渐转变高中阶段的应试型日语学习模式。学生在用日语了解日本的学习过程中，激发起学习日语的兴趣，并在课外更积极地参加日语相关的比赛和考试。学生不仅因此增进了对日本的了解，也加深了对自己国家的了解，进而提升了跨文化意识与能力。

5.5.2.4 北京语言大学：教材体系夯实基础，智慧平台助力教学

“大学日语（一）”课程是北京语言大学针对非外国语专业学生开设的一门公共选修课程。该课程自2023年起选用《新标准日语教程》（智慧版）教材，旨在培养学生“深度主动学习”的能力，使学生在形成对日语语言规律的系统性认识的基础上，打下比较坚实的自学基础。教程遵循“学生课前预习—教师课堂引导与答疑—课后练习与兴趣学习”的模式。课前，学生可通过U校园智慧教学云平台完成自主学习任务和交互型学习任务，利用平台微课等资源进行自主学习，学有余力的学生可自行完成平台上的拓展学习板块。课上，教师通过精心设计的教学活动引导学生深入理解知识点，并促进知识点的内化和融合，最终通过成果展示等方式进行有效的语言输出。课后，教师可通过云平台后台掌握学生的学习进度和学习完成率等数据，并据此灵活调整教学计划。教师采用互动式教学方法，鼓励学生在课堂上积极参与讨论和实践活动。这不仅增强了学生的语言实践能力，也提高了他们的批判性思维和创造性思考能力。

此外，本科、研究生二外日语课程在两个学期分别选用《新标准日语教程》系列的第二册和第三册，以教材学习为主导，培养学生检索及研读

日文资料的能力。课程结合学生的个性化学习目标增加评价机制的多样性，激发学生的内在学习动机。教师以“骨骼与肌肉”作比喻，第二册的学习使学生建立了日语的“骨骼框架”，第三册的学习则是增添“肌肉”，不断完善知识网络。从学生期末任务的完成情况来看，《新标准日语教程》第二册和第三册的学习为其研究生阶段阅读日语学术文章奠定了一定基础。

5.5.3 日语教材教师培训

2023年，习近平总书记在教师节前夕致信全国优秀教师代表，首次提出中国特有的教育家精神，对教育家精神引领新时代新征程中的教师队伍建设作出高位部署，希望通过教育家精神的弘扬宣传践行，进一步激发广大教师投身教育强国建设的强大动力。2024年，各有关单位积极领会精神，为提高高校日语教师核心素养、夯实教学实践能力基础，策划举办了多次教师培训活动。

5.5.3.1 教师研修项目

1月12日—14日，由中国日语教学研究会主办，教育部高等学校外国语言文学类专业教学指导委员会日语专业教学指导分委员会、教育部高等学校大学外语教学指导委员会日语组、日本国际交流基金会北京日本文化中心、上海外国语大学、外教社等承办的“第九届高校日语教师专业发展论坛暨日语骨干教师专业发展研修会”在上海举行。研修会围绕教育数字化转型背景下的日语课程建设与教育创新等展开了深入的探讨，众多专家和学员围绕研修议题进行了充分交流。来自全国各地50余位高校日语骨干教师参加了研修会。

7月25日—27日，由教育部高等学校外国语言文学类专业教学指导委员会日语专业教学指导分委员会、教育部高等学校大学外语教学指导委员会日语组、中国日语教学研究会、高等学校大学外语教学研究会日语分会、日本国际交流基金会、外研社联合主办，黑龙江外国语学院承办的“第八届全国高校日语学科中青年骨干教师高级研修班”成功举办。研修班由主旨报告、专题报告和教学工作坊组成，200余名专家学者、教师齐聚哈尔滨，共同探讨如何对接国家战略需求、在发展新质生产力中发挥外语学科作用的新课题。

5.5.3.2 虚拟教研室

为推动大学日语课堂教学深化改革、创新发展，助力大学日语教学数字化转型，在教育部高等学校外国语言文学类专业教学指导委员会的指导下，外研社分别于2024年3月、4月和9月举办了4期“大学日语虚拟教研室”线上活动。虚拟教研室邀请《新标准日语教程》系列教材编委会成员及资深授课教师，以《新标准日语教程》为例，围绕大学日语智慧教学、数字化转型中的创新探索、BOPPPS教学模型在日语教学中的应用、微课在大学日语智慧教学中的应用与实践等问题展开教研探讨。共计1,600余位高校大学日语教师共同观摩。此外，针对《新一代大学日语》系列教材，外研社分别于3月、5月和9月举办了3期“大学日语虚拟教研室”线上活动，旨在为一线教师提供可参考的教学新模态，促进大学日语教师线上教学研修，有效帮助教师提高教学设计能力和水平。共计2,200余名高校日语教师参与研修。

4月29日—12月20日，外研社在教育部高等学校外国语言文学类专业教学指导委员会的指导下，围绕《日语读写教程》《日语演讲教程》《汉日翻译教程》《高级汉日翻译教程》举办了6期“理解当代中国日语系列”虚拟教研室线上活动。6期虚拟教研室活动分别邀请了各分册教材的编者围绕编写背景、编写理念、教材结构进行讲解，随后以某一具体单元为例，阐释教学设计思路、教学活动设置和教学重难点提示，细致展示教学实际情况，为广大一线教师提供学习参考。虚拟教研室活动的举办旨在助力授课教师提高教学实践能力，夯实其有机融合语言知识输入与思政教育的教学思维，令其深入地把握教材的指导思想、编写理念和教学方法，提高教材使用效果，提高外语人才培养成效。累计1,100余名教师通过线上接受了培训。此外，为进一步加强高校基层教学组织合作，推动育人链条相互衔接、贯通，天津外国语大学和北京外国语大学分别围绕《日语演讲教程》和《日语读写教程》举办了线下教研活动，系列教材编者结合亲身经历，分享了如何将思政教育贯穿教学体系、教材体系、管理体系的研究心得，旨在切实发挥好“理解当代中国”日语系列教材的思政育人作用，助力广大一线教师将“三进”工作走深走实。两次线下教研活动共计110余名教师参与。

5.5.3.3 教学交流活动

为贯彻落实党的二十大精神，引领中国高等外语教育高质量发展，全面提高外语人才自主培养质量，推动高等外语教育在强国建设中担当新作为、贡献新力量，3月23日—24日，“第八届全国高等学校外语教育改革与发展高端论坛”于北京召开，论坛主题为“强国建设 外语何为”。其中，主旨报告指引高等外语教育发展新方向，谋划高等外语教育服务强国建设新方略。教指委论坛指导大学外语、英语类专业、多语种专业建设，聚焦核心问题，研讨外语人才自主培养新模式。3月23日的专题论坛中，首次设置日语分论坛“日语学科发展论坛：数智赋能与教学创新”，以修刚教授为代表的9位专家聚焦人工智能与日语学科建设，助推日语教育数字化转型与融合创新，共探多元化日语人才培养新路径。分论坛由教育部高等学校外国语言文学类专业教学指导委员指导，外研社承办，以线上线下相结合的形式举办，线上观看人次逾5,000人。

4月12日—14日，由教育部高等学校大学外语教学指导委员会日语组、高等学校大学外语教学研究会日语分会主办，武汉大学外国语言文学学院、外研社承办的“第五届全国高校大学日语教学改革与发展高端论坛”在武汉大学举办。论坛以“推进课程思政，助力教师发展”为主题，旨在立足时代需求，推动高校大学日语教育深度改革，提高大学日语教育质量，打造大学日语教育新格局。论坛由主旨报告、圆桌论坛和分组研讨组成，来自全国百余所院校的200余名专家学者、高校日语骨干教师参与会议。

4月19日—21日，由北京外国语大学、教育部高等学校外国语言文学类专业教学指导委员会日语专业教学指导分委员会、中国日语教学研究会主办，上海财经大学、外研社承办，J.TEST中国事务局协办的“第十届全国高校日语专业教学改革与发展高端论坛”在上海财经大学举办。论坛以“新文科 新生态 新赛道”为主题，旨在全面贯彻落实党的二十大精神，担当新时代高等日语教育发展的时代使命，推动高等日语教育服务社会主义强国建设。论坛由主旨报告、专题报告、平行论坛和主题论坛组成，来自全国各地的200余名专家学者、高校日语骨干教师参会，共同探讨新文科建设背景下，高校日语教育的发展潜力。

5月25日，由北京大学、上海外国语大学共同主办，北京大学外国语学院、外教社承办，中国高校外语教师发展研究院协办的“2024全国高校多语种国际化人才培养研讨会”在北京大学举办。来自136所高校的200余位专家学者及高校教师参与研讨会，围绕“多语种人才培养的传承与创新”这一主题，就数字时代多语种国际化人才培养、外语教师发展等议题展开了深入交流和研讨。

为响应“以赛促教，以赛促学”的号召，从根本上提高一线教师的基本素养，夯实教学综合能力，7月24日—27日，由北京外国语大学中国外语与教育研究中心、北京外国语大学中国外语教材研究中心、北京外国语大学中国外语测评中心和外研社共同举办的“2024年外研社‘教学之星’大赛日语组全国总决赛”在黑龙江外国语学院举办。日语组分为日语专业和大学日语两个组别，以“外语教材的有效使用：数智赋能 创新育人”为主题，吸引了来自全国200余位日语教师参赛。通过复赛选拔，最终两个组别共有39名日语教师晋级全国总决赛。总决赛现场，参赛教师通过现场说课、现场讲课、互动问答三个环节的展示，为全体观摩教师呈现了一场数智赋能、别具匠心的教学盛宴。教师们展现全新的教学视角、生动的课堂活动、多元化的教学手段，用高昂的热情在比赛中大展身手，赛出了风格，赛出了水平，充分展示了新时代高校外语教师的高水平和高素质。

为了更好地适应新时代的发展需求，提升日语专业青年教师的教学能力，加强特色教学团队的建设与发展，“‘新文科’背景下全国日语专业青年教师特色教学团队建设与发展研讨会”于2024年9月20日—22日在河北大学举办。会议由教育部高等学校外国语言文学类专业教学指导委员会日语专业教学指导分委员会和中国日语教学研究会共同指导，中国日语教学研究会河北省分会主办，河北大学外国语学院承办，河北省外语教学研究会和外研社协办。会议围绕“‘新文科’背景下日语专业青年教师如何创新教学方法、构建特色团队”“如何因地制宜发挥所在地域优势，进一步促进日语专业内涵建设，保持专业的活力与优势”等主题进行了深入探讨。

为落实2024年全国教育工作会议部署，进一步带动华南地区高校日语教师教学和科研能力的全面提升，推动华南地区日语教育发展，“新质生产力时代华南地区日语跨学科研究与日语专业创新发展研讨会”于10月18日—20日在广东省湛江市举办。会议旨在探索在新质生产力时代和新文科建设的背景下，如何推进日语教育和日本学跨学科研究发展，革新高等日语教学理念，创新教学和科研方法，提升高等日语教育和科研的品质与效能，培育符合社会发展要求的高素质日语人才。会议由中国日语教学研究会主办，中国日语教学研究会湛江分会和广东海洋大学外国语学院承办，外研社协办。

5.6 西班牙语教材

5.6.1 西班牙语教材出版概况

在新时代教育改革发展的背景下，结合党的二十届三中全会和全国教育大会精神，西班牙语教育界与出版界积极响应立德树人根本任务，推动语言教育与文化传播的深度融合，为培养德智体美劳全面发展的国际化人才贡献力量。西班牙语作为全球重要的语言之一，其教育与出版事业不仅要服务国家对外开放战略，还须助力“一带一路”建设及中拉合作的深入发展。2024年，国内出版界积极承担起推动优质教育资源共享的责任，通过编写高质量的西班牙语教材、词典及文化读物，促进教育公平与资源均衡。本年度共出版西班牙语教材6种，其中，数字教材的出版满足了数字化时代的教育需求。教材品类的多样性和产品结构的优化，进一步推动了教育出版行业的创新发展，为新时代教育改革和教学实践提供了强有力的支持。

5.6.1.1 数字教材建设，智慧教学探索

为响应教育部《“十四五”普通高等教育本科国家级规划教材建设实施方案》的要求，进一步整合优质资源，创新教材呈现方式，促进智能技术与教育教学的深度融合，推动高校外语教育教学创新发展，2024年，“理解当代中国”系列的《汉西翻译教程》数字教材正式出版，并上线U校园AI版。《汉西翻译教程》数字教材是外研社在已有纸质教材基础上进行的一次数字化创新尝试，具有以下几个特点。

动态性。数字教材采取动态流式排版，通过自适应布局、灵活导航和实时更新等功能，学生可以随时随地使用多种设备进行学习，为学生提供了更加便捷和高效的学习体验。

互动性。在同步纸质教材练习的基础上，数字教材增设了听译题，为

学生提供丰富的交互式练习，并即时反馈练习答案和解析，帮助学生及时巩固知识和纠正错误。同时，数字教材支持师生互动和生生互动，学生可以提出问题、分享见解，增强学习的互动性和协作性。

数据性。数字教材可追踪学习行为数据，记录学生学习情况。系统可以生成详细的学习报告，帮助学生了解学习薄弱项，帮助教师评估学生的学习效果，制定针对性的教学计划。

数智性。根据选择的词句、核心概念等，数字教材可实现AI自动生成助记卡片，并采用艾宾浩斯记忆法，根据学习者遗忘曲线复现助记卡片，帮助学习者记忆词句、反复训练，最后完全掌握词句的含义。

5.6.1.2　增加教材多样性，完善产品结构

2024年，国内各出版机构顺应时代需求，在《国标》和《教学指南》指导下，与西班牙语教学专家及高校教师合作，策划并出版了多部符合高校人才培养需求的高质量西班牙语系列教材。

在专业核心课程教材建设方面，外研社出版了《循序渐进西班牙语会话2》。该教材适用于国内高校西班牙语专业本科二年级会话课程的教学。为了能够更好地与西班牙语专业基础阶段精读课程配合，每课内容均与《现代西班牙语学生用书》第三册和第四册中的知识密切相关，具有素材丰富、选材多样，集知识性、文化性和趣味性于一体的特点。

在特色方向课程教材建设方面，外研社出版了《习近平总书记教育重要论述讲义》（西班牙文版）。该书系统梳理了习近平总书记关于教育的重要论述，全面阐述了新时代教育改革发展的方向和目标。书中围绕立德树人、教育公平、教师队伍建设、教育现代化等核心内容，深入解读了教育在实现中华民族伟大复兴中的基础性作用。该书为教育工作者提供了理论指导和实践参考，是深入学习贯彻习近平新时代中国特色社会主义思想的重要读本，对推动教育高质量发展具有重要意义。外研社出版了“应用

西班牙语系列”《西班牙语国际贸易实务》。该书详细介绍了国际贸易的基本概念、操作流程和实务技巧，涵盖了合同谈判、支付方式、物流管理、关税政策、法律法规、客户维护等关键环节，并通过丰富的案例分析和实际操作指导，帮助学生深入了解国际贸易中的各类问题和解决方案，具有中西双语兼顾、业务流程清晰、实用价值高三大特点。外教社出版了“专门用途西班牙语课程系列”《商务西班牙语》。该书自西班牙原版引进，并请国内教师进行本地化改编，涵盖企业类型、企业架构及劳动关系、国际组织及全球贸易、人力资源管理、企业沟通策略、国际贸易及全球化、市场营销及广告策划和银行及证券交易八个单元主题。这些特色方向课程教材旨在培养具备语言技能和专业知识的复合型人才，为学生将来的职业生涯打下基础。

在大学公共外语、第二外语教材建设方面，外教社出版了《西班牙语公共课》（上册）。该书面向大学公共西班牙语课程，配有音视频、APP和PPT教学课件，分上下两册，上册难度为A1-A2水平。教材设有固定人物，每课、每个单元配有测试练习，部分练习模拟了对外西班牙语水平证书（DELE）考试试题。

表5.5 2024年西班牙语教材出版一览表

课程类型	教材名称	主编	出版社	出版时间
专业核心课程	循序渐进西班牙语会话2	马佳君	外语教学与研究出版社	2024年1月
特色方向课程	应用西班牙语系列 西班牙语国际贸易实务	查 东、 陈 泉	外语教学与研究出版社	2024年8月

（待续）

（续表）

课程类型	教材名称	主编	出版社	出版时间
特色方向课程	高等学校外国语言文学类专业“理解当代中国”系列教材·西班牙语系列教材 理解当代中国：汉西翻译教程（数字教材）	张　鹏	外语教学与研究出版社	2024年9月
	习近平总书记教育重要论述讲义（西班牙文版）	本书编写组	外语教学与研究出版社、高等教育出版社	2024年12月
	专门用途西班牙语课程系列 商务西班牙语	李　桃等	上海外语教育出版社	2024年9月
大学公共外语、第二外语教材	西班牙语公共课（上册）	陈　芷	上海外语教育出版社	2024年1月

5.6.2 西班牙语教材使用案例

5.6.2.1 北京外国语大学：自主探究式学习，打造高阶性、创新性、挑战性的一流课程

新版《现代西班牙语学生用书5》在旧版教材的基础上进行了更新，改版后的教材内容体系设置更加科学合理，新增的课文贴合当前社会发展趋势以及学生的学情特点，能够更好地推进课程内容的展开以及教师的思政教学。北京外国语大学西班牙语专业三年级的“高级西班牙语”课程以该教材为主要教材，围绕西班牙语专业高年级阶段的教学目标，坚持“语言+”的教学思想。课程采用线上线下相结合的教学方法，通过翻转课堂，充分调动学生的积极性和主动性，最大限度挖掘教材各部分的内容，并与阅读、听力和口语等语言技能课联动，努力打破不同课型间的壁垒。同时，课程充分融入“理解当代中国”西班牙语系列教材的相关内容，通过课文阅读、语法词汇学习、听力理解、翻译训练以及口头表达等各项内

容，全面培养学生的听说读写译能力。教师在开展语言教学的同时，依托任务驱动教学法，以每单元的课文主题引导学生进行拓展阅读、主题写作和辩论，将课堂内容的输入与学生的有效产出有机结合，在此基础上引导学生进行自主探究和学习，打造具有高阶性、创新性、挑战性的一流课程。

5.6.2.2 上海杉达学院：理论与实践相结合，培养应用型国际贸易人才

《西班牙语国际贸易实务》舍弃在西班牙语国家外贸实践中并不常用的一些传统国际贸易理论和知识模块，专注西班牙语国家市场的真实所需，并按照实际外贸流程，精心架构教材中各流程的核心知识模块，做到精准、可靠、实用。上海杉达学院西班牙语系已经连续12年面向本科三年级学生开设“西班牙语国际贸易实务”课程。在校企合作框架内，该校聘请从事拉丁美洲国际贸易实务20年的西班牙语行业专家担任兼职教师，并有专任西班牙语教师辅助。课程旨在密切跟进国际贸易行业发展新趋势，培养学生学之能用、用之能成的国际贸易业务知识和能力体系，帮助学生在毕业前完成外贸企业的入职储备和岗前培训，就业后迅速成为外贸行业能征善战、战之能胜的西班牙语业务精英，可以很好地满足市场对应用型国际贸易西班牙语人才的需求。课程使用的教材在教学实践过程中不断完善，于2016年8月基本定型。作为实务教材，该书中的案例教学非常有效。作者和同行多年积累的数十个西班牙语国家外贸真实案例和创业发展的攻略技巧，能够最大程度满足教学需求。针对外贸流程不同环节的特点，该教材采用多元化的教学方法，包括理论讲解、任务驱动、情景展示、案例讨论、视频分析、道具使用、团队合作、企业经营沙盘模拟和现场连线西班牙语国家客户等，能够有效提升学生的学习兴趣和实操能力。课前，学生自主研读教材，创建分组，分别担任模拟外贸公司的不同岗位

角色，边学习、边体验、边交流，了解外贸企业运营的基本特点。课中，学生通过案例分享、团队竞争、复盘总结、现场谈判等实操方式，逐步掌握教材各章节所涵盖的知识，充分感受未来职场的气氛，体验真实的国际贸易流程。课后，学生通过沙盘模拟活动和真实的实践实习机会进一步综合应用课本、课堂所学，完成真实国际贸易实务的闭环。目前，学校已收到数十名毕业生的积极反馈，他们在国际贸易领域，特别是在外派工作中充分应用了“西班牙语国际贸易实务”课程所学，取得了可喜可贺的成就。

5.6.3 西班牙语教材教师培训

2024年，“外研社西班牙语虚拟教研室”活动成功举办5期，分别针对《西班牙语高考高分突破：专项训练与模拟题集》《西班牙语国际贸易实务》《西班牙语读写教程》《西班牙语演讲教程》和《汉西翻译教程》作教材介绍和教学经验分享，参与者累计超过500人次。

4月12日—14日，汕头大学文学院成功举办了“汕头大学第三届西班牙语专业人才培养论坛”。论坛以“国际传播能力建设与文明交流互鉴中西班牙语教育的新责任、新担当”为主题，邀请来自全国各高校的专家学者、知名媒体人齐聚一堂，共同探讨西班牙语教育的最新趋势和未来发展方向。论坛就高端翻译人才培养、西班牙语课程思政体系建设、国际传播能力培养、人工智能与机器翻译以及复合型人才培养等议题进行了深入探讨，促进了全国各高校西语专业之间的交流学习，为未来的外语教学及人才培养模式改革拓宽了思路。

6月8日，由河南省教育厅指导，平顶山学院、西班牙马拉加大学主办，平顶山学院西班牙语中心承办，河南省外国语言类教学指导委员会、外研社协办的“第四届西班牙语人才培养国际研讨会”在平顶山举办。来自全国多所高校、中学、培训机构等的300余名代表参与了会议。研讨会的主题报告立足新时代对于外语人才的实际需求，深入探讨了如何促进西班牙语专业实现转型升级，培养出满足时代要求的复合型外语人才，对西班牙语专业建设和学科教学有很强的启发性、指导性和针对性。此外，专家们分领域就西班牙语专业人才培养模式展开探讨，希望可以培养“一专多能”的复合型外语人才，服务“一带一路”建设，对外讲好新时代中国故事。

5.7 阿拉伯语教材

5.7.1 阿拉伯语教材出版概况

2024年，阿拉伯语教育界和出版界聚焦国内市场需求，迎来新的机遇与挑战。在“一带一路”倡议的持续推进以及中阿合作日益深化的背景下，阿拉伯语教育对教材的质量和多样性提出了更高要求。然而，目前国内阿拉伯语教材仍存在一定不足，主要体现在内容更新滞后、种类较为单一以及对专业领域覆盖不足等方面。

针对这些现状，未来阿拉伯语教材的发展将更加注重多元化和实用性。一方面，教材品类将从传统的语言学习逐步向文化、经贸、旅游等领域拓展，以满足不同学习者的需求；另一方面，针对不同学习阶段和职业目标的教材也将进一步细分，例如零基础入门教材、高级语言能力训练教材，以及专门服务于翻译、外贸等职业领域的实用型教材。此外，考试辅导教材也会成为市场的重要补充，帮助学习者更好地应对阿拉伯语水平考试和相关资格认证考试。

同时，教材的编写应更加注重本土化与文化融合，结合中国学生的学习特点，注重优化教学内容和结构，以此降低学习难度，提升学习效率。在教材内容方面，中国文化和阿拉伯文化的双向融入也将更加深入，帮助学习者在学习语言的同时增强对阿拉伯世界的理解，培养跨文化交际能力，同时学会用外语讲述中国。通过不断完善和优化，国内阿拉伯语教材将更好地服务于语言学习者的多样化需求，为中阿合作与文化交流提供坚实的人才支撑。

12月，外研社、高教社出版了《习近平总书记教育重要论述讲义》（阿拉伯文版）。该书全面梳理了习近平总书记关于教育的重要论述，深入阐释了新时代教育改革与发展的目标和方向。书中围绕立德树人、教育公平、教师队伍建设、教育现代化等关键主题，系统解读了教育在实现中华民族伟大复兴中的基础作用。作为学习贯彻习近平新时代中国特色社会主义思想的重要教材，该书为教育工作者提供了宝贵的理论指引和实践借鉴，对推动教育事业高质量发展具有深远意义。

表5.6 2024年阿拉伯语教材出版一览表

课程类型	教材名称	主编	出版社	出版时间
特色方向课程	习近平总书记教育重要论述讲义（阿拉伯文版）	本书编写组	外语教学与研究出版社、高等教育出版社	2024年12月

5.7.2 阿拉伯语教材使用案例

北京语言大学阿拉伯语专业在使用“理解当代中国”阿拉伯语系列教材《高级汉阿翻译教程》过程中，坚持“思政点”“知识点”“技能点”和“学生关注点”四位一体相结合的教学理念，将教学主线与学生体验充分融合，让学生在核心概念、关键语句、翻译实践、策略讲解等各个环节都能够感受到“时代性”“生活性”和“趣味性”。教师在选择扩展训练材料时将“思政性”寓于其中，力图使学习者在解读翻译语料的过程中认提升知能力和思想觉悟。该教材内容的安排遵循“由易到难”“由旧到新”的认知规律，在不同的环节反复训练重点翻译策略，以提升学生对相应技能的理解深度，力求使学习者通过每一课内容的学习，不仅对所讲授的知识点有所了解，还能够对所涉及的技能点进行足够的训练。此外，该教材具有较强的可塑性，教师在使用时可以根据教学需要选择相应的材料，使教学内容具有不同的侧重，将教学过程塑造成预设的形态。

5.7.3 阿拉伯语教材教师培训

2024年，外研社针对《阿拉伯语读写教程》《阿拉伯语演讲教程》《汉阿翻译教程》和《高级汉阿翻译教程》4册教材，成功举办了4期虚拟教研室活动。该活动向与会教师分享教材的特色与重难点，实现教学经验与资源的融通。活动邀请了上述4本教材的编写团队为使用教师深入掌握教材理念与教学方法提供切实帮助。

4月，“‘中国阿拉伯语月’——上海站教学主题周暨第十二届全国高校阿拉伯语专业青年教师培训班系列活动”在上海外国语大学举行。活动由教育部高等学校外国语言文学类专业教学指导委员会阿拉伯语专业教学指导分委员会、沙特萨勒曼国王阿拉伯语全球学院和上海外国语大学联合主办，上海外国语大学东方语学院阿拉伯语系承办。培训进一步提升了阿拉伯语教师的专业能力，也促进了中阿教学单位共建沟通和交流的桥梁。中国的阿拉伯语教学领域不断发展，近年来与时俱进地增设了跨文化交际、翻译、方言等方面的课程，以适应社会和市场的需求，为培养卓越的国际化人才而不懈努力。该活动期待未来能与更多的阿拉伯国家高校和研究机构建立合作关系，促进各方在不同领域实现资源共享和优势互补。

5.8 非通用语种教材

5.8.1 非通用语种教材出版概况

在全球化背景下，高等教育机构正日益加大对非通用语种教学的重视，以培养具有家国情怀、全球视野和专业本领的非通用语种专业人才。2024年，非通用语种教材的出版领域迎来了显著的发展，在支持国家语言战略和培育非通用语种专业人才方面取得了突破。随着中国在全球舞台上的影响力不断扩大，构建具有中国特色的话语体系，传承经典教材，以及推进立体教材体系建设，已成为非通用语种教育发展的关键路径。

5.8.1.1 落实“三进”要求，构建中国话语体系

根据中央宣传部、教育部关于《习近平谈治国理政》多语种版本“三进”工作的重要部署，外研社于2024年7月正式出版高等学校“理解当代中国”系列的第10个外语语种教材——韩国语系列教材。韩国语系列教材共4册，包括本科阶段的《韩国语读写教程》《韩国语演讲教程》《汉韩翻译教程》以及研究生阶段的《高级汉韩翻译教程》。

韩国语系列教材将习近平新时代中国特色社会主义思想的学习与韩国语读写、演讲和翻译能力的培养有机融合，引导学生系统学习、深入领会习近平新时代中国特色社会主义思想的核心要义，学会用中国理论观察和分析当代中国的发展与成就，从跨文化视角阐释中国道路和中国智慧，坚定“四个自信”。学生可以在学习内容的过程中进一步夯实韩国语基本功，向高级韩国语听说读写译能力进阶，重点掌握时政话语，特别是中国特色时政文献的语篇特点与规律，培养时政文献阅读与翻译能力，提高思辨能力、跨文化能力和国际传播能力，成为有家国情怀、有全球视野、有专业本领的社会主义建设者和接班人。

5.8.1.2 传承经典教材，促进专业能力发展

北京外国语大学获批开设101种外国语言，其中欧洲语种群和亚非语种群是目前我国覆盖面最大的国家外语非通用语种本科人才培养基地，是教育部第一批特色专业建设点。北京外国语大学与外研社共同策划的“北京外国语大学‘新经典’高等院校非通用语种专业系列教材”项目，于2024年推出《新经典波兰语综合教程1》《新经典爱尔兰语综合教程1》《新经典萨摩亚语综合教程2》，截至2024年12月，该系列已出版20个语种的36种图书。

外教社继续完善“新世纪高等学校葡萄牙语专业本科生系列教材”，出版了《葡萄牙语阅读教程1》。北京语言大学出版社也在非通用语种赛道发力，完成了旧产品的升级，出版了《新课道意大利语》A1-B2系列教材。世界图书出版公司在2024年也出版了10余册非通用语种教材，涵盖马来语、乌克兰语、乌兹别克语、印地语、越南语、缅甸语、罗马尼亚语、希伯来语等语种。

5.8.1.3 推进立体教材体系，丰富出版品种

在专业教材出版方面，各出版机构正着力加强教材框架的构建。依据《教学指南》的指导原则，各出版机构针对韩国语 / 朝鲜语专业不同教育阶段和专业方向，深入挖掘选题资源，致力于填补教材领域的空白，并进一步优化和完善教材体系。

1月，北京大学出版社出版了《中级韩国语（下）》。该教材精选多领域内容，结合线上线下教学，通过线上平台提供微课视频，强化学生语言、阅读、思辨及表达能力，同时加深其文化理解，培养其文化自信。

10月，外教社修订出版了《韩国语听力教程》初级、中级，以上教材属于“新世纪高等学校韩国语专业本科生系列教材”，内容涵盖语言、文化、历史等多个领域，提升学生的听力技能和文化素养。

表5.7 2024年非通用语种教材出版一览表

课程类型	教材名称	主编	出版社	出版时间
专业核心课程	高等学校外国语言文学类专业“理解当代中国”系列教材·韩国语系列教材 韩国语读写教程	王　丹	外语教学与研究出版社	2024年7月
	高等学校外国语言文学类专业“理解当代中国”系列教材·韩国语系列教材 韩国语演讲教程	蔡美花	外语教学与研究出版社	2024年7月
	高等学校外国语言文学类专业“理解当代中国”系列教材·韩国语系列教材 汉韩翻译教程	牛林杰	外语教学与研究出版社	2024年7月
	高等学校外国语言文学类专业“理解当代中国”系列教材·韩国语系列教材 高级汉韩翻译教程	李丽秋	外语教学与研究出版社	2024年7月
	中级韩国语（下）	全永根	北京大学出版社	2024年1月
	新经典波兰语综合教程1	李怡楠等	外语教学与研究出版社	2024年4月
	新经典爱尔兰语综合教程1	张　放、张珺涵	外语教学与研究出版社	2024年5月
	大学葡萄牙语3	叶志良	外语教学与研究出版社	2024年7月
	新经典萨摩亚语综合教程2	骆天一等	外语教学与研究出版社	2024年12月
	新课道意大利语A1-A2（入门级）	[意]马　林等	北京语言大学出版社	2024年1月
	新课道意大利语B1（中级）	[意]马　林等	北京语言大学出版社	2024年7月

（待续）

（续表）

课程类型	教材名称	主编	出版社	出版时间
专业核心课程	新课道意大利语B2（中高级）	[意]马　林等	北京语言大学出版社	2024年9月
	大学越南语（提高篇）	杨　健等	世界图书出版公司	2024年9月
	基础乌克兰语（1）	王志斌	世界图书出版公司	2024年10月
	综合缅甸语教程（1）-（3）	欧江玲、朱　君、林诗婷	世界图书出版公司	2024年11月
专业方向课程	大学意大利语听说教程2	陈晶晶	外语教学与研究出版社	2024年12月
	新世纪高等学校韩国语专业本科生系列教材 韩国语听力教程初级 学生用书（修订版）	金基石	上海外语教育出版社	2024年10月
	新世纪高等学校韩国语专业本科生系列教材 韩国语听力教程中级 学生用书（修订版）	金基石	上海外语教育出版社	2024年10月
	葡萄牙语阅读教程1	傅菡钰、徐亦行	上海外语教育出版社	2024年4月
	马来语高级阅读教程	刘　勇、李　卓	世界图书出版公司	2024年4月
	马来语视听与讲述（1）	韩呼和	世界图书出版公司	2024年8月
	乌克兰语口语教程	高　京	世界图书出版公司	2024年9月
	乌兹别克语阅读教程（1）-（2）	王小明、原　伟	世界图书出版公司	2024年10月
	印地语语音教程	邸益芳	世界图书出版公司	2024年10月

（待续）

（续表）

课程类型	教材名称	主编	出版社	出版时间
专业方向课程	罗马尼亚语基础会话	赵学林	世界图书出版公司	2024年12月
	实用希伯来语会话	鲜非霏、[以]夏　隆	世界图书出版公司	2024年12月

5.8.2 非通用语种教材使用案例

5.8.2.1 湖南师范大学：数字多模态，韩语教学智慧化发展

湖南师范大学以“理解当代中国”韩国语系列教材中的《韩国语演讲教程》为教学蓝本，实施“SPOC（小型私人在线课程）+线下课堂”的教学模式。该模式遵循“教师主导、学生主体”原则，依托理论产出导向法理论，基于“始于产出，终于产出”理念，设置“驱动—促成—评价”教学环节。

“驱动环节”结合课程主题，设置三个产出任务，分别对应分组讨论展示、重要问题回答和虚拟仿真论坛主题演讲三个产出结果。“促成环节”围绕内容、语言形式、语言结构等方面，设计多维度、多层次的课程活动，如演讲分析、小组讨论、样本模仿、即兴演讲等，为学生搭建“脚手架”，循序渐进地促成教学目标的实现。“评价环节”结合教师评价与同伴互评、线上评价与线下评价、人类评价与机器评价，实现多方位联动。

在“驱动—促成—评价”三个环节中，学校广泛使用雨课堂、学习通等数字教学平台，以及《习近平谈治国理政》多语种语料库平台，Kimi、豆包、ChatGPT等人工智能平台，以学习任务和学生主动性为驱动，通过分析、评价、创造的过程，提升学生的高阶思维与认知能力，并优化其知识体系。

教学设计强调学生主体性、教师主导性、数智融合，以创新育人、提升学生信息素养为导向，数智技术贯穿教学、学习、管理、评价全流程。在课堂教学中，学生通过雨课堂投稿、发送弹幕、投票等方式参与，利用iWrite评价演讲稿，使用AIRobot创作演讲稿，运用讯飞智作将文字转换为语音，生成演讲稿的音频版本。同时，学院虚拟仿真实验室为学生提供仿真情景环境，便于学生完成产出任务演讲录制。

课程显著提升了韩国语／朝鲜语专业学生的口语表达能力，增强了学生的语言多样性、准确性和逻辑性。同时，课程加深了学生对中韩文化的理解和积累，提升了他们在国际传播中华优秀文化时的敏感度、创新力和思辨能力。混合式教学模式促进了学生信息素养的提升和自主学习能力的发展，使他们能够熟练运用数字化平台和工具，积极寻找优质教育资源。AI赋能的学习环境培养了学生的创新思维和灵活运用学习工具的能力，帮助他们适应全球化的语言学习，满足文化传播需求。

5.8.2.2 珠海科技学院：数智赋能，提升教学效果

珠海科技学院以《新经典韩国语精读教程》为蓝本，以产出导向法为理论基础，采用线上线下相结合的混合式教学模式，紧扣教材内容开展相应的教学活动，扩大学生的知识面，帮助学生树立正确的价值观。

学生通过课前自主学习任务和口语产出任务的布置与实施，深入预习并掌握语篇结构及核心内容。教师依据产出导向法理论，基于“交际真实性”原则，设计具有潜在交际价值的产出活动，激发学生的表达欲望，并通过“驱动—促成—评价”教学流程，实现课堂教学的高效实施。

课前，教师利用院校在线教育综合平台发布自主学习任务和口语产出任务，学生通过自主学习掌握核心内容，并完成自我评价。学生在完成口语产出任务的过程中，发现自身语言能力的不足，从而激发学习动机。

课中，教师通过问答形式检测预习效果，并根据学生的回答进行评价

和反馈，确保学生理解并掌握核心内容。同时，教师引导学生了解中韩文化差异，感受中国制度的优越性，实现隐性育人目标。

课后，学生再次完成口语产出任务，通过教师评价、学生自评和同伴互评，多角度评估口语表达能力，提供有针对性的反馈和指导。

课程以慕课平台、在线教育综合平台、雨课堂等为支撑，实现高参与度、个性化的学习体验，主要体现在：依托各类慕课平台实现课前自主学习；利用在线教育综合平台进行课程资料上传、学习任务发布和学生自主学习情况监测；活用雨课堂实现与学生的实时互动，及时掌握学生的知识理解和运用情况。

5.8.3 非通用语种教材教师培训

5.8.3.1 聚焦教材建设，夯实非通用语教育基础

7月31日—8月1日，由教育部高等学校外国语言文学类专业教学指导委员会、北京外国语大学、外研社以及北京外国语大学中国外语教材研究中心共同组织的“全国高等学校‘理解当代中国’系列教材任课教师培训”成功举办。培训特别邀请了多位专家学者，其中包括“理解当代中国”韩国语系列教材总主编、教育部高等学校外国语教学类专业教学指导委员会非通用语种类专业教学指导分委员会委员、北京大学外国语学院副院长王丹教授，《韩国语读写教程》副主编、国防科技大学吕春燕教授，《韩国语演讲教程》主编、湖南师范大学蔡美花教授，《汉韩翻译教程》主编、教育部高等学校外国语教学类专业教学指导委员会非通用语种类专业教学指导分委员会委员、山东大学中日韩合作研究中心主任牛林杰教授，以及《高级汉韩翻译教程》主编、北京外国语大学李丽秋教授。专家学者围绕韩国语系列教材的编写理念、教学要求及使用建议展开深入讲解，为参训教师提供了清晰的教学指导框架和实践路径。通过具体案例的分析与讨论，专家们帮助教师精准把握教材的重点内容，并探索习近平新

时代中国特色社会主义思想融入外语教学的新模式，为课程建设及人才培养提供了有力支持。

8月20日—21日，“2024新时代朝鲜（韩国）语教学改革与发展论坛暨‘理解当代中国’韩国语系列教材发布会”在北京中央社会主义学院顺利召开。论坛以“立足国际传播 服务国家战略 共绘发展新篇”为主题，由教育部高等学校外国语言文学类专业教学指导委员会、北京大学外国语学院与外研社联合主办，吸引了来自全国各地的70余位韩国语／朝鲜语教育领域的专家学者与一线教师参会。“理解当代中国”韩国语系列教材的正式出版，是外语教材建设领域的一项重要成果。与会专家围绕韩国语／朝鲜语学科建设的新路径展开深入探讨，特别强调教学理念与方法的创新在培养高素质复合型人才中的关键作用。与此同时，专家们分享了教材使用的具体建议，为高校构建“理解当代中国”课程体系提供了理论依据与实践指导，从而进一步明确了韩国语／朝鲜语教育在国际传播与国家战略服务中的定位与发展方向。

为贯彻党的教育方针，深化高校外语教育改革，切实提升教师的专业素养与教学能力，9月—10月，“理解当代中国韩国语系列”虚拟教研室成功举办了4期教研活动。教研活动以“理解当代中国”韩国语系列教材为核心，邀请教材编写专家详细阐释了教材的编写理念、内容架构及教学设计等关键要素。通过对具体教学单元的深入剖析，专家们明确了教材的教学重点与难点，并为授课教师提供了针对性的教学流程指导。这一系列活动不仅帮助教师深入理解教材的指导思想和编写原则，还有效提升了教师在课程设计、教学实施及人才培养中的能力，为教材的高效使用及教学目标的实现奠定了坚实基础。

5.8.3.2 创新课程思政，深化非通用语教学内涵

10月，外研社成功举办了“2024‘外研社杯’全国高校朝鲜语专业

课程思政教学设计大赛”。赛事以“理解当代中国”韩国语系列教材为核心内容，吸引了全国范围内众多韩语教师参与，于12月25日圆满完成评审，评选出一等奖1名、二等奖2名、三等奖3名。赛事通过教学设计竞赛的形式，激励参赛教师在课程思政领域创新探索，进一步提升了教师在教学实践中的政治意识与思政能力。该活动不仅推动了韩国语／朝鲜语教师在教学方法上的创新，还在课程思政的深度与实效方面取得了显著进展，为高校外语教育的思政建设提供了重要示范。

5.8.3.3 赋能非通用语教育，推动区域协同发展

7月16日—18日，由世界图书出版公司主办、成都外国语学院承办的“2024年全国高等学校外语非通用语教师数字素养能力提升研修班”在成都举办。研修班吸引了来自全国18所高校非通用语种专业的40余名专家和骨干教师参会。培训以理论与实践相结合的方式，围绕人工智能技术与数字化教学的发展趋势及应用模式展开深入探讨，帮助非通用语专业教师掌握数字化教学的核心技能，为非通用语教育的现代化发展提供了新思路。

“2024贵州省高校外语非通用语教师区域国别研究研修班”于7月22日—25日在线上举办第一阶段培训，并于8月26日在线下举行交流会。研修班依托“中国—东盟多彩智慧学院”线上平台及中国—东盟教育交流周活动，吸引了贵州省51家单位的464名学员参与。研修班涵盖对外传播中的中国故事讲述、新质语言治理研究等多个主题的课程内容，旨在提升贵州省高校外语教师的专业能力与科研水平。通过系统化的培训与交流，该研修班为贵州省非通用语教育的发展注入了新动能，并在服务地方经济社会发展及对外开放方面发挥了积极作用。

教育部“西部边疆高校非通用语种教师教学发展研究虚拟教研室”成功举办了3期教研活动，分别邀请到汕头大学陆生教授、北京大学吴杰伟

教授以及上海外国语大学程彤教授开展专题讲座。虚拟教研室通过构建东西部跨区域联动、西部边疆区域内联通、非通用语种专业间联组的三维协同机制，搭建了高效便捷且“线上+线下”有机融合的教师教研模式。活动成果显著，推动了非通用语种教师在人才培养、教学方法创新及课程思政建设等领域的研究与实践，为西部边疆高校非通用语种教育的可持续发展提供了新的解决方案。

第六章 外语数字教材建设

在数字化浪潮汹涌澎湃的时代背景下，教育领域迎来前所未有的深刻变革，外语教学亦站在这场革新的最前沿。2024年，作为教育现代化进程中的关键节点，外语数字教材建设已成为外语教育发展的核心驱动力与关键突破口。外语数字教材不仅肩负着知识传递的传统使命，更承载着利用前沿技术重塑外语教学体验、满足多元化学习需求的全新期待。

6.1 外语数字教材相关政策

党的二十大报告提出了“推进教育数字化”重大战略部署。2024年是我国实施“十四五”规划的关键之年，也是教育系统全面落实党的二十大精神和习近平总书记关于教育的重要论述，系统推进教育科技人才体制机制一体改革极为重要的一年。这一年，一系列与外语数字教材紧密相关的政策相继出台。这些政策乘势而上，紧扣时代脉搏，旨在以数字化之力为外语教材赋能，为外语教育的转型升级筑牢根基，也为后续外语数字教材建设的各个环节提供清晰指引与坚实保障。

2024年的政府工作报告强调要“大力发展数字教育”。教材数字化及教学资源数字化是教育数字化的重要形式，也是教材建设工作的重要组成部分。建设高质量数字教材，是推进服务教育数字化战略行动、开辟发展新领域新赛道、培养数字时代高素质人才、建设教育强国的重要内容。

1月，教育部相关负责同志在2024世界数字教育大会上指出，要着力丰富资源形态，大力开发数字教材，广泛集纳教辅、教案、课件、教学设计、虚拟仿真实验资源，汇聚部署智能作业、互动课堂、线上教研、辅助阅卷、教育评价等数字教育工具和平台。

3月，教育部办公厅印发《关于推荐国家特殊教育改革实验区的通知》，提出“加强数字教育资源建设。积极推进特殊教育数字化、智能化转型发展，探索应用互联网、云计算、大数据、虚拟现实和人工智能等新技术，推进特殊教育智慧校园、智慧课堂建设；开发特殊学生个性化教学与学习资源；探索特殊教育数字化教研平台及资源建设；推动残疾儿童青少年相关数据互通共享，扩大优质资源覆盖面”。

5月，教育部办公厅印发《国家智慧教育平台数字教育资源入库出库管理规范》，对平台服务提供单位、资源提供者和各级平台监管部门的工作职责作了明确规定，提出“教育部负责统筹协调平台资源入库出库监督管理工作，地方教育行政部门依据职责负责本地区平台资源入库出库监督管理工作。具体工作由各级教育行政部门网络安全和信息化领导小组办公室负责”，以及“平台资源入库出库应建立以平台主管单位为主导，平台服务提供单位、资源提供者具体实施的工作机制，并按职责落实资源内容安全管理主体责任”。

6月，教育部办公厅印发《国家智慧教育平台数字教育资源内容审核规范》，明确了数字教育资源内容审核部门的工作职责，提出“教育部负责统筹协调平台资源内容审核的监督管理工作，地方教育行政部门依据职责负责所辖平台资源内容审核的监督管理工作。具体工作由各级教育行政部门网络安全和信息化领导小组办公室负责”。该文件还明确了内容审核要求，提出“资源内容审核重点围绕政治性、导向性、科学性、适用性、规范性、时效性和公益性，采用机器审核、人工审核等方式，保障内容安全”。

7月，由北京外国语大学中国外语教材研究中心主办、外研社协办的“第六届中国外语教材研究高端论坛”在北京举办。论坛主题为“数字赋能外语教材建设，创新实施国家课程标准”。其中，主旨发言专家从数字教材宏观政策、建设理念、实践探索和发展趋势等多元视角，深入探讨了教育数字化转型对外语教材建设带来的挑战与机遇，分享了外语数字教材研究与建设的最新成果。论坛展现出外语学术界对数字教材的思考和重视，为外语数字教材建设的未来发展指明了方向。

7月，中国共产党第二十届中央委员会第三次全体会议通过《中共中央关于进一步全面深化改革 推进中国式现代化的决定》，提出“教育、科技、人才是中国式现代化的基础性、战略性支撑”，并从深入实施科教兴国战略、人才强国战略、创新驱动发展战略，统筹推进教育科技人才体制机制一体改革等方面，对深化教育综合改革作出系统部署。在深化教育综合改革方面，该决定明确提出“推进教育数字化，赋能学习型社会建设，加强终身教育保障”。

7月，教育部办公厅印发《2024年义务教育国家课程教学用书目录（根据2022年版课程标准修订）》，通知各地教育部门，用书目录中的外语类教材配有听力材料、体育与健康教材配有数字演示资源，可在国家中小学智慧教育平台免费使用。

8月，中共中央、国务院发布《关于弘扬教育家精神加强新时代高素质专业化教师队伍建设的意见》，提出要把加强教师队伍建设作为建设教育强国最重要的基础工作来抓，大力弘扬教育家精神，加强新时代高素质专业化教师队伍建设，进一步营造尊师重教良好氛围，提出“实施数字化赋能教师发展行动，推动教师积极应对新技术变革，着眼未来培养人才”。

10月，教育部办公厅印发《关于加强市域产教联合体建设的通知》，在推进教材建设方面，提出“聘请大国工匠、能工巧匠和技能大师，充分利用数字化资源、数字技术，以真实生产项目、典型工作任务、工程实践案例等为载体，转化企业生产工艺、技术标准，引入企业操作手册、培训手册、培训包，开发包含工作计划书、质量检测手册、工具书、文件清单等内容的工作手册式教材、新形态教材，打造体现区域和产业特色的职业教育‘金教材’”。

总体来看，2024年的政策愈发聚焦教育数字化转型中外语数字教材的核心地位，从资源开发、平台管理、内容审核到教师数字素养等多维度发力：一方面，大力推动数字教材资源的丰富与优化，鼓励集纳多种形式的教学资源，为外语教学提供更全面的素材；另一方面，不断强化监管规范，明确各部门在资源入库出库及内容审核中的职责，确保资源的质量与安全。此外，相关政策还积极鼓励提升教师数字素养，赋能未来培养人才。整体而言，政策正全方位助力外语数字教材高质量发展，为外语教育在数字时代的创新升级提供坚实保障。

6.2 外语数字教材出版概况

在当前数字化教育蓬勃发展的浪潮中，外语教学与数字教材的融合日益紧密，各学段的外语数字教材出版也呈现出丰富多元的态势。尤其是中小学、职业院校和高等学校，由于教学定位和培养目标的不同，在外语数字教材出版工作中各显特色，探索出独具优势的发展路径并取得了卓有成效的成果。

6.2.1 中小学外语数字教材

9月，义务教育各学科起始年级全面启用根据《义教新课标》修编的新教材。这意味着自2024年秋季学期起，中小学外语类教材全新亮相，成为义务教育阶段的新一代教材。在这一背景下，外研社、人教社和北师大出版社等出版机构纷纷推出创新产品，以适应新时代的教学需求和学生的学习特点。

6.2.1.1 外研社数字教材

2024年，外研社新版数字教材配合纸质教材全新修订，进行了全面升级。新版数字教材的研发以《义教新课标》为纲领，以纸质教材为内容主体，利用数字技术，融贯教材各类教学活动，提升教与学的交互性，构建集教材内容、多媒体内容、教学工具、互动功能于一体的立体化教材，充分发挥现代信息技术对英语课程教与学的支持与服务功能。

在功能上，新版数字教材精心设计了听音频、看视频、唱歌谣、课文复述、角色扮演等教学功能，提供全面而深入的学习体验，层层递进，提高学生参与度。在互动上，新版数字教材提供互动导入、互动游戏等交互性体验，结合连线、圈选、填空等各类活动，交互性强，反馈及时，充分激发学生兴趣，提升学习动机，使学习过程充满趣味性和探索性。在工具上，新版数字教材提供画笔、局部高亮、倒计时等多种教学工具，为教师提供强大的教学支持，提升课堂效率。配有教学云平台的数字教材，还配置了知识图谱模块，通过图谱结构展示，教师可以梳理教材结构，了解教材内容及活动的教学目标，知晓学生学情，直观了解其薄弱项以及对知识内容的掌握情况，提升备课与教学效率。此外，新版数字教材还提供了AI问答功能，实现对教师用书和教学策略的智能答疑，提升教师备课效率。

6.2.1.2 人教社数字教材

2024年，人教社新编修的纸质英语教材同步策划、开发配套优质数字化教学与学习资源，兼顾课堂共性教学需求与学生个性化学习需求。数字资源在开发设计上结合学生年龄特点和核心素养目标，抓住英语学习规律，利用音频、动画、视频等表现手段，将教材内容多媒体化，注意创设生动的场景，激发学生的学习兴趣。数字资源还利用互联网、人工智能等先进技术，实现语音评测等功能，助力学生提升听说读写能力，实现更为生动高效的课堂教学与课下学习互动，方便教师的“教”和学生的“学”，进一步推动英语教学和练习在课堂内外智能化的融合发展。

人教社中小学英语数字音像资源是依据人教版《义务教育教科书 英语》编制而成的，与教材紧密配合，具体呈现了教材中要求的听、说、读的教学内容，附录中的单元词汇表和不规则动词表等。全部内容由专业人士朗读，语音规范、地道，有助于提升学生的英语听说能力，是培养学生英语学科核心素养的优质融媒体资源。

6.2.1.3 北师大出版社数字教材

2024年，北师大版英语数字教材坚持正确的政治方向，坚持立德树人价值导向，搭建单元主题突出、问题统领、内容关联、路径清晰的完整育人路径。

在单元结构上，北师大版英语数字教材构建以单元思考题为引领、以各课时小主题为线索、以语篇为依托、体现英语学习活动观的主题意义探究路径。在内容选择上，数字教材注重层次性和学习形式的多样性、灵活性，注重与不同学科间的有机衔接，主题层层递进、逐步拓展，语言难度渐进提升，使学生爱学习、能学会。在活动设计上，北师大版英语数字教材用具有教育性和发展性的真实问题串联学习内容，构建有逻辑性的问题链和情境，促进核心素养的发展，为学生将来进一步学习英语奠定基础。同时，北师大版英语数字教材提供每章节的动画视频、课本录音等数字资源，营造真实的情境，让学生爱看、爱学，激发学生的学习兴趣。

6.2.2 职业院校外语数字教材

6.2.2.1 聚焦技能培养，锻造契合产业需求的技能型人才

职业院校是技能型人才的“孵化池”，职业院校外语数字教材需要精准锚定这一使命。与普通外语教材不同，职业院校外语数字教材深度调研

各产业细分领域，梳理出从一线操作到项目管理各环节的常用外语表述与交流场景，并将其纳入教材内容。课程编排摒弃繁杂理论，以任务驱动、项目导向为主轴，模拟职场真实项目，促进学生分组协作，在“做中学”的过程中打磨外语技能，有效助力填补产业外语人才缺口，真正让外语成为学生的职场“实用工具”。

高教社出版的《沉浸式职业英语 装备制造大类》全面贯彻落实党的二十大提出的“推进新型工业化，加快建设制造强国”相关精神和《职业院校教材管理办法》《高等学校课程思政建设指导纲要》等文件精神，以《高等职业教育专科英语课程标准（2021年版）》为指导，遵循公共基础课服务专业人才培养的原则，依托“沉浸式教育”理念，创新活页式设计，是面向装备制造职业岗位研发的模块化教学英语教材，也是对职业教育产教融合教材进行探索的研发成果。教材将职业素养塑造与语言能力培养交融渗透，强化职场语言实践应用，提升职业英语技能。

6.2.2.2 推进纸数深度融合，打造多元适配的教学模式

在职业教育不断迈向精细化、专业化的进程中，纸数融合不再只是一个前沿概念，而是切实落地、优化教学的关键路径。纸质教材沉淀知识体系，为学生筑牢根基；数字资源则打破时空限制，赋予学习更多灵动性与拓展性。唯有二者深度携手，方能契合多元学习需求，打造出更适配职业院校学情的教学模式。

外研社推出的“传媒英语”课程是基于传媒行业专门用途教材《新时代职业英语 专业篇 传媒英语》拍摄的在线开放课，已上线中国高校外语慕课平台。该课程教学内容融合了蕴涵传媒专业知识的媒体真实传播语料，教学过程注重学生在传媒行业真实工作情景中的语言输出和综合技能训练，重视培养学生的跨文化交际意识和能力，提高媒介素养，力求实现知识传授、技能培养和课程思政教育的同频共振。课程主要采用任务型和

项目式的教学方法，按主题设计的模块化学习实践任务和项目技能综合训练任务再现了传媒行业的真实工作情景，学生在完成任务的同时习得语言，并将各种技能融会贯通。其中，每个主题利用“中国时刻”（China’s Moments）模块，就中国在领域内的发展情况，运用所学语言点，结合写作技能训练与新媒体应用能力，厚植爱国主义情怀培养。

6.2.2.3 活用数字技术，解锁职业外语智慧教学多元潜能

在职业教育加速数字化转型的当下，数字技术成为撬动教学变革的关键杠杆，蕴藏着改写传统教学模式、释放多元潜能的巨大能量。大数据能捕捉学生学习轨迹，绘制学习画像，助力教师因材施教；人工智能化身智能学伴，实时反馈，并进行个性化辅导，让学习更高效；虚拟现实、增强现实技术营造沉浸式场景，革新学习体验。

为帮助职业院校更好地将虚拟现实技术融入教学中，外研社推出一系列VR教材。教材配套的VR课程颠覆学生学习英语的传统方式，将学生带入虚拟现实的世界中，提供更加生动、直观、沉浸式的学习体验。通过虚拟现实技术，学生可以在模拟环境中进行英语交流，与虚拟角色互动，感受真实的语言环境，提高口语和听力技能。VR教材以VR课程为核心，同时涵盖丰富多样的立体化数字资源和课后拓展资源。VR课程在主题上与教材高度契合，不仅打造了真实的沉浸式学习场景，还融入了丰富的思政内容，让学生在轻松有趣的英语学习中感受中国文化的魅力。

6.2.3 高等学校外语数字教材

6.2.3.1 落实立德树人根本任务，培养家国情怀与国际视野

教材建设是为党育人、为国育才的基础性工程，是建设高质量教育体系的重要内容。外语数字教材以《高等学校课程思政建设指导纲要》为指

导，将课程思政融入外语课堂教学的全过程，选材立足中国，秉持文明互鉴理念，注重中外文化内容的合理配比，将价值塑造、知识传授和能力培养有机结合，引导学生用外语讲好中国故事，传播好中国声音，帮助学生塑造正确的世界观、人生观和价值观。

外研在线推出的《深圳故事：大学英语阅读教程》数字教材以“深圳故事”作为切入点，通过历史变迁、城市变化、生态建设、科技创新、文体艺术、追寻梦想这六个单元主题，讲述中国改革开放的第一个经济特区——深圳这座创造“中国奇迹”的现代化城市的故事。教师通过阅读输入、课后练习以及课堂活动，引导学生思考和探索“深圳经验、全球治理”的中国式现代化发展道路。

外教社出版的《中国思想经典》针对时代发展需要和英语专业学生培养需求，全面梳理中国思想史的发展脉络，尤其强调中国思想对当代世界文明与文化的贡献，有助于强化学生对中华文化的认同和文明自信，提升他们在国际交往中对中华文化的传播能力。主编团队基于原课程讲义录制了《中国思想经典》英文慕课。该慕课与纸质教材相互呼应、相得益彰，致力于通过视频学习帮助学生掌握主要思想经典的基础概念和相关知识，并以此为支点开展更为广泛、深入的阅读与思考，从而建立对中国传统文化的宏观整体认知。

6.2.3.2 创设新型教材形态范例，引领智慧式教学模式变革

教材是教学内容的主要载体，也是实现教学目标的基本保证。如何有效推进教育数字化，探索教材与数字技术的融合，以教材形态创新解决外语教育教学问题并切实改进教育教学效果，已成为外语教育当前的热点命题之一。线上线下融合式外语新形态教材积极响应教育数字化战略行动的部署，充分考虑线上与线下教学的特点和优势，实现两者的互补与协同，以适应不断变化的教学需求。

外研社出版的《新境界大学英语综合教程3》新形态教材面向全国普通高等院校，尤其是中西部地方高校。该教材以《大学英语教学指南（2020版）》设定的三个级别教学目标中的“基础目标”与“提高目标”为参考，在混合式学习理论指导下，由纸质教材、多模态数字资源、在线学习云平台三个关键要素构成，线上线下一体化设计，是体现智能化、数据化和交互性的创新型教材。线上学习侧重语言强化，鼓励学生自主学习，平台给予即时反馈；线下学习侧重认知提升、价值塑造，鼓励开展师生、生生互动。线上线下各司其职，紧密耦合，教师可以借助平台教学工具和学情数据，总结难点、易错点，用于课上重难点知识强化，并组织跨文化、思辨式讨论等。

高教社在中国大学MOOC（慕课）平台上线的《新大学法语》系列教材配套慕课受到广大法语学习者的好评。该系列课程共包括5门慕课，依托“十二五”国家规划教材《新大学法语1-3册》（第三版）内容制作而成，难度涵盖零起点到中级水平（A1-B2）。慕课对教材知识点进行重新整合，采用板块式教学，课程分为语音（仅第一册）、词汇、语法、交际、文化、大学法语四级考试试题讲解（仅第三册）等板块，课程结构清晰，内容编排科学，满足不同层次和水平学生的需求，同时也为教师灵活使用慕课开展多样化教学提供了强有力的资源支撑。

6.2.3.3 建设数字教材出版平台，赋能校本数字教材建设与应用

尽管当前教育领域已广泛采用AIGC、元宇宙、自适应学习系统等先进技术，但这些技术在实际应用中仍面临诸多挑战，制约了外语数字教材的建设效率。在数字经济和数字化中国的大环境下，各行各业的持续发展均依赖于坚实的数字化基础设施建设。因此，外语数字教材的高效发展也有赖于兼顾教育价值和技术创新的数字化基础设施，推动外语教育领域朝着数字化、智能化的方向深度变革。2024年，外研在线推出iPublish数字

教材出版平台，集合大数据、云计算、智能引擎等多重技术优势，通过运用知识图谱、AIGC智能工具，为教师编写、审核、出版、使用、监测数字教材提供全方位支持。该平台具有鲜明的学科特色和智能化特色，融合多样的外语专项题型以及外语专项大语言模型，为构建外语数字教材提供扎实的平台基础，服务院校个性化数字教材建设和出版。

外研在线的《金融英语综合教程》教材依据专门用途英语课程的教学特点编写，结合编写团队多年一线教学经验，将金融专业知识深度融合到英语语言课程中，通过金融主题下的术语学习、课文学习、听力练习、开放式讨论、英汉互译、写作等板块，全面提升学生的听、说、读、写、译综合能力。依托iPublish数字教材出版平台的定制化数字教材出版服务，《金融英语综合教程》具有精美的数字化图文排版样式与丰富的多模态资源，能够更加生动、形象地展示知识，使学生更易理解和掌握。教材内置选择、连线、填空、语音问答、讨论等多种互动题型，能够有效激发学生的学习主动性和积极性。同时，教材可一键上架至U校园AI版，为师生提供一体化智慧教学体验。学生可自主进行在线互动答题、创建知识卡片、文本笔记记录等多样化学习活动。基于外研在线自主研发的外语教育专项模型，平台构建AI助教，模拟导师角色，为学生提供答疑和学习指导。平台还提供实时学习监测分析服务，监测学生学习进度、互动情况和学习效果等，为教师提供全面数据支持，帮助教师深入了解学生学习状况，实现个性化教学。

6.2.3.4 深度融入数字技术，拓宽外语学习多元体验

在数字教材教学阶段，传统的“人—资源—环境”模式逐步转变为超强交互模式。尽管技术的运用在整体上能够起到增强教学效果的作用，然而普适化的技术能力往往在面对学科特定痛点时显得力不从心。外语学科具有其独特性，因此，外语数字教材建设需要紧密围绕外语教学需求，秉

持“问题导向”与“目标导向”双原则。通过引入彰显学科特色的技术能力，外语数字教材精准定位并有效解决外语各门课程在教学实施过程中遭遇的痛点与难点，从而弥补传统教材存在的固有不足，切实提升教学效果。

外研在线推出的《新丝路大学英语智慧阅读教程》是集广东多所院校智慧协同打造的一套英语阅读类数字教材，聚焦英语阅读能力培养。基于《大学英语教学指南（2020版）》和《中国英语能力等级量表》中对阅读能力的具体要求，教材每单元精选两个阅读技巧，帮助学生构建高效阅读体系。教材依托全新升级的U校园AI版，为学生创设完整的线上学习流程。首先，AI数字人助教全程陪伴，通过智能问答帮助学生扫清所有疑问，学生自主学习能力得以锻炼和提升；其次，写作和翻译智能评阅引擎可助力读后拓展练习，智能机评和师评相结合，及时反馈，改善学生的语言综合应用能力；最后，教师依托线上讨论区，鼓励学生参与主题相关的讨论，提升学生的积极性和参与度，助力创新思维能力和思辨能力培养。

外研社推出“理解当代中国”系列部分单册数字教材，涵盖英语、日语、俄语、德语、法语等语种，并上线U校园AI版。平台通过对教学活动和内容数据的分析，为外语教师提供高效率的教学管理方式、立体化的教学资源、互动式的教学环境、多维度的评价，为高等院校外语教学提供“教—学—评—管—研”教学全流程的数智化支持，从而全方位提升教学效果和学习体验，促进教育数字化的深入发展。

上海外语音像出版社推出AI赋能教材《新起点大学英语综合教程》及其支撑平台。教材立足新的时代背景，以习近平新时代中国特色社会主义思想为指导，紧密衔接高中英语教学内容，秉持学习成果导向的教学理念，面向本科、专科院校大学生的公共英语学习，可全面提升大学生的听、说、读、写、译英语综合技能，是一套集知识性、趣味性、实践性、互动性于一体的立体化、智能型数字教材。教材的数字化内容融合文本、图片、音频、视频等元素，有效结合了人工智能、大数据、深度学习、数据分析和语音技术，使教与学的内容更加生动多样。丰富多样的AI辅助学习功能，与各类在线学习和教育测量工具相结合，为学生提供更加自由、高效、个性化的学习体验。与传统手动标注知识点的图谱不同的是，平台采用AI主动生成技术，通过直观展示外语知识结构，帮助学习者清晰地认识知识点之间的逻辑关系和层次差异。此外，平台记录学生的学习活动和行为，这些数据可以用于分析学生的学习态度、参与度、兴趣、偏好以及学习效果等，为教学和学习提供数据支持及反馈。

表6.1 2024年高等学校英语数字教材一览表

课程类型	教材名称	主编	出版社	上线时间
通用英语课程	新丝路大学英语智慧阅读教程1	韩金龙、朱　琳	外语教学与研究出版社	2024年4月
	新境界大学英语综合教程3	胡杰辉、王　婷	外语教学与研究出版社	2024年9月
	新起点大学英语综合教程	贺春英	上海外语音像出版社、商务印书馆	2024年9月
跨文化交际课程	深圳故事：大学英语阅读教程	胡亦杰、何　勇	外语教学与研究出版社	2024年9月
专门用途英语课程	金融英语综合教程	涂兵兰、陈树坤、汤新煌	外语教学与研究出版社	2024年9月
	数字时代职场英语教程 问题解决篇	李　霓、王玉云	外语教学与研究出版社	2024年9月
英语专业课程	中国思想经典	陈　兵、朱雪峰、范　浩	上海外语教育出版社	2024年4月

6.3 外语数字教材使用案例

6.3.1 南海实验小学：基于跨学科主题学习的小学英语教学实践

为引导教师走出单一学科教学的局限，帮助学生了解问题的综合性和复杂性，从而以更全面的视角解决问题，《义务教育英语课程标准（2022年版）》在教学提示部分提出，教师应基于一定的课程目标，以学生的兴趣和直接经验为基础，以与学生学习、生活密切相关的各类现实性和实践性问题为内容，本着“学用结合、课内外结合、学科融合”的原则，开展英语综合实践活动，把学生的学习从书本引向更广阔的现实世界。由此可见，跨学科主题学习有利于学生核心素养的全面发展，有利于提升学生解决真实问题的能力和核心竞争力。

英语跨学科主题学习基于英语学科的立场，以英语课程内容为依托，以主题为核心和纽带，统领、整合其他学科的内容、方法和思维方式，使不同学科的知识围绕主题有机融合，从而引导学生在学习和运用语言的实践活动中形成新的相对系统的认知，掌握解决问题的方法和能力，促进学生核心素养的发展。南海实验小学基于外研版《英语》（新标准）小学教材，探索跨学科主题学习的小学英语教学。

1）围绕单元主题，设定驱动问题

单元的驱动问题能够驱动、引领和串联不同阶段的任务与活动，为学生的学习提供有意义、有价值的真实问题情境。驱动问题一般源自与学生密切相关的社会热点、日常生活以及学生能够参与的实际项目和活动等真实情境。驱动问题既要能够促进本学科和跨学科内容的整合，也要能够促进知识建构和创新实践的统一。在南海实验小学的教学实践中，教师通过“情境引入—明确驱动问题—分解问题”三个步骤设计课堂活动。

2）创设真实情境，设计真实任务

学科的融合引发了目标的融合，目标的融合与达成必然需要真实情境的创设和支持。在教学实践中，教师针对Reach for the stars主题创设了跟着教材主人公Daming一起去Space Camp的活动情境。学生通过学习My first day at Space Camp认识太空，了解航天员在空间站的生活；接着通过学习Star teacher了解航天员付出的努力，体会梦想的力量和榜样的作用；依托Heading to Mars了解中国太空探索的发展与成就；最后在Hit it big尝试制订一次太空探索任务。

3）细化学习任务，聚焦问题解决

当单元学习任务比较丰富时，教师把任务分解到不同课时中实施，这样既降低了学习难度，也体现了学习梯度。此案例的主题意义是了解太空、探索宇宙，做热爱科学和勇于探索的人。基于此，教师设计了由四个子问题组成的单元问题链，这四个子问题被分解到四个课时的学习中。学生通过跨学科内容融合的学习，完成相应的学习任务，达成对主题的探究。

4）关注多元评价，提升学习效能

《义务教育英语课程标准（2022年版）》倡导"教—学—评"一体化设计，坚持以评促学、以评促教，将评价贯穿英语课程教与学的全过程。跨学科主题教学要建立协同评价机制，采用多元、多维的评价方式。在案例中，教师从学习目标出发，建构学科知识与理解、学习动力与积极性、学习方法与技能、合作与沟通四个维度的评价指标。

6.3.2 甘肃省静宁县第一中学：基于主题意义的高中英语课堂教学实践

《义务教育英语课程标准（2022年版）》提出，要"引导学生基于对各语篇内容的学习和主题意义的探究，逐步建构和生成围绕单元主题的深层认知、态度和价值判断，促进其核心素养综合表现的达成”。学生对主题意义的探究，与其语篇理解程度、学生思维发展、语言学习成效等密切相关。在实际教学活动中，教师不仅要有意识地培养学生对主题意义的探究能力，加深学生对阅读文本深层含义的理解，体会英语阅读的魅力，还要重视培养学生的阅读能力、逻辑思维能力、学习能力等综合能力。甘肃省静宁县第一中学基于北师大版《英语》必修第三册Unit 8 Green Living Lesson 1，探索基于主题意义的高中英语课堂教学。

1）教材分析：探究主题意义，深化对主题意义的理解

Green Living的单元主题为“绿色生活”，属于“人与自然”主题语境，主要包含Topic Talk、Lesson 1-3、Writing Workshop、Reading Club 1-2等内容，以多种形式的语篇呈现主题，通过听、说、读、写、看等教学活动探究主题意义，深化学生对主题意义的理解。Lesson 1 Roots and Shoots为该单元中的一篇议论文文章，主要介绍了一些能源浪费行为、对绿色生活的认知以及环境保护组织Roots and Shoots，通过介绍该组织的发展，揭示人类、社会与自然的关系，引导学生理解阅读文本深层次的含义，并在阅读过程中理解“勿以善小而不为，勿以恶小而为之”的道理，逐渐形成“环境保护，人人有责”的环境保护意识。

2）学情分析：引导学生形成“绿色生活”观念，助力践行环保行为

高中学生已具备一定的词汇基础和对事物的认知，了解人类在自然界中扮演的重要角色，并对人类与自然的关系有所认识。因此，学生对单元主题“绿色生活”有清晰的认知，可以形成自己的见解，为环境保护事业贡献自身力量。教师通过阅读教学活动的开展，使学生在阅读中逐渐形成“绿色生活”观念，并有助于其尝试“绿色生活”行为。为了强化学生阅读长篇文本的能力，教师可在教学过程中应用视频、图片等资源，吸引学生注意力，增强学生代入感，让学生更加深入地理解“绿色生活”主题。

3）课时目标：鼓励学生为环境保护事业贡献自身力量

文章主要介绍环境保护组织Roots and Shoots，引导学生摒弃错误观念，形成正确的环保理念，鼓励学生身体力行，参与环境保护事业，贡献自身力量，养成良好的生活行为习惯。首先，教师引导学生认识“自我中心主义”对环境的危害，了解该环境保护组织，可以用所学词汇、语言对其进行介绍。其次，教师引导学生了解人们对环境保护的态度，即环境保护不仅要依靠国家政策，也要依靠个人和组织机构的共同努力。最后，教师引导学生反思自身的环境保护意识以及生活方式对环境的影响，树立“勿以善小而不为，勿以恶小而为之”的理念，践行绿色生活方式。

4）教学设计：基于视频导入新课，组织学生分组讨论

教师准备与环境保护相关的视频、图片，并在课堂上播放。在此过程中，教师不断提出问题，比如“通过观看视频，同学们有什么想法？”等来引导学生思考。浏览完多模态课件后，教师依托问题引领学生初读文本，并组织学生分小组讨论、交流、汇总和分享。最后，教师依托教材深度解读文本，进一步启发学生思考。

6.3.3 深圳大学：数字赋能打造校本教材建设与应用新范式

近年来，深圳大学外国语学院大学英语部以“思政引领，育教融合”为教学特色，以教育学生“学好大学英语，讲好中国故事”为重要教学目标，在课程思政建设方面进行了一系列有益的尝试与探索。该校组织教师，精心编撰了思政主题的英语阅读教材《深圳故事：大学英语阅读教程》，选择“深圳故事”作为教材编写的切入点。教材不仅详细介绍了深圳的历史变迁和城市面貌的巨大变化，还深入探讨了生态环境保护与建设、艺术体育的蓬勃发展以及科技创新如何推动深圳成为众多有志青年的“逐梦之地”。每个单元都紧密结合深圳的实际案例，让学生在学习英语的同时，更加深入地了解中国改革开放的伟大成就，感受中国特色社会主义先行示范区和全球标杆城市的实践力量。

在该数字教材投入使用后，院校迅速开启线上线下融合的混合式教学模式。线上，任课教师精心布置学习任务，引导学生在U校园智慧教学云平台自主学习，助力学生培育知识理解、语言应用、慎思明辨等多元能力。教师同步在线管理、监督学习进程，确保学习目标不偏离。线下，教师巧妙搭配课堂讨论、展示活动，深度检验学习效果，助力学生进一步夯实语言综合应用能力。

自应用以来，《深圳故事：大学英语阅读教程》数字教材收获了师生的热烈反馈与积极响应。这种创新的教学模式可以成功化解当前大学英语课时紧张的难题，让学生在有限时间内获得更丰富的知识，切实提升了学生的学习效果与参与热情。

6.3.4 上海出版印刷高等专科学校：数实融合开启专门用途英语教学改革

上海出版印刷高等专科学校在人才培养方面独具特色，长期聚焦印刷出版传媒类技术技能应用型人才的培育，积累了深厚底蕴，为探索专门用途英语教学改革路径与方法，创造了优渥的内部条件。

《新时代职业英语 专业篇 传媒英语》作为传媒行业专属教材，精准对接新课标要求，将思政元素巧妙融入其中，凸显数实一体化特质。配套的“传媒英语”在线开放课，以纸质教材为蓝本拍摄而成，紧密贴合传媒行业对应用型国际化人才的诉求，全力锤炼传媒专业学生的英语听、说、读、写、译全方位的语言技能。课程内容取材于报纸、广播、电视、互联网等媒体的真实传播语料，不仅助力学生提升跨文化交际意识与能力，还积极探索课程思政融入语言技能训练的创新教学模式。

该校采用线上线下结合的方式推进教学。线上，教师将学生在线开放课程的学习成果纳入成绩考核，在平时成绩里设定20%的慕课分占比，要求学生获取课程证书后才能拿到相应分数，借此激励学生自主学习。教程采用任务型和项目式教学法，围绕主题设计一系列模块化学习实践与综合训练任务，高度还原传媒行业真实工作场景，让学生边做边学，扎实掌握语言知识，并融会贯通各项技能。线下，教师则借助提问、口头报告等形式，检验学生线上课程学习效果，强化知识巩固。由于课程具有较高质量，教学机制设计科学合理，因此学生学习的主观能动性被充分调动起来，学习积极性显著提升，真正让教材和教学模式在专门用途英语教学改革中发挥实效。

6.4 外语数字教材教师培训

“教师数字素养与胜任力提升”是2024世界数字教育大会的重要议题之一。在国家教育数字化战略行动及提高全民数字教育素养与技能的大背景下，教师更应会用、善用数字化技术和工具提升教育教学的质量和效率。因此，在外语数字教材落地生根的过程中，教师培训更是重中之重，关乎整个教学实践的成效与走向。

6.4.1 数字教材培训

2024年4月13日—17日，由外研在线主办的“探索 实践 创新：新形态教材驱动数智教学变革”系列云专题活动成功举办。系列活动特邀新形态教材研究领域专家、新形态教材主编、优秀使用院校教师代表、教材编辑团队，厘清新形态教材的概念与内涵，解读新形态教材的设计理念与思路，探索新形态教材应用模式。活动吸引了近1.2万名教师相聚云端，共同交流基于新形态教材的教学实践经验，探索课堂教学形态创新的有效路径。

7月5日—6日，由北京外国语大学中国外语教材研究中心与外研在线联合举办的“高校教师数字素养与数字教材建设创新工作坊”成功举办。来自全国14个省（区、市）的37所院校近90位教师参与了为期两天的研修学习，切实提升了对数字教材的理解、设计和应用能力。工作坊学员围绕“数字教材的优化创新设计”与“数字教材的创新应用方案”两大话题进行了小组研讨，并展示汇报研讨成果。专家对教师们的创新设计给予高度评价，并针对细节设计和实施方案提出具体的、可操作的建议。

6.4.2 AIGC辅助教学创新提效系列工作坊

教师作为教育的第一资源，是推动教育数字化转型进程的重要驱动力，也是数字教材的实践者，承担着培养数字时代高质量人才的重要使命。为进一步提升教师数字素养及其AI时代胜任力，外研在线在北京、西安、长春、呼和浩特等地陆续推出AIGC辅助教学科研系列工作坊，聚焦教学创新提效、教学评价改革及科研提质增效等主题，从理念提升、工具实操、案例分享、任务产出等维度入手，帮助参训教师掌握多个高效、实用的AIGC工具，实现从能用到会用再到善用数字技术的飞跃式晋级，融通数字技术与教学规律的底层逻辑，用人工智能这把“金钥匙”解放教学生产力，全面提升AI时代胜任力，全方位、多层次探索AI赋能教学科研的关键场景，持续助力教师积极拥抱AI，探究教育未来。

2024年11月23日—24日，由上海外国语大学中国外语教材与教法研究中心、上海外教社教育培训中心和华南农业大学外国语学院联合举办的“面向生成式人工智能的外语教师智慧教研能力提升”学术研修在华南农业大学举行。随着生成式人工智能技术的不断迭代与广泛应用，外语教育正面临着前所未有的机遇与挑战。多位专家学者围绕数字化转型与文本加工、多媒体资源与素材开发及运用、外语数字教材使用、外语教师数字化素养、混合式学习与任务设计、语料库技术与课堂教学等话题展开深入研讨，并鼓励参会教师今后继续与专家学者一同推动外语界新形态教材与教法研究，以适应未来外语教育发展新趋势。

6.4.3 外语教师数字素养与教学科研创新能力提升研修项目

8月18日—24日，由重庆对外经贸学院发起、外研在线主办、新加坡万和国际集团承办的“高校教师国际化教学能力提升与数字化教学创新新加坡暑期研修项目”成功举办。研修项目积极响应国家教育数字化战略行动，促进了中新高等院校间的交流与合作，提升了参研教师的国际化教学能力及数字化教学创新素养，为重庆对外经贸学院培养符合新质生产力发展需求的高素质国际化人才助力赋能。通过专题讲座、分组研讨等形式，参研教师与来自南洋理工大学、新加坡管理学院、共和理工学院的专家展开深入交流，共同探讨中新高等院校在教育创新、人才培养等领域的合作，促进教师与学者之间的深度互动，达成广泛共识。

为响应教育部关于建设高质量专业化教师队伍的总体要求，顺应教育数字化转型发展大势，高水平地迎接本科教学工作合格评估，由重庆对外经贸学院和外研在线联合策划、组织实施的两场研修班——“AI时代高校基层教学组织教师教学能力及数字素养提升研修班”和“AI时代高校教研室主任及专业负责人教研能力与数字素养提升研修班”于11月15日—17日在重庆成功举办。来自重庆对外经贸学院的140余位教研室主任、专业负责人及一线教师代表参与研修学习，并与培训专家展开热烈、深入且富有成效的研讨交流。两场研修班聚焦数字化和专业化两大主题，着力提升AI时代教师教学创新能力与数字素养水平，旨在激发教师团队创新专业学科建设路径和人才培养模式的活力和动力，并鼓励其积极主动应对数智时代教育发展和人才培养的新需求与新挑战。

第七章 国际中文教材建设

2024年11月15日，国家主席习近平向2024世界中文大会致贺信并祝贺孔子学院成立20周年。习近平指出，语言是人类交流思想的工具、传承文明的载体、增进理解的桥梁。中文承载着中华民族数千年的文明智慧，是中国贡献给世界的重要公共文化产品，支持服务国际社会开展好中文教育是中国作为母语国的责任。习近平强调，国际中文教育广受欢迎，彰显了开放包容的魅力，展现了互学互鉴的价值，体现着合作共赢的精神，凝结着中外人士共同的心血。他希望世界中文大会坚持守正创新，加强联通融合，凝聚各方共识，努力搭建语言互通之桥、理解互信之桥、文明互鉴之桥，为携手构建人类命运共同体作出新的更大贡献。

国家副主席韩正在出席2024世界中文大会开幕式时宣读习近平贺信并致辞。韩正指出，中国提出并积极践行全球文明倡议，致力于加强国际人文交流合作。中方高度重视国际中文教育和语言交流合作，将一如既往大力支持各国开展中文教育，帮助更多海外民众学习中国语言文化，了解真实、立体、全面的中国。他提到，要强化联通协同，共建更加包容的国际中文教育；要推进融合发展，共建更具韧性的国际中文教育；要传承宝贵经验，共建更高质量的国际中文教育；要坚持守正创新，共建更有活力的国际中文教育。他希望中外机构和国际中文教育工作者利用世界中文大会平台，充分交流、凝聚共识，为推进国际中文教育高质量发展和增进人民相互了解和友谊、促进不同文明交流互鉴贡献智慧和力量。

2024世界中文大会由教育部主办，主题为“联通融合 传承创新”，来自160余个国家和地区的2,000多名政府官员、校长、专家学者、师生代表和驻华使节等出席会议。会议议题全面反映了全球国际中文教育的学科理论基础、协同发展机制以及数智化、专业化、多元化的发展趋势和需求特点。为满足全球范围内的国际中文教育教学新需求，政府机构、学会组织、出版机构、教育企业等多元主体持续加大投入、加强创新，共同推动国际中文教材及教学资源的不断丰富和完善，为全球国际中文教育发展夯实基础。

7.1 国际中文教育相关政策

国际中文教育领域的相关政策以推动全球国际中文教育发展、满足全球中文学习需求为核心，注重政策制定的系统性、规范性和多元化，致力于构建开放包容的国际中文教育格局。各国政府与相关机构在中文教育政策制定与实施方面，展现出以下几个显著趋势。

政策支持力度持续加大。各国政府和教育机构进一步认识到中文在国际交流、经济合作中的重要地位，出台了更多支持中文教育的政策，尤其是职业教育的国际合作发展迅速。2024年11月14日，教育部国际合作与交流司副司长陈大立在教育部召开的“2024年世界职业技术教育发展大会”新闻发布会上指出，我国教育的“朋友圈”逐步扩大，我国已同183个建交国普遍开展了教育的国际合作与交流，与60个国家和地区签署了学历学位互认协议。有85个国家把中文纳入国民教育体系，国际中文学习者和使用者累计已超过2亿人。除了基础教育阶段国际中文教育发展迅速，朝鲜、韩国、日本、蒙古国等国还建立了本硕博一体化的中文人才培养体系，各国对国际中文教育的重视和支持力度不断加大。

多边合作机制不断深化。国际中文教育合作机制不断完善，区域性和全球性中文教育合作持续加强。9月6日，“中国—非洲—联合国教科文组织教育和文化遗产保护合作对话会”在北京举办，会上宣布启动成立中非“中文+职业技能”教育区域发展中心（南非）和中非文明对话研究中心。11月16日，中国教育部副部长吴岩与肯尼亚教育部常务副部长碧翠丝·穆甘达·杨加拉（Beatrice Muganda Inyangala）分别代表两国教育部签署《中华人民共和国教育部与肯尼亚共和国教育部关于在肯尼亚开展中文教育的谅解备忘录》。11月28日，作为落实习近平主席在2022年“中国—海湾阿拉伯国家合作委员会峰会”上提出的“打造语言文化合作新亮点”重要举措之一，教育部中外语言交流合作中心（以下简称“语合中心”）副主任胡志平与阿曼苏丹国教育部教材司司长苏莱曼·贾穆迪（Suleiman Al-Jamoudi）代表双方签署《关于开展中文教育的合作计划》。这一系列举措代表着中外双方在中文教育方面的合作持续加强和深化，为促进教育交流合作和人才培养提供了有力支持。

数智化教育政策发布落实。随着数字技术的快速发展，各国政府教育部门在中文教育政策中愈加强调数字化教学资源的开发与应用。国际中文教育展开系统的数字化转型，语合中心于2022年发布了《国际中文教育数字资源建设指南（试行）》《国际中文在线教育行动计划（2021—2025）》等一系列政策性文件和发展规划，为数字化资源建设提供了清晰的指导方向。2024年，语合中心加快国际中文教育数智化发展步伐，积极利用人工智能等技术手段赋能国际中文教育，启动“自适应学测系统”和“中文教育智能体”建设，持续优化“中文联盟”平台。同时，语合中心加大对国际中文数字资源建设的投入，策划并资助立项了多个重点数字资源项目，包括体系化数字资源、智慧教学硬件等。这些项目的实施不仅丰富了国际中文教育的教学资源，也提高了教学的灵活性，扩大了资源共享范围，提升了数智化教学服务能力，深度赋能国际中文教育发展。

多元文化与语言教育加强融合。国际中文教育政策更加注重文化与语言的融合发展。许多国家的教育政策强调中文教育与本国文化的结合，鼓励中文学习与学科知识学习的融合，力求通过中文教育促进中外文化交流。语合中心继续推动“汉语桥”系列赛事、“国际中文日”等品牌活动的举办和创新，通过系列活动促进文化与语言的融合，推动中外文明的交流与互鉴。2024年，语合中心分别举办了第四届“汉语桥”世界小学生中文秀、第十七届“汉语桥”世界中学生中文比赛、第二十三届“汉语桥”世界大学生中文比赛。在2024年“国际中文日”活动期间，160多个国家共举办了1,700多场形式多样、内容丰富的文化活动。

中文教师培养政策更加完善。为了满足国际中文教育快速发展的需求，各国在政策层面进一步加大对中文教师培养与培训的支持力度。中国持续推进国际中文教育专职教师队伍建设，依托各高校储备中文教师资源。除此之外，语合中心还通过在海外高校设立中文师范专业、创立本土教师合作培养项目等方式推进本土中文教师的培养。

综上所述，各项政策与举措共同推动了国际中文教育在全球范围内的全面协同发展，也促进了中外文化交流与教育合作，同时推动了教学实践的不断创新。这些变化对教材开发、教学资源建设以及教学模式优化提出了更高要求，也带来了新的挑战。未来，随着政策的持续落实，国际中文教育将在全球范围内展现出更强的适应性与创新力。

7.2 国际中文纸质教材出版概况

在国际中文教育出版领域，北京语言大学出版社、外研社、北京大学出版社、人教社、高教社、华语教学出版社等作为主要出版机构，占据了90%以上的市场份额。根据对这几家出版机构2024年教材出版情况的统计和分析，其全年共出版国际中文教材110余种。其中，成人中文教材26种，儿童及青少年中文教材53种，中国文化及当代国情教材6种，专门用途中文教材25种。与2023年相比，成人中文教材新书品种数增长明显，其他类型中文教材新书品种数与2023年相差不多。总体来看，2024年的国际中文教材出版在数量和种类上均呈现出多元化和结构优化的发展趋势，为国际中文教育的开展提供了更加丰富的资源支持。

7.2.1 标准引领教材建设，提升中文教育整体质量

国际中文教育进入新的发展阶段，“标准引领”成为显著特点。2021年以来，语合中心陆续发布了《国际中文教育中文水平等级标准》《国际中文教育用中国文化和国情教学参考框架》《国际中文教学通用课程大纲》《职业中文能力等级标准》《国际中文教育中文阅读分级标准》等多项标准和规范性文件，为国际中文教育工作者提供了明确的教学指导和评价依据，也为国际中文教材的研发提供了科学依据与清晰规范。各大出版机构在新教材的编写和经典教材的修订过程中，始终将标准化作为核心指导原则。外研社基于2006年出版的经典教材《汉语900句》，结合新时代学习者的需求，推出了全新版本《中文900句》。新版教材严格遵循《国际中文教学通用课程大纲》《国际中文教育中文水平等级标准》，围绕学习者的实际需求设计内容，科学选取话题，合理控制词汇难度，帮助学习者以轻松有趣的方式快速学习基本口语会话，提升中文交际水平。北京语言大学出版社在2024世界中文大会期间发布了《K12标准中文》系列教材，该系列教材对标《国际中文教育中文水平等级标准》及《国际中文教育用中国文化和国情教学参考框架》，遵循“结构—功能—文化”一体化原则，以学生为中心，以语言运用为导向，依据《国际中文教育中文水平等级标准》中提出的“三等九级”新范式进行编写，进一步将分级标准细化为“五阶九级”，与《国际中文教育中文水平等级标准》一一对应。华语教学出版社出版的《活力中文》基于《国际中文教育中文水平等级标准》，创新教法和编写模式，以《国际中文教育中文水平等级标准》四维

基准中的“汉字”为线索，融合借鉴字本位、词本位等理论的优点，以字统词，字词并举，兼顾主题，探索教材编写和教法模式的创新。2024年，国际中文教材建设在各项标准的引领下，更加注重体系设计的科学性和内容设计的针对性，为全球中文学习者提供了更加优质和规范的教学资源，促进了国际中文教育的高质量内涵式发展。

7.2.2 中文融合职业教育，助力专业人才精准培育

随着全球化进程的加快和共建“一带一路”进入高质量发展的新阶段，越来越多中资企业积极拓展海外业务，深化国际合作，融入全球产业链、供应链和价值链。这一趋势促使“中文+职业技能”双优型专业技术人才需求持续增长，研发和出版兼具针对性、实用性、适用性的教学资源成为主管部门、行业企业、出版机构的共同追求。2024年，国际中文教育领域的几家主要出版机构加大投入，持续推进“中文+职业技能”教学资源体系建设，以培养“懂中文、精技术、通文化”的复合型技术人才为目标，推动国际中文教育与职业教育的深度融合发展。北京语言大学出版社践行语言能力培养与职业技能融合的理念，出版了涵盖“中文+计算机网络技术”“中文+电子商务”“中文+物流管理”“中文+汽车服务工程技术”等多个领域的“新丝路‘中文+职业技能’系列教材”，实现了“中文+职业技能”内容编创的有机融合，帮助学习者全面提升中文语言能力和职业技术水平，解决企业急需急用的岗位需求。华语教学出版社出版的“泰国旅游行业中文口袋丛书（中泰对照版）”专为满足泰国“中文+职业技能”的迫切需求而编制，可供泰国中小学、职业院校、高等学校的初级中文学习者及旅游相关行业的从业人员使用。该丛书包含《机场中文100句》《酒店中文100句》《交通中文100句》《移民局中文100句》《餐馆中文100句》《商场中文100句》6册图书，内容基本涵盖旅游行业各个方面。高教社出版的《“中文+职业技能”教程》（工业篇）以鲁班

工坊学员的职业技能学习需求为主线，内容涵盖鲁班工坊所涉及的工业领域和相关专业，包括数控加工技术、新能源技术、汽车维修技术等。该教程旨在培养学生学习、理解工业化的工作技能，同时提升其专业中文水平。

7.2.3 数智赋能中文教育，驱动教材建设深度变革

随着信息技术的飞速发展和全球“中文热”的持续升温，数字技术正以新理念、新业态、新模式深刻融入教育领域，为国际中文教育注入创新动力。在国际中文教育领域，几家主要出版机构紧跟时代潮流，顺应技术发展和需求变化，在教材建设方面加大创新步伐，以融合出版、增强出版等形式，以丰富的数智化教学资源配套，积极推动纸质教材的智能化、数字化转型，促进教材形式与形态的全面升级。外研社推出的《新时代汉语口语》系列教材自出版以来，广受关注和好评。为了更好地满足全球多元环境下不同学习者的需求，为教师和学习者提供便捷性和互动性更强的学习资源，外研社开发了该系列教材的数字课程。该套教材从纸质教材发展到具有更强灵活性、互动性、适应性的数字产品，更广泛地服务于各大院校和教育机构，并通过数智化技术对教材的赋能，构建起更加灵活、高效的教学模式。北京大学出版社出版的《博雅汉语》系列秉承常换常新、与时俱进的原则，在前两版的基础上，以新的时代特点和教材编写理论进行总体规划设计和全面修订，增加了数字化配套资源。人教社以“快乐汉语”系列教材为基础，在联通融合中传承创新，全新推出“快乐中文”系列，构建从单一纸质文本到集教材、课件、多媒体和数字资源为一体的数智化教学体系。高教社对“体验汉语”（泰国版）中小学教材进行改编，推出“体验汉语”（国际版）小学教程，配套交互式学习系统和APP等数字化资源，结合图片、声音、动画等多种不同的媒体形式，为学生提供更加生动有趣的学习内容和互动练习。数智化推动国际中文教育从传统教学

向现代化、智能化教学转型，使全球中文学习者更加便捷地学习、了解中国语言与文化，获得更加个性化、智能化的学习体验。

7.2.4 服务国民教育体系，增强资源应用整体效能

海外中文教育持续发展，将中文纳入国民教育体系的国家数量保持增长态势。近年来，针对中文教育低龄化的发展趋势，各出版机构陆续推出了一大批中小学学段的国际中文教材及教学资源，如《七色龙汉语分级阅读》《加油！小学中文课本》《体验汉语 小学教程》《中文乐园》《轻松学中文》（第二版）等。随着海外各国基础教育阶段中文教育的发展，通用型教材（如英文注释的全球发行版本）逐渐显现出针对性不足、应用成效受限的实际问题。因此，主要面向海外中小学阶段学习者的国际中文教材的国别化、本土化程度进一步加深，一方面，“一国一本”的需求更加凸显；另一方面，单一国别的教材也逐渐从综合型教材向学科融合型教材等更细化的方向发展。各出版机构积极开发经典教材的多国别、多语种版本。外研社策划出版的“面向阿拉伯国家和地区的K12国际中文教材系列”，在满足个性化需求、提升资源应用成效方面效果突出。此外，由外研社出版的《我们和世界：用中文学地理》（意大利语注释）成为中文和学科融合的范例。该系列是一套专为意大利高中生设计的中文地理教材，基于“内容与语言融合学习”（Content and Language Integrated Learning，简称CLIL）理论编写，通过用中文教授地理学科知识，使学生在学习过程中实现语言学习与学科知识学习的双向促进。随着海外国民教育体系中文教育的不断深化发展，国际中文教材和教学资源更加注重针对性与应用成效，力求满足不同国家和地区学习者的个性化需求，有效促进中文教育的本土化发展。

表7.1 2024年国际中文教材出版一览表

课程类型	教材名称	作者	出版社	出版时间
儿童及青少年中文教学	加油！小学中文课本4	王　巍、金飞飞、王　蕾	外语教学与研究出版社	2024年1月
	加油！小学中文课本5	田班超、王　薇、金飞飞	外语教学与研究出版社	2024年1月
	加油！小学中文课本6	袁　哲、金飞飞	外语教学与研究出版社	2024年4月
	加油！小学中文练习册2	王　巍、金飞飞	外语教学与研究出版社	2024年12月
	你真棒1A	中外语言交流合作中心	外语教学与研究出版社	2024年1月
	你真棒3A	中外语言交流合作中心	外语教学与研究出版社	2024年4月
	你真棒3C	中外语言交流合作中心	外语教学与研究出版社	2024年6月
	跨越丝路4C	阿联酋教育部、中外语言交流合作中心	外语教学与研究出版社	2024年5月
	我们和世界：用中文学地理（意大利语注释）（上册）（下册）	张　红	外语教学与研究出版社	2024年8-9月
	我的中文小书包系列分级读物：第五级	陈　琦	外语教学与研究出版社	2024年9月
	快乐中文 学生用书 第一册	李晓琪等	人民教育出版社	2024年5月
	快乐中文 练习册 第一册	李晓琪等	人民教育出版社	2024年7月
	体验汉语 小学教程 学生用书1-5	丁安琪、[美]Lisa Huang Healy	高等教育出版社	2024年4月

（待续）

（续表）

课程类型	教材名称	作者	出版社	出版时间
儿童及青少年中文教学	体验汉语 小学教程 练习册1-5	丁安琪、[美]Lisa Huang Healy	高等教育出版社	2024年4月
	体验汉语 小学教程 词汇卡1-5	丁安琪、[美]Lisa Huang Healy	高等教育出版社	2024年7月
	IBDP中文B概念探究考学双赢SL（上册）（下册）	韦庆芳	华语教学出版社	2024年4月
	美好中文幼儿教材	魏鹏程、李　卉	华语教学出版社	2024年7月
	美好中文小学教材 课本2-4	魏鹏程、汪慧慧、辛玉彤	华语教学出版社	2024年1-10月
	美好中文小学教材 练习册2	辛玉彤、魏鹏程、汪慧慧	华语教学出版社	2024年1月
	美好中文小学教材 练习册3	汪慧慧、魏鹏程、刘文政	华语教学出版社	2024年4月
	美好中文小学教材 教师用书1	辛玉彤、魏鹏程	华语教学出版社	2024年1月
	轻松学中文（少儿版）（英文版）（第二版）练习册3-4	马亚敏	北京语言大学出版社	2024年1-3月
	轻松学中文（少儿版）（英文版）（第二版）汉字书写本1-4	马亚敏	北京语言大学出版社	2024年4-6月
	轻松学中文（英文版）（第二版）课本6	马亚敏、李欣颖	北京语言大学出版社	2024年7月
	中文乐园（英文版）课本2-3	崔永华、张　健	北京语言大学出版社	2024年4-9月
	中文乐园（英文版）练习册2-3	崔永华、张　健	北京语言大学出版社	2024年4-9月

（待续）

（续表）

课程类型	教材名称	作者	出版社	出版时间
儿童及青少年中文教学	K12标准中文 基础阶1	《K12标准中文》编写组	北京语言大学出版社	2024年10月
	K12标准中文 初阶2	《K12标准中文》编写组	北京语言大学出版社	2024年10月
	K12标准中文 中阶3A	《K12标准中文》编写组	北京语言大学出版社	2024年11月
	K12标准中文 中阶3B	《K12标准中文》编写组	北京语言大学出版社	2024年11月
	K12标准中文 中阶4A	《K12标准中文》编写组	北京语言大学出版社	2024年12月
	K12标准中文 中阶4B	《K12标准中文》编写组	北京语言大学出版社	2024年12月
成人中文教学	一起说中文2	黄　巧	外语教学与研究出版社	2024年12月
	新时代汉语口语：高级上、下	朱　勇	外语教学与研究出版社	2024年9月
	中文900句	中外语言交流合作中心	外语教学与研究出版社	2024年4月
	会通汉语 精编版 初级5-6	卢福波	人民教育出版社	2024年6月
	体验汉语口语教程·准中级1-2（第2版）	陈作宏	高等教育出版社	2024年3-6月
	活力中文 初级 上册	周金声	华语教学出版社	2024年1月
	发展汉语（第三版）中级综合 I-II	李　泉	北京语言大学出版社	2024年8-10月
	发展汉语（第三版）中级阅读 I-II	李　泉	北京语言大学出版社	2024年9月
	发展汉语（第三版）中级写作 I-II	李　泉	北京语言大学出版社	2024年9月

（待续）

（续表）

课程类型	教材名称	作者	出版社	出版时间
成人中文教学	发展汉语（第三版）高级阅读 I-II	李　泉	北京语言大学出版社	2024年10月
	发展汉语（第三版）高级写作 I-II	李　泉	北京语言大学出版社	2024年8-11月
	高级汉语视听说教程（下）二十不惑篇	陈天序	北京语言大学出版社	2024年5月
	高级汉语视听说教程（上）小欢喜篇	陈天序	北京语言大学出版社	2024年5月
	博雅汉语·准中级加速篇 I-II（第三版）	李晓琪	北京大学出版社	2024年7-8月
	博雅汉语·初级起步篇 II（第三版）	李晓琪	北京大学出版社	2024年8月
	家有儿女——国际汉语视听说教程2（第二版）	刘立新、邓　方	北京大学出版社	2024年1月
	汉语会话301句（阿拉伯文注释本）（第四版）（上册）	康玉华、来思平	北京大学出版社	2024年10月
中国文化及当代国情教学	文化密码：中国文化教程4	于小植	高等教育出版社	2024年4月
	中国概况（简明版）	宁继鸣	北京语言大学出版社	2024年6月
	领略中国：中外人文交流概览	本书编委会	北京语言大学出版社	2024年9月
	中国诗歌欣赏（第二版）	[美]王双双	北京大学出版社	2024年6月
	中国民俗文化（第三版）	柯　玲、邵运文	北京大学出版社	2024年8月
	中国古代文学史教程（第二版）	欧阳祯人	北京大学出版社	2024年9月

（待续）

（续表）

课程类型	教材名称	作者	出版社	出版时间
专门用途中文教学	领航 商务汉语教程1	卢　红	外语教学与研究出版社	2024年6月
	旅游汉语（英语版）	陈丽君	高等教育出版社	2024年7月
	“中文+职业技能”教程（工业篇）	姜丽萍	高等教育出版社	2024年7月
	泰国旅游行业中文口袋丛书（中泰对照版）酒店中文100句	杨文波、何　阳	华语教学出版社	2024年1月
	泰国旅游行业中文口袋丛书（中泰对照版）商场中文100句	杨文波、连银歌	华语教学出版社	2024年1月
	泰国旅游行业中文口袋丛书（中泰对照版）机场中文100句	杨文波等	华语教学出版社	2024年1月
	泰国旅游行业中文口袋丛书（中泰对照版）交通中文100句	杨文波等	华语教学出版社	2024年1月
	泰国旅游行业中文口袋丛书（中泰对照版）移民局中文100句	杨文波、麦活兴	华语教学出版社	2024年1月
	泰国旅游行业中文口袋丛书（中泰对照版）餐馆中文100句	杨文波、贾双华	华语教学出版社	2024年1月
	客从中国来——突尼斯旅游行业中文口袋书（中阿对照版）酒店中文100句	杨文波	华语教学出版社	2024年6月
	客从中国来——突尼斯旅游行业中文口袋书（中阿对照版）商场中文100句	杨文波	华语教学出版社	2024年6月

（待续）

（续表）

课程类型	教材名称	作者	出版社	出版时间
专门用途中文教学	客从中国来——突尼斯旅游行业中文口袋书（中阿对照版）机场中文100句	杨文波	华语教学出版社	2024年6月
	客从中国来——突尼斯旅游行业中文口袋书（中阿对照版）交通中文100句	杨文波	华语教学出版社	2024年6月
	MCT标准教程 一级·下	骆　琳等	北京语言大学出版社	2024年5月
	MCT标准教程 二级·下	骆　琳等	北京语言大学出版社	2024年6月
	新丝路“中文+职业技能”系列教材 中文+计算机网络技术（中级）	新丝路“中文+职业技能”系列教材编写委员会	北京语言大学出版社	2024年1月
	新丝路“中文+职业技能”系列教材 中文+机电一体化（中级）	新丝路“中文+职业技能”系列教材编写委员会	北京语言大学出版社	2024年1月
	新丝路“中文+职业技能”系列教材 中文+机电一体化（高级）	新丝路“中文+职业技能”系列教材编写委员会	北京语言大学出版社	2024年4月
	新丝路“中文+职业技能”系列教材 中文+电子商务（高级）	新丝路“中文+职业技能”系列教材编写委员会	北京语言大学出版社	2024年4月
	新丝路“中文+职业技能”系列教材 中文+汽车服务工程技术（中级）	新丝路“中文+职业技能”系列教材编写委员会	北京语言大学出版社	2024年5月

（待续）

（续表）

课程类型	教材名称	作者	出版社	出版时间
专门用途中文教学	新丝路“中文+职业技能”系列教材 中文+汽车服务工程技术（高级）	新丝路“中文+职业技能”系列教材编写委员会	北京语言大学出版社	2024年7月
	新丝路“中文+职业技能”系列教材 中文+酒店管理（高级）	新丝路“中文+职业技能”系列教材编写委员会	北京语言大学出版社	2024年10月
	新丝路“中文+职业技能”系列教材 中文+物流管理（高级）	新丝路“中文+职业技能”系列教材编写委员会	北京语言大学出版社	2024年10月
	新丝路“中文+职业技能”系列教材 中文+计算机网络技术（高级）	新丝路“中文+职业技能”系列教材编写委员会	北京语言大学出版社	2024年12月
	商务汉语听说教程	翟宜疆	北京语言大学出版社	2024年8月

7.3 国际中文数字教材出版概况

由于国际中文教育需要面对比国内基础教育和高等教育更复杂的全球发展不平衡、学习者差异巨大等问题，因此，国际中文教育的数字化转型面临更多的现实挑战。为应对环境多样、对象多种、内涵多重、目标多元的现状，国际中文数字教材的内涵和外延不断扩展，呈现出多元化、细分化、专门化的发展趋势。

7.3.1 新形态教材

新形态教材是一种以纸质教材为基础、对多种数字资源进行一体化设计、为教学活动提供综合性解决方案的教学材料。2024年，新形态教材的数字资源类型更加多元，资源总量进一步增加，出现了多种具有突破意义的新形态大套系教材。

外研社完成了阿拉伯国家和地区K12全学段的新形态教材的出版，包括《手拉手》《你真棒》《跨越丝路》。这些教材在纸质教材的基础上，开发了字卡、图卡、词卡、课文动画视频、汉字书写活动纸、游戏及活动工作纸、中国文化视频、H5交互游戏、交互式PPT课件、歌曲动画视频、评估测试方案等多种数字资源，适用于课上教学、课下学练等多个应用场景。高教社推出的《体验汉语基础教程》（修订版），以情景剧的方式呈现课文对话，真实再现中文在日常生活中的使用场景。北京语言大学出版社在《汉语乐园》第一版和第二版的基础上，改编创作了新版教材《中文乐园》，配套制作了课文、故事、儿歌的情景动画，游戏，语音，汉字演示动画，文化实景视频，互动课件，电子教辅等资源。

7.3.2 数字课程

数字课程是以数字形式提供的一切课程的总称。随着技术的发展，其内涵和外延不断扩展，形态也越来越丰富。2024年，除了传统的慕课、微课、私播课外，网络中文课堂、社交媒体短视频类和直播类（简称“短直类”）课程等新形态数字课程均有一定发展。

中文联盟“网络中文课堂”采用班级制和远程“直播+辅导”的中文教学新模式，截至12月，已在28个国家合作开设39个“网络中文课堂”。此外，大量教育培训机构通过网络平台提供在线中文课程，包括LingoAce、Lingo Bus、比邻中文、ChineseClass101、PandaTree、全球中文学习平台、Chinesia等。这些教育培训机构大多采用标准课程体系以保证课程的教学质量和规范性，同时利用一对一或一对多的小班教学模式，提高课程的互动性和针对性。

社交媒体短直类课程在2024年也有突出表现。以TikTok为例，通过关键词（如learning Chinese）进行搜索，可以发现多个粉丝量超过10,000且播放量高的博主。这些博主各自以不同的教学风格和内容涵盖了中文学习的多个方面，如真实场景教学、流行语和常用词汇教学等。

7.3.3 数字应用

2024年，国际中文数字应用与人工智能技术深度融合，涌现出不少具有时代特色的数字产品。北京嗨你好教育科技有限公司推出AI双语中文教学产品——AI Chinese，用AI模拟中国的真人老师在线上教课，同时借助“短视频+直播”方式在TikTok获客。目前该公司已开始在全球市场布局，主要辐射印度尼西亚、越南、泰国市场。北京语言大学国际中文智慧教学系统推出3.0和4.0版本，利用讯飞星火大模型等人工智能技术，运用大语言模型和知识图谱，为教师提供覆盖全场景的伴随式AI助教，辅助教师开展备课、测验、作业批改等工作，按需为教师提供多模态教学资源，同时为学生提供符合其中文水平的个人学习助手，推荐学习资源，构建人机互动模式。

7.4 国际中文教材使用案例

7.4.1 面向阿拉伯国家和地区的中文教材：融合当地文化，服务学情需求

随着中国与阿拉伯国家和地区持续扩大经贸、人文交流，中文教育在阿拉伯国家和地区蓬勃开展。2019年以来，阿联酋、沙特阿拉伯、埃及、突尼斯等国家先后将中文纳入国民教育体系。为了满足阿拉伯国家和地区不断增长的中文学习需求，一系列阿拉伯语注释的国际中文教材应运

出版。其中，由语合中心组织策划、中阿两国专家学者紧贴当地需求编写的“面向阿拉伯国家和地区的K12国际中文教材系列”由外研社出版。该教材体系包括面向中学学段的《跨越丝路》、小学学段的《你真棒》以及幼儿园学段的《手拉手》三个系列。因其完善的资源体系、较强的针对性，该系列教材在阿联酋得到了切实应用，并已在以阿联酋中文教学“百校项目”示范校——哈姆丹 · 本 · 扎耶德学校为代表的多所学校中投入使用。

对于当地师生来说，《跨越丝路》《你真棒》及《手拉手》系列教材充分尊重其文化习俗，融合当地风土人情，教材内容贴合实际学情，装帧设计符合学生年龄特点及学习需求，配套教学资源实用丰富。以《手拉手》系列教材为例，教师通过教材中的“讲故事”板块，紧密围绕主题中心句型开展教学。学生借助细节准确、贴合情境的插画和生动的故事情节，跟随教材人物哈利法及其世界各地的朋友们进入故事世界，理解特定内容，习得句型功能，感受真实语境。通过教材中的“看世界”板块，教师从当地社会生活的常见事物入手，逐步开阔学生视野，借助教材配套的歌曲视频、教学游戏等数字资源，带领学生在学习中文的同时感受世界文化，拓展学科知识，比如，比较不同国家的传统美食、了解世界各国的重要节日、认识大熊猫的成长和草莓的生长过程等。对于学生来说，以《跨越丝路》《你真棒》《手拉手》为代表的一系列国际中文教材不仅是学习中文的工具书，还是通过中文了解世界的窗口，更是他们成长旅程中的重要阶梯，帮助其走向更加广阔的世界。

7.4.2 突尼斯旅游行业中文口袋书：汇编职业指南，助力国际交流

随着“中文+职业教育”成为国际中文教育领域的新发力点，相关图书陆续出版。6月，华语教学出版社与突尼斯国家旅游局合作推出“客从

中国来——突尼斯旅游行业中文口袋书（中阿对照版）”系列丛书，包括《酒店中文100句》《交通中文100句》《商场中文100句》《机场中文100句》4册，旨在填补阿拉伯国家旅游行业中文教学资源的空白，进一步推动以国际旅游为基础的中外经济文化交流。

“客从中国来——突尼斯旅游行业中文口袋书（中阿对照版）”系列丛书具有鲜明的本土化特色，场景真实，内容实用。丛书出版后，突尼斯国家旅游局将其分发至突尼斯全境有使用需求的机场、海关、购物中心、酒店和交通部门等，用于服务当地导游、商人、机场海关、交通业及各类服务机构。该系列丛书成为突尼斯旅游行业从业者提升对中国游客语言服务水平的重要工具书，在当地受到了广泛关注与好评。丛书的本土化内容设计提升了实用性，如《交通中文100句》介绍了突尼斯特有的共乘出租车系统，以及不同港口通过船旗颜色识别目的地等实用信息，这类设计极大地便利了当地旅游行业从业人员在实际工作中的应用操作，切实帮助其提高用中文从事服务工作的能力。此外，丛书以中国游客为目标群体编排内容，不仅满足了当地旅游行业从业人员的使用需求，也帮助中国游客了解突尼斯的文化风俗，增进中外文化间的理解与尊重。丛书采用中阿双语对照形式，并配以拼音标注、图片、音频等内容，方便读者认读，帮助其深入理解文本内容，提高自学效率。作为中突合作出版的优秀成果，该系列丛书将成为突尼斯旅游行业从业人员与中国游客之间的重要沟通指南与文化交流桥梁。

7.4.3 新时代中国国情概览：切合时代需求，关注读者体验

6月，《中国概况》（简明版）由北京语言大学出版社正式出版。该书面向海内外中文学习者，从政治、经济、文化、社会、生态文明等多个视角全方位介绍中国国情文化，是一部具有新时代特点的全媒体、数字化国情教材。

该书涵盖的内容十分广泛，除了常见的地理、政治、经济、历史、文化等内容，还特别收录“一带一路”倡议、新经济形态、新发展理念和新发展格局等知识点，学习者能够以此了解和认识当下中国，进行跨文化比较及人文交流。此外，该书在编排设计上注重提升教师与学习者的使用体验。例如，在语言难度控制方面，编写团队以《国际中文教育中文水平等级标准》中等四级水平为基准线，搭建了基于Python的文本难度分析平台，着重分析语言要素的等级和文本复杂度，严控越级和超纲词语的使用数量，减少学习者在使用过程中的文本理解障碍，保障阅读效率及教师教学质量。在内容设计方面，教材编写体例突出过程式设计、教案式呈现，练习设计创新实用、可操作性强，便于师生使用；教材文章条理清晰，内容选取贴合学习者需求，语言风格亲切自然，全面提升学习者的语言与文化素养。在装帧设计方面，教材在凸显权威性的同时，兼顾实用性与设计美感，着力提升页面层次感。同时，教材预留了数字化与立体化设计空间，教师与学习者可以通过“一书一码”资源平台导入课程视频链接，获取助教课件及课文录音等配套资源。

7.4.4 聚焦预科教学培养目标：“基础”结合“实践”，高效强化教学

2019年至2020年初，外研社策划的《学在中国》汉语强化系列教材陆续出版，包括《学在中国 · 基础教程1》《学在中国 · 基础教程2》《学在中国 · 实践教程1》《学在中国 · 实践教程2》以及《学在中国 · 词汇教程》。自2019年秋季学期开始，东北师范大学正式在外国留学生预科部投入使用该系列教材。截至2024年底，东北师范大学预科部使用该系列教材的外国留学生数量已达千余名，全国正在使用该系列教材的高校已有40余所。

东北师范大学预科课程包括基础汉语课程、实践汉语课程与词汇课

程。在基础汉语课程中使用《学在中国 · 基础教程1》《学在中国 · 基础教程2》，课程中重输入，注重听读技能的训练；在实践汉语课程中使用《学在中国 · 实践教程1》《学在中国 · 实践教程2》，课程中重输出，注重读写技能的训练；在词汇课程中使用《学在中国 · 词汇教程》，输入、输出相结合，听说读写并重。在总体课程设计与学期安排上，东北师范大学突破现有的“综合+技能”课程设计形式，采用“基础教程+实践教程+词汇教程”模式：秋季学期讲授《学在中国 · 基础教程1》《学在中国 · 实践教程1》，春季学期讲授《学在中国 · 基础教程2》《学在中国 · 实践教程2》，次年秋季学期讲授《学在中国 · 词汇教程》的绝大部分内容，次年春季学期初讲授完毕剩余少量内容。在教学实践过程中，教师注重考教结合、以考促教，遵循输入与输出相结合的原则，在给学生提供大量输入的同时强化其输出训练，将语言要素和语言技能训练相结合，真正实现“精讲多练”。同时，教师注重为学生提供强化性交际练习，循序渐进地提高学生使用中文进行交际的能力。《学在中国》汉语强化系列教材将“基础”与“实践”相结合，通过大量强化性练习在短时间内实现预科培养目标，获得了师生的广泛好评。

7.5 国际中文教材教师培训

7.5.1 理论引领，教材驱动：产出导向，学用一体

5月24日—26日，“首届‘产出导向法’与国际中文教育教学研讨会”在西安举办，来自全国70多所院校的200余位专家、学科带头人、教师和学生代表参加了研讨会。与会专家教师基于“产出导向法”教学理论，就新形势下国际中文教育学科建设与人才培养、教学理论与教学模式升级、课程设计创新与教学质量提升等多个方面展开了深入探讨。

“产出导向法”理论创新团队牵头人——北京外国语大学文秋芳教授以“‘产出导向法’理论与实践”为题作特约主旨报告，讲述了“产出导向法”理论的发展历程和取得的成绩，以及人工智能时代“产出导向法”研究的发展方向。

以“产出导向法”为理论指导编创的国际中文系列教材《新时代汉语口语》自2020年6月起由外研社陆续出版，主要面向学历教育及长期进修的中文学习者，也适用于各类进修及培训课程，旨在克服语言教学中“学用分离”的问题。9月，全系列8个分册完成出版。自出版以来，该系列教材在30多所高校得到了广泛使用，广大师生积极反馈，教学成效显著。在研讨会中，《新时代汉语口语》系列教材主编、北京外国语大学朱勇教授带领编创团队分享了教材编创理念及特色，阐述了产出导向型口语教学设计与示范实施方案。来自国内各高校的一线教师结合自身实践经验，通过精妙的教学设计、生动的课堂展示呈现了“产出驱动—输入促成—产出评价”的教学流程。与会专家对教学设计和课堂实践进行了精彩点评，业界同仁展开充分交流，教法思路深度碰撞，共同推动国际中文教学理论研究、实践创新和资源建设的持续发展。

7.5.2 标准先行，深度研讨：职业中文，高质发展

6月22日—23日，“新标准背景下‘中文+职业技能’教育教学研讨会”在北京语言大学召开。该会议是在高质量共建“一带一路”和构建人类命运共同体的时代背景下召开的一场加强“中文+职业技能”教育教学研讨与交流的学术盛会，来自全国27个省（区、市）的191所高校、8家企业机构、6所海外院校的398名代表参加了研讨会。

研讨会围绕“中文+职业技能”教育教学资源建设、职业院校国际化“双师+”型师资队伍建设、校企协同“走出去”策略与实践、职业院校基础中文教学模式、“中文+职业技能”智慧教学解决方案、职业中文教

师科研成果转化等议题，通过专家报告、主题研讨、案例示范等多种形式，展开了跨专业、跨行业、跨产业融合发展的深度研讨。专家报告主题聚焦、视野开阔、高屋建瓴，进一步提升了职业院校对职业中文教育发展前景的认识，拓展了职业院校“走出去”办学路径，深化了职业院校“中文+职业技能”师资队伍培养理念，提升了“中文+职业技能”领域的教师教材编写水平和教学能力。同时，该研讨会上发布了基于《职业中文能力等级标准》研发的《职业中文教学大纲》和“新丝路‘中文+职业技能’”系列教材。研讨会以标准为抓手，以大纲为参照，以教材为工具，聚焦“中文+职业技能”教育教学，为与会代表呈现了一场精彩的学术与实践交流，展现了业界汇众智聚众力、共同为国际中文教育高质量发展而努力的良好态势。

7.5.3 深化教研，创新教法：理解中国，沟通世界

9月21日—22日，“用好系列教材，讲好当代中国——‘理解当代中国’视域下国际中文课堂构建与教学创新研讨会”在浙江省温州市召开，来自全国80余所高校的200余名专家学者和师生代表参会。研讨会以“理解中国，沟通世界”为主题，展示了各高校近年来围绕“理解当代中国”系列教材集中挖掘本地资源，充分利用各校优势，在课程及课程群设置、师资配备及人才培养、课堂教学与社会实践活动设计、学术研究等方面的创新实践与特色做法。

“理解当代中国”国际中文系列教材包含《高级中文读写教程》《高级中文听说教程》，面向中文水平较高、希望深入了解当代中国和进一步提高中文水平的学习者，适用于来华留学本科三、四年级学生或硕士研究生，也可用于非学历教育高年级学生专题选修课教学。“理解当代中国”系列教材自出版以来，已在全国近200所高校得到不同程度的应用，多篇专题文章在《国际中文教育（中英文）》等期刊陆续发表，引起了业界广

泛关注与讨论。此外，北京语言大学“理解当代中国”系列虚拟教研室已开展线下及线上教研活动10余次，特邀系列教材编写团队与优秀一线教师紧扣教学需求，结合具体授课单元及真实教学案例讲解教学设计思路，开展集体备课，以此加强教师对教材指导思想、编写理念与教学方法的理解和把握，切实提高教材使用和人才培养成效。通过教师培训、教学研讨、资源共享等方式，“理解当代中国”系列教材教研活动促进了教学单位之间的经验交流，推动了教学水平的整体提升，助力了国际中文教育的高质量发展。

7.5.4 主题多元，精准解惑：服务教师，助力教学

2024年以来，华语教学出版社累计举办10余场“助力国际中文教育”系列讲座。讲座邀请来自中国、美国、新加坡、澳大利亚和菲律宾等不同国家的经验丰富的中文课程教师担任主讲人，面向广大一线国际中文教师，尤其是在国际学校任职的海内外中文教师。讲座以华语教学出版社国际中文教学、教材资源为依托，旨在解决教师在实际教学中遇到的问题和困难，夯实其理论基础，提升其综合素养。讲座设置了丰富多元的主题，包括“初级至中级水平中文课程的教案设计思路、课堂活动、形成性及总结性评估”“如何用科技手段开展中文教学”“中文分级读物在国际中文教学中的使用”等内容。

该系列讲座对一线国际中文教师具有较强的实践指导性。以“助力A-Level中文（9868）新大纲教学讲座”为例，A-Level指“英国普通中等教育证书高级水平考试”（General Certificate of Education Advanced Level），A-Level证书不仅在英国广泛适用，还被许多国家和地区认可作为大学入学资格证书，因此，基于A-Level设置的课程体系也是国际中文教育教学体系中的常见课程体系之一。2024年，由于新旧A-Level大纲的更替，针对新考试大纲的备考训练资料严重不足。应广大教师要求，华语

教学出版社推出了A-Level线上阅读模拟题库，便于教师和考生进行备考训练，同时举办“助力A-Level中文（9868）新大纲教学讲座”，邀请模拟题库出题教师解析新旧A-Level大纲的变化及应考策略，为教授相关课程的国际中文教师提供了及时的指导。通过一系列有的放矢的专题讲座，广大国际中文教师切实提升了自身国际中文教学能力及语言知识素养。

第八章 外语教材研究

党的十八大以来，党和政府高度重视教材工作，强调教材建设体现国家意志，是国家事权。服务国家重大战略和人才培养需求、构建中国特色高质量教材体系，需要加强教材研究。本章从期刊论文、科研项目、会议交流三方面梳理2024年外语教材研究成果，以期提升外语教材研究的质量，为教材建设和管理工作进一步提供专业支撑。

8.1 期刊论文

8.1.1 文章数量和来源期刊

2024年，在外语类CSSCI来源期刊和北大核心期刊上发表的外语教材研究论文共38篇。文章的来源期刊共15种，包括《外语界》（7篇）、《山东外语教学》（4篇）、《外语研究》（4篇）、《中国外语》（3篇）、《外语学刊》（3篇）、《当代外语研究》（3篇）、《西安外国语大学学报》（3篇）、《外语教育研究前沿》（2篇）、《外语与外语教学》（2篇）、《北京第二外国语学院学报》（2篇）、《现代外语》（1篇）、《中国翻译》（1篇）、《外语教学》（1篇）、《外语导刊》（1篇）、《外语教学理论与实践》（1篇）。与2023年（文章数量38篇，来源期刊13种）相比，2024年的文章和来源期刊数量基本持平。

8.1.2 教材的语言和学段

38篇文章所研究的教材涉及不同语言和学段。从教材的语言来看，英语教材研究占绝大多数（28篇，占74%），其他语种教材数量较少，包括法语、日语等（2篇，占5%），剩下的教材并未明确具体语种（8篇，占21%）。从教材对应的学段来看，大学教材研究占主导（25篇，占66%），中学教材研究较少（3篇，占8%），其他教材研究（10篇，占26%）未明确体现学段。由此可见，在2024年，大学英语教材仍是主要研究对象。

8.1.3 研究类别与主题

38篇文章大致可以分为7个研究类别：教材编写（12篇）、教材使用（9篇）、教材分析（7篇）、教材评估（3篇）、教材研究综述（3篇）、教材建设（2篇）和教材本体（2篇）。

1）教材编写

聚焦教材编写的文章有12篇，其中5篇探讨教材编写的实践策略与案例。杨莉芳、孙有中（2024）以《新未来大学英语》为例，阐述了基于多元能力目标的大学英语教材编写的核心原则与策略。卫朝霞、陈向京（2024）从教材编写者和外语教师的视角，以《新未来大学英语 综合教程2》为例，讨论了体验学习的编写理念对于强化学习者投入、提升大学英语教学和育人效果的积极影响。贾蕃等（2024）从教材研究者和使用者的双重视角，通过内容分析和半结构化访谈，考察了国内四套英语专业教材语法板块的内容讲解和练习编写方式。盛丹丹（2024）调查了口译教材的现状与问题，从教材定位、资源体系、多语种教材建设等角度提出改进策略，为口译教学和人才培养提供支持。田臻等（2024）主要探讨了上外版高中英语教材在不同编写时期的文化元素分布和活动类型设计，追溯中国文化在教材中的呈现方式变化，并分析了中国文化元素调整的影响因素。

4篇文章探讨教材编写的理论框架与理念。王靖潭、杨枫（2024）聚焦外语教材中国家意识元素的融入，提出了包括编写需求、话语确立、任务设计和多模态呈现在内的理论框架，为教材编写的系统化与具象化提供启示。王敏（2024）阐释了理论、实践和教材三者之间的关系，论述了“续论”的核心观点，并通过任务设计实例分析在教材编写中如何将“续论”操作化，实现创新理论与教学实践的有效转化与融合。贾蕃、刘俊玲（2024）构建了面向思辨能力培养的英语专业教材编写的理论框架和原则，通过教材编写实例，从思辨编写理念和思辨内容设计两大维度阐释其应用路径。崔莹、李丹弟（2024）主要分析了《新大学英语》系列教材《写作教程》的“激活写作”编写理念，讨论了这一理念如何引导教材编写，并探讨了该理念在教材编写中的作用。

2篇关注教材言语行为及语用能力编制。冯薇等（2024）以言语行为经典分类与2018年版《中国英语能力等级量表》为研究框架，通过对比国内外三种主流中学英语教材编制中的语用能力的培养问题，旨在服务教材编写、改版及一线英语教师的教材使用。胡萍、张浩敏（2024）主要讨论了《欧洲语言共同参考框架》中在线语言互动能力量表及描述语，并结合日语教材《Irodori：生活中的日语》分析其与在线语言交际能力量表及描述语的关联。

1篇关注高校外语教师科研与实践融合能动性研究。朱彦、卢军坪（2024）主要探讨了高校外语教师在教材编写中的科研与实践融合能动性，重点分析了该能力在教材编写过程中的变化趋势及影响因素，并为高校外语教师的专业发展提供启示。

2）教材使用

聚焦教材使用的文章有9篇，其中4篇探究学生在教材使用中的能动性或动机。徐锦芬、邓巧玲（2024）基于活动理论，采用定量与定性相结合的研究方法，考察了英语学习者的教材使用能动性水平及其影响因素。杨鲁新、苏芳（2024）从变革能动性视角考察了学生在英语记叙文写作学习中的教材使用。苏芳、杨鲁新（2024）采用质性个案研究方法，运用复杂动态系统理论探究了外语教材使用情境下学习者能动性的促生过程。廖鸿婧、李坤（2024）则通过干预性实验，分析了ARCS（注意力、相关性、自信心、满意度）动机调控策略对大学生的英语教材使用动机、使用体验和学习成绩等方面的影响。

3篇文章聚焦教师和学生在教材使用中的认知，包括认知状况和认知决策机制。李宇琦（2024）通过对全国七大地理区的45名高校英语教师进行半结构化访谈，考察了外语教师在教材使用中对“好教材”的认知及其认知形成的社会文化因素。吉利、李锐（2024）通过质性研究方法，考察了四名高校英语教师的教材使用与其认知决策的互动关系。许悦婷等（2024）则通过问卷调查和焦点小组访谈，分析了学生对大学英语教材使用中育人目标和效果的感知情况。

1篇文章关注“四新”建设背景下的教材有效使用。李会钦等（2024）从教材挖掘和教材改编视角出发，例析如何通过编写理念、主题选择、语言素材和活动练习深入挖掘教材，以及如何结合教学实践有原则地改编教材。

1篇文章聚焦翻译类教材的人才培养实践。刘云虹、曹丹红（2024）以《汉法翻译教程》为例，从注重价值引领、把握正确的翻译原则等方面对“理解当代中国”翻译类教材的使用展开深入探讨，以期为新时代翻译人才培养提供些许有益的参考。

3）教材分析

聚焦教材分析的文章有7篇，探讨教材中的价值取向与跨文化能力培养。具体而言，魏榕（2024）构建了英语教材价值取向的生态话语分析框架，并基于产出导向法，阐释了生态性价值取向的英语教学模式。张虹等（2024）比较了中德两套高中英语教材中的文化呈现，包括地域国家文化的呈现内容和呈现方式。肖维青（2024）分析了八套大学英语教材“讲好中国故事”的实现策略与存在的问题，提出中国故事的时间维度、呈现深度、语言质量、故事性等议题，为大学英语教材编写提供借鉴。田柳、莫再树（2024）考察了《新时代明德大学英语》教材所讲述的中国故事的主题内容、呈现方式与讲述主体，为大学英语教材如何选择和呈现中国故事提供启示。车思琪等（2024）运用内容分析法，深入剖析《新视野大学英语 读写教程》（第四版）如何体现和强化国家意识，指出该教材在培养爱国情怀和社会责任感方面成效显著，并针对教材不足提出改进建议。毛艳枫（2024）分析了《新未来大学英语 综合教程》中思辨能力与跨文化能力培养的任务设计，指出两类任务密不可分，充分体现了跨文化思辨育人的教材编写理念。潘承君（2024）采用批评话语分析和语料库语言学相结合、定量和定性相结合的方法对比本土教材和全球教材，探讨了大学英语教材中的文化内容表征问题。

4）教材评估

聚焦教材评估的文章有3篇，其中1篇关注国际英语教材评价。胡唯哲（2024）梳理了近50年来国外英语作为二语教材评价量表的演进历程与典型特征，提出应搭建主干突出、旁支清晰的树形理论支撑体系，构建指标适切、层级细分的教材评价要素系统，打造科技赋能、动静结合的评价反馈优化链条，以提升外语教材的评价和编写质量。

1篇文章探讨外语教材评价的标准框架。张莲、孙上鹨（2024）构建了外语类教材的评价标准框架，该框架包含思想性、规范性、科学性、系统性、适用性和趣味性6个一级指标以及18个二级指标，并通过混合研究法对框架进行了验证。

还有1篇文章聚焦法律英语教材评估框架。杨敏、王晶（2024）基于合法化语码理论，围绕职业身份建构提出法律英语教材评价的理论框架，并创新性地提出评估内容应包含知识内容与知者内容两个部分。

5）教材研究综述

聚焦教材研究综述的论文有3篇，其中2篇聚焦外语教材研究的方法。徐锦芬（2024）评析了近15年有关外语教材使用的实证研究论文，总结了这些研究的方法、主题、对象和语种，并以两项研究为典型案例，评述了其中使用的数据收集与分析方法、研究结果以及对教学实践的指导意义。陈文婷等（2024）基于近20年国内外数字化外语教材的研究进展，分析了数字化教材的研究范式变革，对两种进路的数字化外语教材进行综合述评。

另外1篇文章聚焦外语教材的文化、价值观与教学内容。周茂杰、王雪梅（2024）通过综述近20年的国际英语教材研究，探究其现状及热点，并从理论框架、研究考试和研究内容等方面对未来教材研究进行展望。

6）教材建设

聚焦教材建设的文章有2篇，其中1篇探讨数字化和智能化教材的开发。杨莉芳（2024）分析了大学英语新形态教材的内涵、开发原则和核心特征，提出应根据互联网时代的学习需求，开发融合信息技术的新形态教材。

还有1篇文章关注翻译教材建设。李澜等（2024）通过访谈柴明颎教授，探索了翻译教材建设的方向与方法。研究指出，翻译教材应遵循学生成长规律，作好非职业与职业的分类与接续。

7）教材本体

聚焦教材本体的文章有2篇。束定芳（2024）分析了外语教材学的研究目标、内容和方法，旨在构建外语教材学的学科体系，服务外语教材建设和管理，促进外语教材编写实践和外语教材研究发展。李会钦、张虹（2024）从社会物质主义视角出发，剖析了外语教材与外语教育学其他维度，如与外语教育政策、外语教师发展、外语教学、外语课程、教育技术和外语测评六个方面的关系。

8.1.4 2024年外语教材研究的特点

与前两年相比，2024年外语教材研究具有三个显著的特点。第一，在研究类别方面，教材分析研究仍占主导地位，但比例逐步下降（2022年占47%，2023年占26%，2024年占18%）；教材编写与使用的研究比例逐步上升（2022年占11%，2023年占24%，2024年占55%）。这表明国内外语教材研究重内容分析、轻使用和编写的现象有所改善。第二，在研究主题方面，课程思政与价值引领、文化呈现与跨文化能力培养仍是2024年外语教材研究的热点话题，尤其是外语教材如何讲好中国故事、促进文化认同。这与国家政策层面重视外语教育立德树人和培养学生的跨文化交际能力相关。第三，在教材形态上，2024年外语教材研究在重视传统教材的同时，也继续关注新形态教材和数字化转型的特点。例如，杨莉芳（2024）讨论了大学英语新形态教材的开发原则和核心特征，陈文婷等（2024）基于近20年国内外数字化教材的研究进展，分析了数字化教材的研究范式变革。这些研究反映了在数字化转型时期，新形态英语教材建设的重要性和紧迫性。

此外，2024年外语教材研究还呈现出以下四个新特点。

1）教材本体研究出现

虽然教材本体研究并非新事物，但在新时代新形势下对教材本体的探讨是十分必要的。2024年，部分学者开始构建外语教材学的理论体系，并深入探究外语教材与外语教育学其他维度的关系。束定芳（2024）指出外语教材研究的学科化势在必行，界定了外语教材学的研究对象和研究内容，提出外语教材学研究方法须科学化和多元化。李会钦、张虹（2024）基于社会物质主义视角，探讨了外语教材学与外语教育学其他维度之间的关系。教材本体研究将推动我国外语教材研究的系统、深入发展，助力提升外语教材建设和外语教学成效。

2）学生视角更加凸显

2024年，外语教材研究更加重视学生视角。首先，在教材使用研究类别中，学生视角的文章数量从2023年的1篇增加到2024年的5篇，而教师视角的文章数量则从2023年的2篇减少到2024年的1篇。学生视角的文章主要聚焦学生的能动性（苏芳、杨鲁新 2024；徐锦芬、邓巧玲 2024；杨鲁新、苏芳 2024）、动机（廖鸿婧、李坤 2024）和感知（许悦婷等 2024）。其次，与教材相关的教师发展文章数量从2023年的4篇降至0篇，表明研究重点从教师专业能力发展转向了学生的认知和行为。这些变化显示了国内外语学界对于学生中心教学理念的重视，与当前教育领域强调学生主体性、促进学生主动学习的趋势一致。通过加强对学生视角的研究，我们能够更深入地了解教材在实际教学中的使用效果。这对优化教材设计，满足学生的学习需求，提升学习成效具有重要意义。

3）评估框架初步构建

2024年，外语教材评估研究开始构建具有中国特色、比较全面的标准框架。张莲、孙上鹮（2024）不仅系统梳理已有文献，还通过对教师、学生、教材主编等潜在评价主体进行近200场访谈，构建了符合本土外语教育教学环境和实际的外语教材评价标准框架，最后进行了信度检验、结构效度验证和专家质证。该标准框架的构建为外语教材的编写、选用和评估提供了科学、系统、可靠的参照和支持。同时，该标准框架也是中国特色外语教育知识体系、话语体系和学术体系创新发展的组成部分。

4）研究综述逐渐深入

2024年，外语教材研究综述类别的文章数量有所减少，从2023年的

6篇降至2024年的3篇，但综述的内容更加集中和深入。这些综述文章主要关注实证研究方法、数字化教材研究以及文化呈现、价值观和性别问题等议题。这一变化表明，教材研究综述已从广泛讨论国内外相关研究的期刊来源、发文数量、研究主题，转向对特定领域的深入分析。这种趋势反映了学术界对于教材研究综述的深化和精细化需求，即通过深入分析特定领域，为教材研究提供更有针对性的参考。

综上所述，2024年外语教材研究质量进一步提升，具体表现为：教材本体研究出现、学生视角更加凸显、评估框架初步构建、研究综述逐渐深入。在外语教育改革不断深化的背景下，外语教材研究结合教育数字化、以学生为中心的教学理念以及课程思政等教学要求，探讨了新时代外语教材的分析、编写、使用、建设、评估等多个方面的新方向和新路径。未来研究还须进一步加强以下几个主题。首先，丰富中国特色外语教材基础理论。研究者需要深入总结教材建设和管理中的规律性认识，深化基本理论研究，反映本土化实践探索和创新，构建中国特色的教材研究理论体系、学术体系和话语体系，为打造中国特色的高水平、原创性教材筑牢理论根基。其次，深化新形态外语教材建设与研究。随着生成式人工智能技术的不断迭代与广泛应用，外语教育正面临着前所未有的机遇与挑战。作为数字技术与课程、教学、教材深度融合的产物，新形态外语教材及其教学法已成为外语学界关注的重点，需要继续推进相关研究，助力外语教材和外语教育的数字化转型。再次，加强广义的技术类教材研究。Tomlinson & Masuhara（2018）[1]将教材定义为语言学习者可以用于促进学习的所有材料，目前对除统编教材以外的其他材料的研究还非常匮乏，尤其是对已在教学中发挥作用的人工智能工具的使用研究。最后，推进教

[1] Tomlinson, B. & Masuhara, H. *The Complete Guide to the Theory and Practice of Materials Development for Language Learning* [M]. Hoboken: John Wiley & Sons, Inc., 2018.

材、教师和学生的互动关系研究。外语教材研究不仅要注重理论建构，还要持续加强实践性和应用性研究。教师在教材使用中发挥着关键作用，而学生是教学活动的主体，两者对教材的认识和使用、协商和互动需要进一步探究，以促进教师、学生和教材三者之间的协同发展。

8.2 科研项目

2024年，获得国家社会科学基金一般项目和青年项目的教材研究有3项，分别是：明清时期西人汉语教材中国知识传播研究（樊小玲，华东师范大学）、智能化数字教材出版的著作权保障研究（罗明东，西南大学）、民族地区乡土教材铸牢中华民族共同体意识研究（杨柳，西南大学）。获得教育部人文社会科学基金项目的语言学、教育学和交叉学科类教材研究项目有8项，分别是：德国中学语言类教材价值观融入研究（葛囡囡，北京外国语大学）、智能时代高校新形态翻译教材建设研究（覃军，湖北民族大学）、数智时代高校新形态外语教材有效使用研究（苏芳，西安外国语大学）、立德树人视域下大学英语教材育人效果评估与机理研究（李展，中南财经政法大学）、教材插图智能设计美学的社会主义核心价值观对齐研究（陈育苗，华东理工大学）、数字教材治理现代化的现实困境与行动路径研究（张美静，天津师范大学）、义务教育段孤独症教材编制的机理、质量标准及路径创新研究（金琦钦，浙江师范大学）、新时代新质教材建设路径研究（丁浩然，东北师范大学）。从研究主题来看，新立项项目主要聚焦教材的历史研究与文化传承、教材中的国家认同与国家形象建构、数字时代的教材建设与管理、特殊教育与教材创新、教材的国际视野与跨文化交流、教材的育人功能与价值融入等方面。这表明当前外语教材研究的立项重点在于教材的历史与文化价值、智能化与数字化转型、教育效果评估与优化以及教材在特定群体教育中的应用与创新。

高校外语教材研究机构继续推进外语教材研究专项课题实施。3月，北京外国语大学中国外语教材研究中心发布2024年度“中国外语教材研究专项课题”，鼓励研究者秉持教材立德树人的根本宗旨，结合新形势下中国外语教育改革与创新要求，对中国外语教材建设与管理的重点、难点和紧迫问题开展深入研究，探讨教材促学促教的有效路径，产出高水平研究成果，推动外语教材高质量发展，为我国大中小学外语课程改革、教学创新与教师发展提供有力支撑。课题目录含《习近平总书记教育重要论述讲义》多语种版教学研究、《理解当代中国》数字化教学模式创新研究、《理解当代中国》课程建设与教材使用研究等23项（见表8.1）。5月发布中标通知，立项课题共13项。

表8.1 北京外国语大学中国外语教材研究中心
2024年度中国外语教材研究专项课题目录

序号	课题目录
1	《习近平总书记教育重要论述讲义》多语种版教学研究
2	《理解当代中国》数字化教学模式创新研究
3	《理解当代中国》课程建设与教材使用研究
4	中小学外语教材编写与使用研究
5	义务教育英语课程标准与教学衔接路径研究
6	高中英语课程标准与教学衔接路径研究
7	中国外语教材理论创新研究
8	中国外语教材研发和生产机制研究
9	新中国成立以来高校英语教材史研究
10	外语教材中的对象国形象研究
11	国外中小学英语教材编写、视觉设计与使用研究

（待续）

（续表）

序号	课题目录
12	国外中小学英语教材的知识体系研究
13	国外中小学英语教材的文化教学研究
14	国外数字化外语教材研究
15	国外对外母语教材研究
16	海外中文教材的编写与使用研究
17	新形态外语教材建设与应用研究
18	体现产教融合特色的外语教材研究
19	外语教材使用与教师专业素养提升研究
20	跨文化思辨视角下外语类专业教材编写与使用研究
21	跨文化思辨视角下大学英语教材编写与使用研究
22	构建中国自主知识体系视角下外语类专业知识课程教材研究
23	其他外语教材研究自选课题

上海外国语大学外语教材研究院于2024年3月发布“2024年外语教材研究项目”申报指南。课题继续聚焦各层级、各语种的外语教材理论、外语教材建设及外语教材使用研究，设立重点项目、一般项目、青年项目和定向课题。课题方向包括数智时代外语教材中的中华文化融入与呈现研究、外语教材理论研究、外语教材使用研究、新形态教材建设研究、中外英语教材对比研究、职业外语教材建设研究、西班牙语教材建设研究以及两项定向课题。9月发布评审结果，确定27项中标课题。

8.3 会议交流

2024年，多场与外语教材建设与研究相关的全国性学术会议和论坛顺利举办，围绕新形势下外语教材的建设理念、体系构建、实践成果、创新研究等主题展开研讨。

3月23日，在“第八届全国高等学校外语教育改革与发展高端论坛”期间举办的“教材建设论坛：新形态外语教材建设与使用”在北京召开。10位发言人与2,000多名线上线下参会者分享了新形态外语教材的内涵与开发原则、编写与使用以及基于新形态教材的外语课程体系和教学体系构建等，并针对新形态外语教材建设与使用中的现实问题展开深入研讨。与会专家的发言内容丰富，精彩纷呈，为不同院校、不同专业使用新形态外语教材推动课堂教学模式改革提供了借鉴。

5月24日，“第三十三届‘说专业·说课程·说专业群·说教材’研讨会”在济南举办。该研讨会的主题为“英语教育：数智赋能 创新育人”，旨在推动智能技术与教育教学深度融合，促进职业教育英语教学深化改革、创新发展，响应“一带一路”多语种人才培养倡议，助力“职教出海”国家战略，为培育发展新质生产力注入新动能。

5月31日—6月1日，“第七届外语专业发展与教材建设全国研讨会”在安徽召开。该会议的主题是“外语专业发展与教材建设”。与会专家围绕外语专业发展趋势和教材建设创新、教育强国背景下的外语专业改革与发展、现代教育技术与外语教育的融合、国际传播能力的培养、外语专业课程改革与教材建设与实践、外语教师专业发展与培训、中国教育走出去与外语教师教育背景国际化等议题展开了热烈而富有成效的研讨。

7月5日，“第六届中国外语教材研究高端论坛”在北京举办。该论坛的主题为“数字赋能外语教材建设，创新实施国家课程标准”。主旨发言专家从数字教材的宏观政策、建设理念、实践探索和发展趋势等多元视角，深入探讨了教育数字化转型对外语教材建设带来的挑战与机遇，分享了外语数字教材研究与建设的最新成果。

8月7日—8日，“2024全国基础教育阶段多语种学科建设与教学发展研讨会暨中学德语、法语、西班牙语课标教材发布会”在北京顺利举办。200余名外语教育专家、中学校长、多语种学科教研员和一线教师齐聚一堂，以推进教育高质量发展为主线，以德语、法语、西班牙语课标教材出版为契机，共商全国基础教育阶段多语种学科建设与教学发展大计。

9月20日—22日，“首届全国大中小学外语教材建设与研究高端论坛”在上海召开。该论坛以“外语教材建设与研究新路径”为主题，从外语教材理论、外语教材编写、外语教材使用、外语教材评价、教师发展、学科建设、创新教育技术研究等多维度、综合与交叉视角，审度当下外语教材建设面临的核心议题与建设需求，分享外语教材研究的最新成果，探讨新时代外语教材建设与研究的新路径，共创中国外语教材创新发展局面，以推动外语教育高质量发展。

9月28日，“首届全国中小学外语教材教法协同创新研讨会”在武汉举办。该研讨会以“创新教学方法，落实核心素养”为主题，旨在探讨如何通过教材创新使用与教学方法改革推动中小学外语核心素养有效落地，促进基础外语教育高质量发展。会议包括主旨报告、课例展示、说课评课、课例研讨等多种形式。

12月12日，“‘外语教育学视域下的外语教材编写、使用及评估’圆桌论坛”在上海举办。该论坛旨在为外语教材的编写、使用与评估提供新的思路，为外语教育的未来发展指明方向。该论坛汇聚了来自全国各地的外语教育领域专家，主要采用主旨报告与圆桌研讨的方式，深入研讨新文科及人工智能新时代背景下外语教材研究的新思路与新方向。

12月20日—22日，“第二届全国外语教材研究学术研讨会暨中外语言文化比较学会外语教材研究专业委员会成立大会”于海口召开。该会议以“外语教材研究：新理念、新方法、新形态”为主题，共设立6场主旨报告、12个专题分论坛、17组分组发言，涉及英语、德语、日语、法语、俄语、汉语等多语种教材，主题涵盖理论创新、教材编写、内容分析、教材使用、国际比较、历史传承等。来自国内外的外语教材研究专家学者、教材编写者与教师300余人齐聚一堂，共同探讨外语教材和外语教育的创新发展。会议期间，中外语言文化比较学会外语教材研究专业委员会正式成立。这一里程碑事件为深入推进外语教材研究、加强国内外学术交流、提升我国外语教材的国际影响力构建了更为专业的平台。

附录1：2024年中国外语教材发展大事记

时间	事件
5月16日	北京外国语大学中国外语教材研究中心发布“2024年度中国外语教材研究专项课题”中标通知
7月5日	北京外国语大学中国外语教材研究中心与外研社联合举办第六届中国外语教材研究高端论坛
7月5日	教育部办公厅发布关于印发《2024年义务教育国家课程教学用书目录（根据2022年版课程标准修订）》的通知
7月26日	教育部办公厅发布关于开展“十四五”普通高等教育本科国家级规划教材第一次推荐遴选工作的通知
9月13日	上海外国语大学外语教材研究院发布“2024年外语教材研究项目”立项名单
9月20日	上海外国语大学大中小学外语国家教材建设重点研究基地、上海外国语大学外语教材研究院举办首届全国大中小学外语教材建设与研究高端论坛
12月4日	北京外国语大学中国外语教材研究中心发布“2024年度中小学外语课程教材教法协同创新专项课题”中标通知
12月20日—22日	北京外国语大学大中小学外语国家教材重点研究基地举办第二届全国外语教材研究学术研讨会暨中外语言文化比较学会外语教材研究专业委员会成立大会

附录2：2024年外语类CSSCI期刊和北大核心期刊外语教材研究文章

作者	文章名	期刊名
刘云虹、曹丹红	"理解当代中国"翻译类教材使用研究——以《汉法翻译教程》为例	北京第二外国语学院学报
李会钦、张虹、闫方朔	"四新"建设背景下服务人才培养的大学英语教材的有效使用	北京第二外国语学院学报
冯薇、姚馨、吴东英	指向学生语用能力培养的中学英语教材编制	当代外语研究
车思琪、陈静凡、蒋昭瑜	大学英语教材中的国家意识——以《新视野大学英语读写教程》为例	当代外语研究
潘承君	语料库辅助的教材话语分析路径——以大学英语教材为例	当代外语研究
杨莉芳、孙有中	以多元能力为导向的大学英语教材编写实践研究	山东外语教学
卫朝霞、陈向京	基于体验学习理论编写外语教材 提升大学英语教学和育人成效	山东外语教学
毛艳枫	思辨能力与跨文化能力的融合培养——基于《新未来大学英语》的任务设计分析	山东外语教学
贾蕃、刘俊玲	面向思辨能力培养的英语专业教材编写：问题与路径	山东外语教学
王靖潭、杨枫	外语教材的国家意识编写理念	外语导刊
贾蕃、冯钰涵、卢珊	基于混合法的英语专业教材语法内容编写研究	外语教学
胡萍、张浩敏	《欧框》在线语言互动量表及其教材编写研究	外语教学理论与实践
张莲、孙上鹦	外语类教材评价标准框架的构建及其内涵解读	外语教育研究前沿
王敏	续论视角下的外语教材设计：理念与应用	外语教育研究前沿
杨莉芳	大学英语新形态教材：内涵、开发原则与核心特征	外语界
徐锦芬、邓巧玲	学习者能动性视域下英语教材使用活动系统模型研究	外语界
杨鲁新、苏芳	英语记叙文写作学习中的学生教材使用：变革能动性视域	外语界

（待续）

（续表）

作者	文章名	期刊名
许悦婷、李展、郭强	大学英语教材使用的育人目标与效果：学生感知研究	外语界
廖鸿婧、李坤	ARCS动机理论视角的线上大学英语教材使用效果研究	外语界
束定芳	外语教材学：研究目标、内容与方法	外语界
胡唯哲	国外英语作为二语教材评价量表编制与启示	外语界
李会钦、张虹	社会物质主义视角下外语教材与外语教育学其他维度关系研究	外语学刊
李宇琦	我国外语教师对好教材的认知及其形成探究	外语学刊
盛丹丹	国内口译教材现状的调查研究	外语学刊
张虹、常文哲、苏晓俐	中德英语教材文化呈现比较研究	外语研究
徐锦芬	外语教材使用实证研究方法评析与展望	外语研究
肖维青	新时代大学英语教材“讲好中国故事”的内涵与实践	外语研究
魏榕	思政背景下大学英语教材价值取向研究——基于生态话语分析路径	外语研究
朱彦、卢军坪	生态视角下高校外语教师在教材编写中的科研与实践融合能动性探究	外语与外语教学
田臻、柯张璇、王蓓蕾	基于英语教材编写过程的中国文化呈现及体系发展研究	外语与外语教学
周茂杰、王雪梅	国际英语教材研究二十年：热点与启示	西安外国语大学学报
陈文婷、曹妍妍、杨鲁新	国内外数字化外语教材二十年研究进路对比分析	西安外国语大学学报
崔莹、李丹弟	“激活写作”视角下大学英语写作教材的编写理念与实践	西安外国语大学学报
吉利、李锐	高校外语教师教材使用与认知决策的互动关系	现代外语
李澜、姚红梅、柴明颎	遵循专业人才培养规律 提升翻译教材的科学性——柴明颎教授访谈录	中国翻译
田柳、莫再树	大学英语教材讲好中国故事的策略研究——以《新时代明德大学英语》为例	中国外语
苏芳、杨鲁新	外语教材使用情境下学习者能动性个案研究——复杂动态系统理论视角	中国外语
杨敏、王晶	基于合法化语码理论视角的法律英语教材评价框架研究	中国外语